东京梦华录
梦粱录

[宋] 孟元老 吴自牧 著

王旭光 校注

江苏凤凰文艺出版社

图书在版编目（CIP）数据

东京梦华录 /（宋）孟元老著. 梦粱录 /（宋）吴自牧著. — 南京：江苏凤凰文艺出版社，2019.1（2025.10 重印）
ISBN 978-7-5594-3051-9

Ⅰ.①东… ②梦… Ⅱ.①孟… ②吴… Ⅲ.①开封－地方史－史料－北宋②临安(历史地名)－地方史－宋代 Ⅳ.①K296.13②K295.51

中国版本图书馆 CIP 数据核字(2018)第 248510 号

东京梦华录·梦粱录

（宋）孟元老 （宋）吴自牧 著

出 版 人	张在健
责任编辑	高竹君　张　黎
出版发行	江苏凤凰文艺出版社
出版社地址	南京市中央路 165 号，邮编：210009
出版社网址	http://www.jswenyi.com
印　　　刷	苏州市越洋印刷有限公司
开　　　本	880 毫米×1230 毫米 1/32
印　　　张	8.875
字　　　数	203 千字
版　　　次	2019 年 1 月第 1 版
印　　　次	2025 年 10 月第 9 次印刷
标准书号	ISBN 978-7-5594-3051-9
定　　　价	29.00 元

江苏凤凰文艺版图书凡印刷、装订错误，可向出版社调换，联系电话025-83280257

目 录

梦华录序 ·· 3
东京梦华录卷一 ·· 5
东京梦华录卷二 ·· 11
东京梦华录卷三 ·· 18
东京梦华录卷四 ·· 26
东京梦华录卷五 ·· 32
东京梦华录卷六 ·· 37
东京梦华录卷七 ·· 45
东京梦华录卷八 ·· 54
东京梦华录卷九 ·· 60
东京梦华录卷十 ·· 65
梦粱录序 ·· 75
梦粱录卷一 ·· 76
梦粱录卷二 ·· 85
梦粱录卷三 ·· 92
梦粱录卷四 ·· 101
梦粱录卷五 ·· 108
梦粱录卷六 ·· 125

梦粱录卷七……………………………………… 131
梦粱录卷八……………………………………… 141
梦粱录卷九……………………………………… 152
梦粱录卷十……………………………………… 163
梦粱录卷十一…………………………………… 172
梦粱录卷十二…………………………………… 182
梦粱录卷十三…………………………………… 195
梦粱录卷十四…………………………………… 204
梦粱录卷十五…………………………………… 213
梦粱录卷十六…………………………………… 221
梦粱录卷十七…………………………………… 232
梦粱录卷十八…………………………………… 242
梦粱录卷十九…………………………………… 256
梦粱录卷二十…………………………………… 266

东京梦华录

本书以北京图书馆出版社 2003 年版《中华再造善本》影印中国国家图书馆藏元刻本为底本,个别文字据中华书局 2006 年版伊永文《东京梦华录笺注》补入。

梦华录序

仆从先人宦游南北,崇宁癸未到京师,卜居于州西金梁桥西夹道之南。渐次长立,正当辇毂之下,太平日久,人物繁阜。垂髫之童,但习鼓舞,班白之老,不识干戈,时节相次,各有观赏。灯宵月夕,雪际花时,乞巧登高,教池游苑①。举目则青楼画阁,绣户珠帘,雕车竞驻于天街,宝马争驰于御路,金翠耀目,罗绮飘香。新声巧笑于柳陌花衢,按管调弦于茶坊酒肆。八荒争凑,万国咸通。集四海之珍奇,皆归市易;会寰区之异味,悉在庖厨。花光满路,何限春游,箫鼓喧空,几家夜宴。伎巧则惊人耳目,侈奢则长人精神。瞻天表则元夕教池,拜郊孟享。频观公主下降,皇子纳妃。修造则创建明堂,冶铸则立成鼎鼐。观妓籍则府曹衙罢,内省宴回;看变化则举子唱名,武人换授。仆数十年烂赏叠游,莫知厌足。一旦兵火,靖康丙午之明年,出京南来,避地江左,情绪牢落,渐入桑榆。暗想当年,节物风流,人情和美,但成怅恨。近与亲戚会面,谈及曩昔,后生往往妄生不然。仆恐浸久,论其风俗者,失于事实,诚为可惜,谨省记②编次成集,庶几开卷得

---

① 教池游苑:教池,在金明池观看表演。游苑,到琼林苑游幸。
② 省记:回忆。

睹当时之盛。古人有梦游华胥之国①,其乐无涯者,仆今追念,回首怅然,岂非华胥之梦觉哉!目之曰《梦华录》。然以京师之浩穰②,及有未尝经从处,得之于人,不无遗阙。倘遇乡党宿德,补缀周备,不胜幸甚。此录语言鄙俚,不以文饰者,盖欲上下通晓尔,观者幸详焉。绍兴丁卯岁除日,幽兰居士孟元老序。

---

① 华胥之国:理想境界。《列子·黄帝》:"昼寝而梦,游于华胥氏之国。华胥氏之国在弇州之西,台州之北,不知斯齐国几千万里,盖非舟车足力之所及,神游而已。其国无师长,自然而已。其民无嗜欲,自然而已。"

② 浩穰(ráng):人数众多。

东京梦华录卷一

东都外城

东都外城，方圆四十余里。城壕曰护龙河，阔十余丈，濠之内外，皆植杨柳，粉墙朱户，禁人往来。城门皆瓮城三层，屈曲开门，唯南薰门、新郑门、新宋门、封丘门皆直门两重，盖此系四正门，皆留御路故也。新城南壁，其门有三：正南门曰南薰门；城南一边，东南则陈州门，傍有蔡河水门；西南则戴楼门，傍亦有蔡河水门。蔡河正名惠民河，为通蔡州故也。东城一边，其门有四：东南曰东水门，乃汴河下流水门也，其门跨河，有铁裹窗门，遇夜如闸垂下水面，两岸各有门通人行路，出拐子城，夹岸百余丈；次则曰新宋门；次曰新曹门；又次曰东北水门，乃五丈河之水门也。西城一边，其门有五[①]：从南曰新郑门；次曰西水门，汴河上水门也；次曰万胜门；又次曰固子门；又次曰西北水门，乃金水河水门也。北城一边，其门有四：从东曰陈桥门（乃大辽人使驿路）；次曰封丘门（北郊御路）；次曰新酸枣门；次曰卫州门。（诸门名皆俗呼。其正名如西水门曰利泽，郑门本顺天门，固子门本

---

① 五：原作"四"，然下文所述门数为五，因改。

金耀门。)新城每百步设马面①、战棚②、密置女头③,且暮修整,望之耸然。城里牙道④,各植榆柳成荫。每二百步置一防城库,贮守御之器,有广固兵士二十指挥,每日修造泥饰,专有京城所提总其事。

旧京城

旧京城方圆约二十里许。南壁其门有三:正南曰朱雀门,左曰保康门,右曰新门。东壁其门有三:从南汴河南岸角门子,河北岸曰旧宋门,次曰旧曹门。西壁其门有三:从南曰旧郑门,次汴河北岸角门子,次曰梁门。北壁其门有三:从东曰旧封丘门,次曰景龙门(乃大内城角实⑤篆宫前也),次曰金水门。

河　道

穿城河道有四。南壁曰蔡河,自陈、蔡由西南戴楼门入京城,辽绕自东南陈州门出,河上有桥十三⑥:自陈州门里曰观桥(在五岳观后门),从北,次曰宣泰桥,次曰云骑桥,次曰横桥子(在彭婆婆宅前),次曰高桥,次曰西保康门桥,次曰龙津桥(正对内前),次曰新桥,次曰太平桥(高殿前宅前),次曰粜麦桥,次曰第一座桥,次曰宜男桥,出戴楼

---

① 马面:城墙上每隔一段距离加筑的如马头状的建构,可储粮,又凿有供发射弩箭的孔洞。
② 战棚:建于女墙上的活动设施,可顷刻成就,以备战事之需。
③ 女头:女墙,城墙上面呈凹凸形状的矮墙。
④ 牙道:官府开凿的道路。
⑤ 实:《格致丛书》本《岁时广记》卷十一"预赏灯"作"宝"。
⑥ 十三:原作"十一",然下文所述桥数为十三座,因改。

门外曰四里桥。中曰汴河,自西京洛口分水入京城,东去至泗州,入淮,运东南之粮,凡东南方物,自此入京城,公私仰给焉。自东水门外七里至西水门外,河上有桥十四①:从东水门外七里曰虹桥,其桥无柱,皆以巨木虚架,饰以丹雘②,宛如飞虹,其上、下土桥亦如之。次曰顺成仓桥,入水门里曰便桥,次曰下土桥,次曰上土桥,投西角子门曰相国寺桥,次曰州桥(正名天汉桥),正对于大内御街,其桥与相国寺桥,皆低平不通舟船,唯西河平船可过,其柱皆青石为之,石梁石笋楯栏③,近桥两岸皆石壁,雕镌海马水兽飞云之状,桥下密排石柱,盖车驾御路也。州桥之北岸御路,东西两阙,楼观对耸;桥之西有方浅船二只,头置巨干铁枪数条,岸上有铁索三条,遇夜绞上水面,盖防遗火舟船矣。西去曰浚仪桥,次曰兴国寺桥(亦名马车衙桥),次曰太师府桥(蔡相④宅前),次曰金梁桥,次曰西浮桥(旧以船为之桥,今皆用木石造矣),次曰西水门便桥,门外曰横桥。东北曰五丈河,来自济、郓,般挽⑤京东路粮斛入京城,自新曹门北入京,河上有桥五:东去曰小横桥,次曰广备桥,次曰蔡市桥,次曰青晖桥、染院桥。西北曰金水河,自京城西南分京、索河水筑堤,从汴河上用木槽架过,从西北水门入京城,夹墙遮拥⑥,入大内灌后苑池浦矣。河上有桥三:曰白虎桥、横桥、五王宫桥之类。又曹门小河子桥曰念佛桥,盖内诸司辇官、亲事官之类,军营皆在曹门,侵晨上直,有瞽者在桥上念经求化,得其名矣。

---

① 十四:原作"十三",然下文所述桥数为十四座,因改。
② 丹雘(huò):红色涂料。
③ 楯(shǔn)栏:栏杆。纵为栏,横为楯。
④ 蔡相:蔡京。
⑤ 般挽:转埠运送。
⑥ 夹墙遮拥:建有夹墙保护水道。

大　内

　　大内正门宣德楼列五门,门皆金钉朱漆,壁皆砖石间甃①,镌镂龙凤飞云之状,莫非雕甍②画栋,峻桷③层榱④,覆以琉璃瓦,曲尺朵楼,朱栏彩槛,下列两阙亭相对,悉用朱红杈子⑤。入宣德楼正门,乃大庆殿,庭设两楼,如寺院钟楼,上有太史局,保章正测验刻漏,逐时刻执牙牌奏。每遇大礼,车驾斋宿,及正朔朝会于此殿。殿外左、右横门曰左、右长庆门。内城南壁有门三座,系大朝会趋朝路。宣德楼左曰左掖门,右曰右掖门。左掖门里乃明堂,右掖门里西去乃天章、宝文等阁。宫城至北廊约百余丈。入门东去街北廊乃枢密院,次中书省,次都堂(宰相朝退治事于此),次门下省,次大庆殿外廊横门。北去百余步,又一横门,每日宰执趋朝,此处下马;余侍从台谏于第一横门下马,行至文德殿,入第二横门。东廊大庆殿东偏门,西廊中书、门下后省,次修国史院,次南向小角门,正对文德殿(常朝殿也)。殿前东西大街,东出东华门,西出西华门。近里又两门相对,左、右嘉肃门也。南去左、右银台门。自东华门里皇太子宫入嘉肃门,街南大庆殿后门、东西上䍐门,街北宣祐门。南北大街西廊面东曰凝晖殿,乃通会通门,入禁中矣。殿相对东廊门楼,乃殿中省六尚局御厨。殿上常列禁卫两重,时刻提警,出入甚严。近里皆近侍中贵。殿之外皆知省、

---

①　砖石间甃(zhòu):砖石相间砌成。
②　甍(méng):屋脊。
③　桷(jué):椽子。
④　榱(cuī):椽子。
⑤　杈(chà)子:用以阻挡行人马通行的交叉木架。

御药、幕次①快行、亲从官、辇官、车子院、黄院子、内诸司兵士,祗候②宣唤;及宫禁买卖进贡,皆由此入。唯此浩穰,诸司人自卖饮食珍奇之物,市井之间未有也。每遇早晚进膳,自殿中省对凝晖殿,禁卫成列,约栏不得过往。省门上有一人呼喝,谓之"拨食家"。次有紫衣、裹脚子向后曲折幞头者,谓之"院子家",托一合,用黄绣龙合衣笼罩,左手携一红罗绣手巾,进入于此,约十余合,继托金瓜合二十余面进入,非时取唤,谓之"泛索"。宣祐门外,西去紫宸殿(正朝受朝于此),次曰文德殿(常朝所御),次曰垂拱殿,次曰皇仪殿,次曰集英殿(御宴及试举人于此)。后殿曰崇政殿、保和殿。内书阁曰睿思殿。后门曰拱辰门。东华门外,市井最盛,盖禁中买卖在此,凡饮食、时新花果、鱼虾鳖蟹、鹑兔脯腊、金玉珍玩、衣着,无非天下之奇。其品味若数十分,客要一二十味下酒,随索,目下便有之。其岁时果瓜蔬茹新上市,并茄瓠之类新出,每对可直三五十千,诸珰分争以贵价取之。

内诸司

内诸司皆在禁中,如学士院、皇城司、四方馆、客省、东西上閤门、通进司、内弓剑枪甲军器等库、翰林司(茶酒局也)、内侍省、入内内侍省、内藏库、奉宸库、景福殿库、延福宫、殿中省六尚局(尚药、尚食、尚辇、尚醖、尚舍、尚衣)、诸珰分、内香药库、后苑作、翰林书艺局、医官局、天章等阁,明堂颁朔布政府。

---

① 幕次:帐篷。
② 祗(zhī)候:等候。

外诸司

外诸司:左右金吾街仗司、法酒库、内酒坊、牛羊司、乳酪院、仪鸾司(帐设局也)、车辂院、供奉库、杂物库、杂卖务、东西作坊、万全(造军器所)、修内司、文思院上下界、绫锦院、文绣院、军器所、上下竹木务、箔场、车营、致远务、骡务、驼坊、象院、作坊、物料库、东西窑务、内外物库、油醋库、京城守具所、鞍辔库、养马曰左右骐骥院、天驷十监、河南北十炭场、四熟药局、内外柴炭库、军头引见司、架子营(楼店务,店宅务)、榷货务、都茶场、大宗正司、左藏、大观、元丰、宣和等库、编估局、打套所。诸米麦等:自州东虹桥元丰仓、顺成仓、东水门里广济、里河折中、外河折中、富国、广盈、万盈、永丰、济远等仓,陈州门里麦仓子、州北夷门山、五丈河诸仓,约共有五十余所。日有支纳①下卸②,即有下卸指挥兵士,支遣③即有袋家,每人肩两石布袋。遇有支遣,仓前成市。近新城有草场二十余所。每遇冬月诸乡纳粟秆草,牛车阗塞道路,车尾相衔,数千万量不绝,场内堆积如山。诸军打请营在州北,即往州南仓,不许雇人般担,并要亲自肩来,祖宗之法也。

---

① 支纳:支取和缴纳。
② 下卸:装卸和搬运。
③ 支遣:发送。

东京梦华录卷二

御　街

坊巷御街，自宣德楼一直南去，约阔二百余步，两边乃御廊，旧许市人买卖于其间，自政和间官司禁止，各安立黑漆杈子，路心又安朱漆杈子两行，中心御道，不得人马行往，行人皆在廊下朱杈子之外。杈子里有砖石甃砌御沟水两道，宣和间尽植莲荷，近岸植桃李梨杏，杂花相间，春夏之间，望之如绣。

宣德楼前省府宫宇

宣德楼前，左南廊对左掖门，为明堂颁朔布政府、秘书省。右廊南对右掖门，近东则两府八位，西则尚书省。御街大内前南去，左则景灵东宫，右则西宫。近南大晟府，次曰太常寺。州桥曲转，大街面南，曰左藏库。近东郑太宰宅、青鱼市内行、景灵东宫。南门大街以东，南则唐家金银铺、温州漆器什物铺、大相国寺，直至十三间楼、旧宋门。自大内西廊南去，即景灵西宫，南曲对即报慈寺街、都进奏院、百钟圆药铺，至浚仪桥大街。西宫南皆御廊杈子，至州桥投西大街，乃果子行。街北都亭驿(大辽人使驿也),相对梁家珠子铺,余皆卖时行纸画、花果铺席。至浚仪桥之西,即开封府。御街一直南去,过州桥,两边皆居民。街东车家炭、张家酒店,次则王楼山洞梅花包子、李家香铺、曹婆婆肉饼、李四分茶①。至朱雀门街西过桥,即投西大街,谓之曲院街,街南遇仙正店②,前有楼子,后有台,都人谓之"台上"。此一店最是酒店上户,银瓶酒七十二文一角③,羊羔酒八十一文一角。街北薛家分茶、羊饭、热羊肉铺。向西去皆妓馆舍,都人谓之"院街"。御廊西即鹿家包子。余皆羹店、分茶、酒店、香药铺、居民。

朱雀门外街巷

出朱雀门东壁亦人家。东去大街、麦秸巷、状元楼,余皆妓馆,至保康门街。其御街东朱雀门外,西通新门瓦子,以南杀猪巷亦妓馆。以南东西两教坊,余皆居民或茶坊。街心市井,至夜尤盛。过龙津桥南去,路心又设朱漆杈子,如内前。东刘廉访宅,以南太学、国子监。过太学,又有横街,乃太学南门。街南熟药惠民南局。以南五里许,皆民居。又东去横大街,乃五岳观后门。大街约半里许,乃看街亭,寻常车驾行幸,登亭观马骑于此。东至贡院、什物库、礼部、贡院车营务、草场。街南葆真宫,直至蔡河云骑桥。御街至南薰门里街西五岳观,最为雄壮。自西门东去观桥、宣泰桥柳阴牙道,约五里许,内有中太一宫、佑神观。街南明丽殿、奉灵园,九成宫内安顿九鼎。近东

---

① 分茶:较大的食店。本书卷四"食店":"大凡食店,大者谓之分茶。"
② 正店:大酒楼。本卷"酒楼":"在京正店七十二户,此外不能遍数,其余皆谓之脚店。"
③ 角:酒的计量单位。

即迎祥池,夹岸垂杨,菰蒲莲荷,凫雁游泳其间,桥亭台榭,棋布相峙,唯每岁清明日放万姓烧香游观一日。龙津桥南西壁邓枢密宅,以南武常巷内曲子张宅、武成王庙。以南张家油饼、明节皇后宅。西去大街曰大巷口。又西曰清风楼酒店,都人夏月多乘凉于此。以西老鸦巷口军器所,直接第一座桥。自大巷口南去延真观,延接四方道民于此。以南西去小巷口三学院,西去直抵宜男桥小巷,南去即南薰门。其门寻常士庶殡葬车舆,皆不得经由此门而出,谓正与大内相对,唯民间所宰猪,须从此入京,每日至晚,每群万数,止十数人驱逐,无有乱行者。

州桥夜市

出朱雀门,直至龙津桥。自州桥南去,当街水饭①、爊肉、干脯。玉楼前獾儿、野狐、肉脯、鸡,梅家、鹿家鹅、鸭、鸡、兔、肚、肺、鳝鱼、包子、鸡皮、腰肾、鸡碎,每个不过十五文。曹家从食②。至朱雀门,旋煎羊白肠、鲊脯、爦冻鱼头、姜豉、䴭子、抹脏、红丝、批切羊头、辣脚子、姜辣萝卜、夏月麻腐鸡皮、麻饮细粉、素签沙糖、冰雪冷元子、水晶皂儿、生淹水木瓜、药木瓜、鸡头穰、沙糖绿豆、甘草冰雪凉水、荔枝膏、广芥瓜儿、咸菜、杏片、梅子姜、莴苣笋③、芥辣瓜儿、细料馉饳儿、香糖果子、间道糖荔枝、越梅、鋦刀紫苏膏、金丝党梅、香枨元,皆用梅红匣儿盛贮。冬月盘兔、旋炙猪皮肉、野鸭肉、滴酥水晶鲙、煎夹子、猪脏之类,直至龙津桥须脑子肉止,谓之杂嚼,直至三更。

---

① 水饭:用水浸过的米饭。
② 从食:小吃。
③ 莴苣笋:莴苣,今武汉方言仍称作莴苣笋。

东角楼街巷

　　自宣德东去,东角楼乃皇城东南角也。十字街南去,姜行。高头街北去,从纱行至东华门街、晨晖门、宝箓宫,直至旧酸枣门,最是铺席①要闹②。宣和间展夹城牙道矣。东去乃潘楼街,街南曰"鹰店",只下贩鹰鹘客,余皆真珠、匹帛、香药铺席。南通一巷,谓之"界身",并是金银彩帛交易之所,屋宇雄壮,门面广阔,望之森然,每一交易,动即千万,骇人闻见。以东街北曰潘楼酒店,其下每日自五更市合,买卖衣物、书画、珍玩、犀玉。至平明,羊头、肚肺、赤白腰子、奶房、肚胘、鹑兔、鸠鸽、野味、螃蟹、蛤蜊之类讫,方有诸手作人③上市买卖另碎作料。饭后饮食上市,如酥蜜食、枣䭅、澄砂团子、香糖果子、蜜煎雕花之类。向晚卖何娄④头面、冠梳、领抹、珍玩、动使⑤之类。东去则徐家瓠羹店。街南桑家瓦子,近北则中瓦,次里瓦。其中大小勾栏五十余座。内中瓦子莲花棚、牡丹棚;里瓦子夜叉棚、象棚最大,可容数千人。自丁先现、王团子、张七圣辈,后来可有人于此作场。瓦中多有货药、卖卦、喝故衣、探搏、饮食、剃剪、纸画、令曲之类。终日居此,不觉抵暮。

---

　　① 铺席:店铺。
　　② 要闹:热闹。
　　③ 诸手作人:各种手艺人。
　　④ 何娄:谓假冒伪劣。本作"何楼",《四库全书》本《类说》卷五十六:"世人语虚伪者为何楼,国初京师有何楼,其下所卖物皆滥者,故人以此目之。今楼已废,语犹相传。"
　　⑤ 动使:器物。

潘楼东街巷

　　潘楼东去十字街，谓之土市子，又谓之竹竿市。又东十字大街，曰从行裹角茶坊，每五更点灯博易，买卖衣物、图画、花环、领抹之类，至晓即散，谓之"鬼市子"。以东街北赵十万宅，街南中山正店、东榆林巷、西榆林巷、北郑皇后宅。东曲首向北墙畔单将军庙，乃单雄信墓也，上有枣树，世传乃枣檠发芽，生长成树，又谓之枣冢子巷。又投东，则旧曹门街，北山子茶坊，内有仙洞、仙桥，仕女往往夜游，吃茶于彼。又李生菜小儿药铺、仇防御药铺。出旧曹门，朱家桥瓦子。下桥，南斜街、北斜街，内有泰山庙，两街有妓馆。桥头人烟市井，不下州南。以东牛行街、下马刘家药铺、看牛楼酒店，亦有妓馆，一直抵新城。自土市子南去，铁屑楼酒店、皇建院街、得胜桥郑家油饼店，动二十余炉，直南抵太庙街、高阳正店，夜市尤盛。土市北去，乃马行街也，人烟浩闹。先至十字街，曰鹩儿市，向东曰东鸡儿巷，向西曰西鸡儿巷，皆妓馆所居。近北街曰杨楼街，东曰庄楼，今改作和乐楼，楼下乃卖马市也。近北曰任店，今改作欣乐楼，对门马铛家羹店。

酒　楼

　　凡京师酒店，门首皆缚彩楼欢门，唯任店入其门，一直主廊约百余步，南北天井两廊皆小濩子①，向晚灯烛荧煌，上下相照，浓妆妓女数百，聚于主廊檐面上，以待酒客呼唤，望之宛若神仙。北去杨楼，以北穿马行街，东西两巷，谓之大小货行，皆工作伎巧所居。小货行通

---

　　① 濩子：类似于今之酒楼包间的地方。

鸡儿巷妓馆,大货行通笺纸店白矾楼,后改为丰乐楼,宣和间更修三层相高。五楼相向,各有飞桥栏槛,明暗相通,珠帘绣额,灯烛晃耀。初开数日,每先到者赏金旗,过一两夜则已。元夜则每一瓦陇中皆置莲灯一盏。内西楼后来禁人登眺,以第一层①下视禁中。大抵诸酒肆瓦市,不以风雨寒暑,白昼通夜,骈阗如此。州东宋门外仁和店、姜店,州西宜城楼、药张四店、班楼,金梁桥下刘楼,曹门蛮王家、乳酪张家,州北八仙楼,戴楼门张八家园宅正店,郑门河王家、李七家正店,景灵宫东墙长庆楼。在京正店七十二户,此外不能遍数,其余皆谓之"脚店"。卖贵细下酒,迎接中贵饮食,则第一白厨,州西安州巷张秀,以次保康门李庆家,东鸡儿巷郭厨,郑皇后宅后宋厨,曹门砖筒李家,寺东骰子李家,黄胖家。九桥门街市酒店,彩楼相对,绣旆相招,掩翳天日。政和后来,景灵宫东墙下长庆楼尤盛。

饮食果子

凡店内卖下酒厨子,谓之"茶饭量酒博士"。至店中小儿子②,皆通谓之"大伯"。更有街坊妇人,腰系青花布手巾,绾危髻,为酒客换汤斟酒,俗谓之"焌糟"。更有百姓入酒肆,见子弟少年辈饮酒,近前小心供过,使令买物命妓,取送钱物之类,谓之"闲汉"。又有向前换汤、斟酒、歌唱,或献果子香药之类,客散得钱,谓之"厮波"。又有下等妓女,不呼自来,筵前歌唱,临时以些小钱物赠之而去,谓之"劄客",亦谓之"打酒坐"。又有卖药或果实、萝卜之类,不问酒客买与不买,散与坐客,然后得钱,谓之"撒暂"。如此处处有之。唯州桥炭张

---

① 第一层:楼的最高层。
② 小儿子:供人使唤的童仆。

家、乳酪张家,不放前项人入店,亦不卖下酒,唯以好淹藏菜蔬,卖一色好酒。所谓茶饭者,乃百味羹、头羹、新法鹌子羹、三脆羹、二色腰子、虾蕈、鸡蕈、浑炮等羹、旋索粉、玉棋子、群仙羹、假河鲀、白渫齑、货鳜鱼、假元鱼、决明兜子、决明汤齑、肉醋托胎衬肠、沙鱼、两熟紫苏鱼、假蛤蜊、白肉、夹面子、茸割肉、胡饼、汤骨头、乳炊羊、炖羊、闹厅羊、角炙腰子、鹅鸭排蒸、荔枝腰子、还元腰子、烧臆子、入炉细项莲花鸭签、酒炙肚胘、虚汁垂丝羊头、入炉羊、羊头签、鹅鸭签、鸡签、盘兔、炒兔、葱泼兔、假野狐、金丝肚羹、石肚羹、假炙獐、煎鹌子、生炒肺、炒蛤蜊、炒蟹、渫蟹、洗手蟹之类,逐时旋行索唤,不许一味有阙,或别呼索变造下酒,亦即时供应。又有外来托卖炙鸡、燘鸭、羊脚子、点羊头、脆筋巴子、姜虾、酒蟹、獐巴、鹿脯、从食蒸作、海鲜、时果、旋切莴苣、生菜、西京笋。又有小儿子,着白虔布衫,青花手巾,挟白磁缸子,卖辣菜。又有托小盘卖干果子,乃旋炒银杏、栗子、河北鹅梨、梨条、梨干、梨肉、胶枣、枣圈、梨圈、桃圈、核桃肉、牙枣、海红、嘉庆子、林檎旋、乌李、李子旋、樱桃煎、西京雪梨、夫梨、甘棠梨、凤栖梨、镇府浊梨、河阴石榴、河阳查子、查条、沙苑温桲、回马孛萄、西川乳糖狮子、糖霜蜂儿、橄榄、温柑、绵栕、金桔、龙眼、荔枝、召白藕、甘蔗、漉梨、林檎干、枝头干、芭蕉干、人面子、巴览子①、榛子、榧子、虾具之类。诸般蜜煎、香药果子、罐子党梅、柿膏儿、香药小元儿、小腊茶、鹏沙元之类。更外卖软羊诸色包子、猪羊荷包、烧肉干脯、玉板鲊、犯鲊、片酱之类。其余小酒店亦卖下酒,如煎鱼、鸭子、炒鸡兔、煎燠肉、梅汁、血羹、粉羹之类。每分不过十五钱。诸酒店必有厅院,廊庑掩映,排列小濩子,吊窗花竹,各垂帘幕,命妓歌笑,各得稳便。

---

① 巴览子:又称巴榄子,古代从西域引进的一种水果。

东京梦华录卷三

马行街北诸医铺

马行北去,乃小货行,时楼,大骨传药铺,直抵正系旧封丘门,两行金紫医官药铺,如杜金钩家、曹家独胜元、山水李家口齿咽喉药、石鱼儿班防御、银孩儿柏郎中家医小儿、大鞋任家产科。其余香药铺席,官员宅舍,不欲遍记。夜市比州桥又盛百倍,车马阗拥,不可驻足,都人谓之"里头"。

大内西右掖门外街巷

大内西去,右掖门祆庙①,直南浚仪桥,街西尚书省东门,至省前横街,南即御史台,西即郊社。省南门正对开封府后墙,省西门谓之"西车子曲",史家瓠羹、万家馒头,在京第一。次曰吴起庙。出巷乃大内西角楼大街,西去踊路街,南太平兴国寺后门,北对启圣院,街以西殿前司,相对清风楼、无比客店、张戴花洗面药、国太丞、张老儿、金

---

① 祆(xiān)庙:祆教神庙。祆教又称拜火教,古波斯琐罗亚斯德所创教名。

龟儿、丑婆婆药铺、唐家酒店,直至梁门,正名阊阖。出梁门西去,街北建隆观,观内东廊于道士卖齿药,都人用之。街南蔡太师宅,西去州西瓦子,南自汴河岸,北抵梁门大街亚其里瓦,约一里有余,过街北即旧宜城楼。近西去金梁桥街、西大街荆筐儿药铺、枣王家金银铺。近北巷口,熟药惠民西局。西去瓮市子,乃开封府刑人之所也。西去盖防御药铺、大佛寺、都亭西驿,相对京城守具所。自瓮市子北去大街,班楼酒店,以北大三桥子至白虎桥,直北即卫州门。

大内前州桥东街巷

大内前州桥之东,临汴河大街,曰相国寺。有桥平正如州桥,与保康门相对。桥西贾家瓠羹,孙好手馒头,近南即保康门潘家黄耆圆。延宁宫禁女道士观,人罕得入。街西保康门瓦子,东去沿城皆客店,南方官员商贾兵级,皆于此安泊。近东四圣观、袜袎巷。以东城角定力院,内有朱梁高祖①御容。出保康门外,新建三尸庙、德安公庙。南至横街,西去通御街曰麦秸巷。口以南太学东门、水柜街余家染店。以南街东法云寺。又西去横街、张驸马宅,寺南佑神观后门。

相国寺内万姓交易

相国寺,每月五次开放,万姓交易。大三门上皆是飞禽猫犬之类,珍禽奇兽,无所不有。第二、三门皆动用什物,庭中设彩幕、露屋、义铺,卖蒲合、簟席、屏帏、洗漱、鞍辔、弓剑、时果、腊脯之类。近佛

---

① 朱梁高祖:五代后梁开国皇帝朱温。

殿,孟家道冠、王道人蜜煎、赵文秀笔及潘谷墨,占定两廊,皆诸寺师姑卖绣作、领抹、花朵、珠翠、头面、生色销金花样幞头、帽子、特髻冠子、绦线之类。殿后资圣门前,皆书籍、玩好、图画,及诸路罢任官员土物、香药之类。后廊皆日者①、货术②、传神③之类。寺三门阁上并资圣门,各有金铜铸罗汉五百尊、佛牙等,凡有斋供,皆取旨方开。三门左右有两瓶琉璃塔,寺内有智海、惠林、宝梵、河沙、东西塔院,乃出角院舍,各有住持僧官,每遇斋会,凡饮食茶果、动使器皿,虽三五百分,莫不咄嗟而辨④。大殿两廊,皆国朝名公笔迹,左壁画炽盛光佛降九曜鬼百戏,右壁佛降鬼子母揭盂。殿庭供献乐部马队之类。大殿朵廊皆壁隐楼殿人物,莫非精妙。

寺东门街巷

寺东门大街,皆是幞头、腰带、书籍、冠朵铺席,丁家素茶。寺南即录事⑤巷妓馆。绣巷皆师姑绣作居住。北即小甜水巷,巷内南食店甚盛,妓馆亦多。向北李庆糟姜铺。直北出景灵宫东门前,又向北曲东税务街、高头街、姜行后巷,乃脂皮画曲妓馆。南北讲堂巷,孙殿丞药铺、靴店。出界身北巷口宋家生药铺,铺中两壁皆李成所画山水。自景灵宫东门大街向东,街北旧乾明寺,沿火改作五寺三监。以东向南曰第三条甜水巷,以东熙熙楼客店,都下着数⑥。以东街南高阳正

---

① 日者:占候卜筮的人。
② 货术:出售各种诀窍的人。
③ 传神:摹绘人像的人。
④ 辨:通"办"。
⑤ 录事:妓女。
⑥ 着数:数得着。

店，向北入马行。向东，街北曰车辂院，南曰第二甜水巷。以东审计院，以东桐树子韩家，直抵太庙前门。南往观音院，乃第一条甜水巷也。太庙北入榆林巷，通曹门大街，不能遍数也。

上清宫

上清宫，在新宋门里街北，以西茆山下院。醴泉观，在东水门里。观音院，在旧宋门后太庙南门。景德寺，在上清宫背，寺前有桃花洞，皆妓馆。开宝寺，在旧封丘门外斜街子，内有二十四院，惟仁王院最盛。天清寺，在州北清晖桥。兴德院，在金水门外。长生宫，在鹿家巷。显宁寺，在炭场巷北。婆台寺，在陈州门里。兜率寺，在红门道。地踊佛寺，在州西草场巷街南。十方净因院，在州西油醋巷。浴室院，在第三条甜水巷。福田院，在旧曹门外。报恩寺，在卸盐巷。太和宫女道士，在州西洪桥子大街。洞元观女道士，在班楼北。瑶华宫，在金水门外。万寿观，在旧酸枣门外十王宫前。

马行街铺席

马行北去，旧封丘门外祆庙斜街，州北瓦子。新封丘门大街，两边民户铺席，外余诸班直军营相对，至门约十里余，其余坊巷院落，纵横万数，莫知纪极。处处拥门，各有茶坊酒店，勾肆饮食。市井经纪之家，往往只于市店旋买饮食，不置家蔬。北食则矾楼前李四家、段家爊物、石逢巴子，南食则寺桥金家、九曲子周家，最为屈指[①]。夜市

---

① 屈指：数得着。

直至三更尽，才五更又复开张。如要闹去处，通晓不绝。寻常四梢远静去处，夜市亦有燋酸豏、猪胰胡饼、和菜饼、獾儿、野狐肉、果木翘羹、灌肠、香糖果子之类。冬月虽大风雪阴雨，亦有夜市：剝子、姜豉、抹脏、红丝、水晶脍、煎肝脏、蛤蜊、螃蟹、胡桃、泽州饧、奇豆、鹅梨、石榴、查子、榅桲、糍糕、团子、盐豉汤之类。至三更，方有提瓶卖茶者。盖都人公私荣干，夜深方归也。

般载杂卖

东京般载①车，大者曰"太平"，上有箱无盖，箱如构栏而平，板壁前出两木，长二三尺许，驾车人在中间，两手扶捉鞭绥驾之，前列骡或驴二十余，前后作两行，或牛五七头拽之。车两轮与箱齐，后有两斜木脚拖②，夜中间悬一铁铃，行即有声，使远来者车相避。仍于车后系驴骡二头，遇下峻险桥路，以鞭绁之，使倒坐绳车，令缓行也，可载数十石。官中车惟用驴，差小耳。其次有"平头车"，亦如"太平车"而小，两轮前出长木作辕，木梢横一木，以独牛在辕内，项负横木，人在一边，以手牵牛鼻绳驾之，酒正店多以此载酒梢桶矣。梢桶如长水桶，面安厣口，每梢三斗许，一贯五百文。又有宅眷坐车子，与"平头车"大抵相似，但椶③作盖，及前后有构栏门，垂帘。又有独轮车，前后二人把驾，两旁两人扶拐，前有驴拽，谓之"串车"，以不用耳子转轮也。般载竹木瓦石，但无前辕，止一人或两人推之。此车往往卖糕及糕糜之类人用，不中载物也。平盘两轮，谓之"浪子车"，唯用人拽。

---

① 般载：搬运。般，通"搬"。
② 斜木脚拖：制动装置。
③ 椶：同"棕"。

又有载巨石大木,只有短梯盘而无轮,谓之"痴车",皆省人力也。又有驼骡驴驮子,或皮或竹为之,如方匾竹篓,两搭背上,斛㪷①则用布袋驼之。

都市钱陌

都市钱陌②,官用七十七,街市通用七十五,鱼肉菜七十二陌,金银七十四,珠珍、雇婢妮、买虫蚁六十八,文字五十六陌,行市各有短长使用。

雇觅人力

凡雇觅人力,干当人、酒食作匠之类,各有行老供雇。觅女使即有引至牙人。

防　火

每坊巷三百步许,有军巡铺屋一所,铺兵五人,夜间巡警,收领公事。又于高处砖砌望火楼,楼上有人卓望③。下有官屋数间,屯驻军兵百余人,及有救火家事④,谓如大小桶、洒子、麻搭、斧锯、梯子、火

---

① 斛㪷:两种量取粮食的容器,此借指粮食。
② 钱陌:百钱。陌,通"百"。本条所述为北宋时代每百钱在实际交易时用多少文钱。
③ 卓望:瞭望。
④ 救火家事:救火工具。

叉、大索、铁猫儿之类。每遇有遗火①去处,则有马军奔报,军厢主、马步军、殿前三衙、开封府各领军汲水扑灭,不劳百姓。

天晓诸人入市

每日交五更,诸寺院行者打铁牌子或木鱼,循门报晓,亦各分地分,日间求化。诸趋朝入市之人,闻此而起。诸门桥市井已开,如瓠羹店门首坐一小儿,叫"饶骨头",间有灌肺及炒肺。酒店多点灯烛沽卖,每分不过二十文,并粥饭点心。亦间或有卖洗面水,煎点汤茶药者,直至天明。其杀猪羊作坊,每人担猪羊及车子上市,动即百数。如果木亦集于朱雀门外及州桥之西,谓之"果子行"。纸画儿亦在彼处,行贩不绝。其卖麦面,秤作一布袋,谓之"一宛",或三五秤作一宛,用太平车或驴马驮之,从城外守门入城货卖,至天明不绝。更有御街州桥至南内前,趁朝卖药及饮食者,吟叫百端。

诸色杂卖

若养马,则有两人日供切草,养犬则供饧糟,养猫则供猫食并小鱼。其锢路②、钉铰、箍桶、修整动使、掌鞋、刷腰带、修幞头、帽子、补角冠、日供打香印者,则管定铺席,人家牌额,时节即印施佛像等。其供人家打水者,各有地分坊巷,及有使漆、打钗环、荷大斧斫柴、换扇子柄、供香饼子、炭团,夏月则有洗毡、淘井者,举意皆在目前。或军

---

① 遗火:失火。
② 锢路:修补破锅等的漏洞、裂缝。

营放停乐人,动鼓乐于空闲,就坊巷引小儿、妇女观看,散糖果子之类,谓之"卖梅子",又谓之"把街"。每日如宅舍宫院前,则有就门卖羊肉、头肚、腰子、白肠、鹑、兔、鱼、虾、退毛鸡鸭、蛤蜊、螃蟹、杂燠、香药果子,博卖冠梳、领抹、头面、衣着、动使、铜铁器、衣箱、磁器之类。亦有扑上件物事者,谓之"勘宅"。其后街或闲空处,团转盖屋,向背聚居,谓之"院子",皆小民居止。每日卖蒸梨枣、黄糕麋、宿蒸饼、发牙豆之类。每遇春时,官中差人夫监淘在城沟渠,别开坑盛淘出者泥,谓之"泥盆",候官差人来检视了方盖覆。夜间出入,月黑宜照管也。

东京梦华录卷四

军头司

军头司每旬休①,按阅内等子②、相扑手、剑棒手格斗。诸军营殿前指挥使直,在禁中有左右班、内殿直、散员、散都头、散直、散指挥。御龙左右直,系打御从物,御龙骨朵子直、弓箭直、弩直、习驭直、骑御马、钧容直、招箭班、金枪班、银枪班。殿侍诸军东西五班,常入祗候,每日教阅野战。每遇诸路解到武艺人,对御格斗。天武、捧日、龙卫、神卫,各二十指挥,谓之上四军,不出戍。骁骑、云骑、拱圣、龙猛、龙骑,各十指挥。殿前司、步军司有虎翼各二十指挥,虎翼水军、宣武各十五指挥,神勇、广勇各十指挥,飞山、床子弩、雄武、广固等指挥。诸司则宣效六军,武肃、武和、街道司诸司、诸军指挥,动以百数。诸宫观宅院各有清卫、厢军、禁军、剩员十指挥。其余工匠:修内司、八作司、广固作坊、后苑作坊、书艺局、绫锦院、文绣院、内酒坊、法酒库、牛羊司、酒醋库、仪鸾司、翰林司、喝探、武严、辇官、车子院、皇城官亲从

---

① 每旬休:每十日休息一日。
② 内等子:禁军中下级军官的名称。

官、亲事官、上下宫皇城黄皂院子、涤除，各有指挥，记省不尽。

皇太子纳妃

皇太子纳妃，卤部仪仗，宴乐仪卫。妃乘厌翟车，车上设紫色团盖，四柱维幕，四垂大带，四马驾之。

公主出降

公主出降①，亦设仪仗、行幕、步障、水路，凡亲王公主出则有之。皆系街道司兵级数十人，各执扫具、镀金银水桶、前导洒之，名曰"水路"。用担床数百，铺设房卧，并紫衫卷脚幞头天武官抬舁。又有宫嫔数十，皆真珠钗插、吊朵、玲珑簇罗头面，红罗销金袍帔，乘马双控双搭，青盖前导，谓之"短镫"。前后用红罗销金掌扇遮簇，乘金铜担子，覆以剪楼，朱红梁脊，上列渗金铜铸云凤花朵。担子约高五尺许，深八尺，阔四尺许，内容六人，四维垂绣额珠帘，白藤间花。匡箱之外，两壁出栏槛，皆缕金花装雕木人物神仙。出队两竿十二人，竿前后皆设绿丝绦，金鱼勾子勾定。

皇后出乘舆

皇太后、皇后出乘者，谓之"舆"。比担子稍增广，花样皆龙，前后

---

① 出降：(公主)出嫁。

担皆剪楼,仪仗与驾出相似而少,仍无驾头①警跸耳。士庶家与贵家婚嫁,亦乘担子,只无脊上铜凤花朵,左右两军自有假赁所在。以至从人衫帽,衣服从物,俱可赁,不须借借。余命妇王宫士庶,通乘坐车子,如担子样制,亦可容六人,前后有小勾栏,底下轴贯两挟朱轮,前出长辕约七八尺,独牛驾之,亦可假赁。

杂　赁

若凶事出殡,自上而下,凶肆②各有体例。如方相③、车舆、结络、彩帛,皆有定价,不须劳力。寻常出街市干事,稍似路远倦行,逐坊巷桥市,自有假赁鞍马者,不过百钱。

修整杂货及斋僧请道

倪欲修整屋宇,泥补墙壁,生辰忌日,欲设斋僧尼道士,即早辰桥市街巷口,皆有木竹匠人,谓之"杂货工匠",以至杂作人夫,道士僧人,罗立会聚,候人请唤,谓之"罗斋"。竹木作料,亦有铺席。砖瓦泥匠,随手即就。

筵会假赁

凡民间吉凶筵会,椅桌陈设,器皿合盘,酒担动使之类,自有茶酒

---

① 驾头:帝王出行时仪仗队中的宝座。
② 凶肆:专门替人办理丧事、出售丧葬用品的店铺。
③ 方相:古代出丧行列前开道的神像,形貌令人畏怖。

司管赁。吃食下酒，自有厨司，以至托盘、下请书、安排坐次、尊前执事、歌说劝酒，谓之"白席人"，总谓之"四司人"。欲就园馆亭榭寺院游赏命客之类，举意便办，亦各有地分，承揽排备，自有则例，亦不敢过越取钱。虽百十分，厅馆整肃，主人只出钱而已，不用费力。

会仙酒楼

如州东仁和店、新门里会仙楼正店，常有百十分厅馆动使，各各足备，不尚少阙一件。大抵都人风俗奢侈，度量稍宽，凡酒店中，不问何人，止两人对坐饮酒，亦须用注碗一副，盘盏两副，果菜碟各五片，水菜碗三五只，即银近百两矣。虽一人独饮，碗遂亦用银盂之类。其果子菜蔬，无非精洁。若别要下酒，即使人外买软羊、龟背、大小骨、诸色包子、玉板鲊、生削巴子、瓜姜之类。

食　店

大凡食店，大者谓之"分茶"，则有头羹、石髓羹、白肉、胡饼、软羊、大小骨、角炙辐腰子、石肚羹、入炉羊、罨生软羊面、桐皮面、姜泼刀回刀、冷淘棊子、寄炉面饭之类。吃全茶，饶齑头羹。更有川饭店，则有插肉面、大燠面、大小抹肉、淘剪燠肉、杂煎事件、生熟烧饭。更有南食店：鱼兜子、桐皮熟脍面、煎鱼饭。又有瓠羹店，门前以枋木及花样沓结缚如山棚，上挂成边猪羊，相间三二十边。近里门面窗户，皆朱绿装饰，谓之"欢门"。每店各有厅院、东西廊，称呼坐次。客坐，则一人执箸纸，遍问坐客。都人侈纵，百端呼索，或热或冷，或温或整，或绝冷、精浇、臕浇之类，人人索唤不同。行菜得之，近局次立，从

29

头唱念,报与局内。当局者谓之"铛头",又曰"着案"讫。须臾,行菜者左手权三碗、右臂自手至肩驮叠约二十碗,散下尽合各人呼索,不容差错。一有差错,坐客白之主人,必加叱骂,或罚工价,甚者逐之。吾辈入店,则用一等琉璃浅棱碗,谓之"碧碗",亦谓之"造羹",菜蔬精细,谓之"造羹",每碗十文。面与肉相停①,谓之"合羹";又有"单羹",乃半个也。旧只用匙,今皆用箸矣。更有插肉、拨刀、炒羊、细物料、棋子、馄饨店。及有素分茶,如寺院斋食也。又有菜面、胡蝶齑肐肢②,及卖随饭、荷包白饭、旋切细料馂饀儿、瓜齑、萝卜之类。

肉　行

坊巷桥市,皆有肉案,列三五人操刀,生熟肉从便索唤,阔切、片批、细抹、顿刀之类。至晚即有燠爆③熟食上市。凡买物不上数钱得者是数。

饼　店

凡饼店,有油饼店,有胡饼店。若油饼店,即卖蒸饼④、糖饼、装合、引盘之类。胡饼店即卖门油、菊花、宽焦、侧厚、油砣、髓饼、新样、满麻。每案用三五人捏剂、卓花⑤、入炉。自五更卓案之声远近相闻。

---

① 相停:相等。
② 肐肢:同"疙瘩"。
③ 燠爆:又作"燠曝"。
④ 蒸饼:馒头或包子,又名炊饼。
⑤ 卓花:捏出花纹。

唯武成王庙前海州张家、皇建院前郑家最盛,每家有五十余炉。

鱼　行

卖生鱼则用浅抱桶,以柳叶间串,清水中浸,或循街出卖。每日早惟新郑门、西水门、万胜门,如此生鱼有数千担入门。冬月即黄河诸远处客鱼来,谓之"车鱼",每斤不上一百文。

东京梦华录卷五

民　俗

　　凡百所卖饮食之人，装鲜净盘合器皿，车担动使，奇巧可爱，食味和羹，不敢草略。其卖药卖卦，皆具冠带。至于乞丐者，亦有规格。稍似懈怠，众所不容。其士农工商诸行百户衣装，各有本色，不敢越外。谓如香铺裹香人，即顶帽披背；质库掌事，即着皂衫角带、不顶帽之类。街市行人，便认得是何色目①。加之人情高谊，若见外方之人，为都人凌欺，众必救护之。或见军铺收领到斗争公事，横身劝救，有陪酒食担官方救之者，亦无惮也。或有从外新来，邻左居住，则相借借动使，献遗汤茶，指引买卖之类。更有提茶瓶之人，每日邻里互相支茶，相问动静。凡百吉凶之家，人皆盈门。其正酒店户，见脚店三两次打酒，便敢借与三五百两银器。以至贫下人家，就店呼酒，亦用银器供送。有连夜饮者，次日取之。诸妓馆只就店呼酒而已，银器供送，亦复如是。其阔略大量，天下无之也。以其人烟浩穰，添十数万众不加多，减之不觉少。所谓花阵酒池，香山药海。别有幽坊小巷、

---

①　色目：泛指家世、姿色、技艺等。此指身份。

燕馆歌楼,举之万数,不欲繁碎。

京瓦伎艺

崇、观①以来,在京瓦肆伎艺:张延叟,孟子书主张。小唱李师师、徐婆惜、封宜奴、孙三四等,诚其角者。嘌唱弟子张七七、王京奴、左小四、安娘、毛团等。教坊减罢并温习,张翠盖、张成、弟子薛子大、薛子小、俏枝儿、杨总惜、周寿奴、称心等。般杂剧:枝头傀儡,任小三,每日五更头回小杂剧,差晚看不及矣。悬丝傀儡,张金线、李外宁。药发傀儡,张臻妙、温奴哥、真个强、没勃脐、小掉刀。筋骨上索杂手伎。浑身眼、李宗正、张哥,球杖、踢弄。孙宽、孙十五、曾无党、高恕、李孝详,讲史。李慥、杨中立、张十一、徐明、赵世亨、贾九,小说。王颜喜、盖中宝、刘名广,散乐。张真奴,舞旋。杨望京,小儿相扑。杂剧、掉刀、蛮牌。董十五、赵七、曹保义、朱婆儿、没困驼、风僧哥、俎六姐。影戏。丁仪、瘦吉等,弄乔影戏。刘百禽,弄虫蚁。孔三传,耍秀才、诸宫调。毛详、霍伯丑,商谜。吴八儿合生。张山人,说诨话。刘乔、河北子、帛遂、胡牛儿、达眼五重明、乔骆驼儿、李敦等,杂班。外入孙三神鬼,霍四究说《三分》,尹常卖《五代史》,文八娘叫果子。其余不可胜数。不以风雨寒暑,诸棚看人,日日如是。教坊钧容直,每遇旬休按乐,亦许人观看。每遇内宴前一月,教坊内勾集弟子小儿,习队舞作乐,杂剧节次。

---

① 崇、观:宋徽宗在位时的年号崇宁、大观。

娶　妇

凡娶媳妇,先起草帖子,两家允许,然后起细帖子,序三代名讳,议亲人有服亲田产官职之类。次担许口酒,以络盛酒瓶,装以大花八朵、罗绢生色或银胜八杖,又以花红缴担上,谓之"缴担红",与女家。女家以淡水二瓶,活鱼三五个,箸一双,悉送在元酒瓶内,谓之"回鱼箸"。或下小定、大定,或相媳妇与不相。若相媳妇,即男家亲人或婆往女家看中,即以钗子插冠中,谓之"插钗子";或不入意,即留一两端彩段,与之压惊,则此亲不谐矣。其媒人有数等,上等戴盖头,着紫背子,说官亲宫院恩泽;中等戴冠子,黄包髻,背子,或只系裙,手把青凉伞儿,皆两人同行。下定了,即旦望媒人传语。遇节序,即以节物头面羊酒之类追女家,随家丰俭。女家多回巧作之类。次下财礼,次报成结日子。次过大礼,先一日或是日早,下催妆冠帔花粉,女家回公裳、花幞头之类。前一日,女家先来挂帐,铺设房卧,谓之"铺房"。女家亲人有茶酒利市之类。至迎娶日,儿家以车子或花担子发迎客,引至女家门,女家管待迎客,与之彩段,作乐催妆上车担,从人未肯起,炒咬利市,谓之"起担子",与了然后行。迎客先回至儿家门,从人及儿家人乞觅利市钱物花红等,谓之"拦门"。新妇下车子,有阴阳人执斗,内盛谷豆钱果草节等,咒祝望门而撒,小儿辈争拾之,谓之"撒谷豆",俗云厌青羊等杀神也。新人下车担,踏青布条或毡席,不得踏地,一人捧镜倒行,引新人跨鞍蓦草及秤上过,入门,于一室内当中悬帐,谓之"坐虚帐";或只径入房中,坐于床上,亦谓之"坐富贵"。其送女客,急三盏而退,谓之"走送"。众客就筵三杯之后,婿具公裳,花胜簇面,于中堂升一榻,上置椅子,谓之"高坐",先媒氏请,次姨氏或妗氏请,各斟一杯饮之,次丈母请,方下坐。新人门额,用彩一段,碎裂其下,横抹挂之,婿入房,即众争撏①小片而去,谓之"利市缴门红"。婿于床前请新妇出,二家各出彩段,绾一同心,谓之"牵巾",男挂于笏,女搭于手,男倒行出,面皆相向,至家庙前参拜毕,女复倒行,扶入房讲拜,男女各争先后对拜毕,就床,女向左坐,男向右坐,妇女以金钱彩果散掷,谓之"撒帐"。男左女右,留少头发,二家出匹段、钗子、木梳、头须之类,谓之"合髻"。然后用两盏以彩结连之,互饮一盏,谓之"交杯酒"。饮讫,掷盏并花冠子于床下,盏一仰一合,俗云"大吉",则众喜贺。然后掩帐讫。宫院中即亲随人抱女婿去,已下人家即行出房,参谢诸亲,复就坐饮酒。散后次日五更,用一桌,盛镜台、镜子于其上,望堂展拜,谓之"新妇拜堂"。次拜尊长亲戚,各有彩段、巧作、鞋袜等为献,谓之"赏贺"。尊长则复换一匹回之,谓之"答贺"。婿往参妇家,谓之"拜门"。有力能趣办,次日即往,谓之"复面拜门",不然,三日七日皆可,赏贺亦如女家之礼。酒散,女家具鼓吹从物,迎婿还家,三日,女家送彩段油蜜蒸饼,谓之"蜜和油蒸饼"。其女家来作会,谓之"暖女"。七日则取女归,盛送彩段头面与之,谓之"洗头"。一月则大会相庆,谓之"满月"。自此以后,礼数简矣。

育　子

　　凡孕妇入月,于初一日父母家以银盆,或錂或彩画盆,盛粟秆一束,上以锦绣或生色帕复盖之,上插花朵及通草帖罗五男二女花样②,

---

① 撏:同"扯"。
② 通草帖罗五男二女花样:通草上粘贴的纱罗质地五男二女的图样。宋朝人以为一个家庭有五个男孩、两个女孩最幸福美满。

用盘合装送馒头,谓之"分痛"。并作眠羊、卧鹿、羊生果实,取其眠卧之义。并牙儿衣物绷籍①等,谓之"催生"。就蓐分娩讫,人争送粟米炭醋之类。三日落脐、灸囟。七日谓之"一腊"。至满月则生色及绷绣钱,贵富家金银犀玉为之,并果子,大展洗儿会。亲宾盛集,煎香汤于盆中,下果子、彩钱、葱蒜等,用数丈彩绕之,名曰"围盆"。以钗子搅水,谓之"搅盆"。观者各撒钱于水中,谓之"添盆"。盆中枣子直立者,妇人争取食之,以为生男之征。浴儿毕,落胎发,遍谢坐客,抱牙儿入他人房,谓之"移窠"。生子百日置会,谓之"百晬"。至来岁生日,谓之"周晬",罗列盘戋于地,盛果木、饮食、官诰、笔研、算秤等,经卷、针线应用之物,观其所先拈者,以为征兆,谓之"试晬"。此小儿之盛礼也。

---

① 绷籍:小儿包被。

东京梦华录卷六

正 月

正月一日年节,开封府放关扑①三日。士庶自早互相庆贺,坊巷以食物、动使、果实、柴炭之类,歌叫关扑。如马行、潘楼街,州东宋门外,州西梁门外踊路,州北封丘门外,及州南一带,皆结彩棚,铺陈冠梳、珠翠、头面、衣着、花朵、领抹、靴鞋、玩好之类。间列舞场歌馆,车马交驰。向晚,贵家妇女纵赏关赌②,入场观看,入市店馆宴,惯习成风,不相笑讶。至寒食、冬至三日亦如此。小民虽贫者,亦须新洁衣服,把酒相酬尔。

元旦朝会

正旦大朝会,车驾坐大庆殿,有介胄长大人四人立于殿角,谓之"镇殿将军"。诸国使人入贺。殿庭列法驾仪仗,百官皆冠冕朝服,诸

---

① 关扑:用赌博的方式来买卖物品。
② 关赌:关扑。

路举人解首①亦士服立班,其服二量冠、白袍青缘。诸州进奏吏,各执方物入献。诸国使人,大辽大使顶金冠,后担尖长,如大莲叶,服紫窄袍,金蹀躞②;副使展裹金带,如汉服。大使拜则立左足,跪右足,以两手着右肩为一拜。副使拜如汉仪。夏国使、副皆金冠,短小样制,服绯窄袍、金蹀躞、吊敦③、背④叉手展拜。高丽与南番交州使人,并如汉仪。回纥皆长髯高鼻,以匹帛缠头,散披其服。于阗皆小金花毡笠、金丝战袍束带,并妻男同来,乘骆驼毡兜铜铎入贡。三佛齐皆瘦脊缠头、绯衣上织成佛面。又有南蛮五姓番,皆椎髻乌毡,并如僧人礼拜。入见,旋赐汉装锦袄之类。更有真腊、大理、大石等国,有时来朝贡。其大辽使人在都亭驿,夏国在都亭西驿,高丽在梁门外安州巷同文馆,回纥、于阗在礼宾院,诸番国在瞻云馆或怀远驿。唯大辽、高丽就馆赐宴。大辽使人朝见讫,翌日诣大相国寺烧香,次日诣南御苑射弓,朝廷旋选能射武臣伴射,就彼赐宴,三节人皆与焉。先列招箭班十余于垛子前,使人多用弩子射,一裹无脚小幞头子、锦袄子辽人,踏开弩子,舞旋搭箭,过与使人,彼窥得端正,止令使人发牙。例本朝伴射用弓箭,中的则赐闹装、银鞍马、衣着、金银器物有差。伴射得捷,京师市井儿遮路争献口号,观者如堵。翌日,人使朝辞。朝退,内前灯山已上彩,其速如神。

---

① 解首:解元。
② 蹀躞:衣带上的饰物。
③ 吊敦:一种类似现今踩蹬裤的下装。
④ 背:《格致丛书》本《岁时广记》卷七"来朝贺"作"皆"。

立 春

立春前一日,开封府进春牛,入禁中鞭春。开封、祥符两县,置春牛于府前。至日绝早,府僚打春,如方州仪。府前左右,百姓卖小春牛,往往花装栏坐,上列百戏人物,春幡雪柳,各相献遗。春日,宰执、亲王、百官,皆赐金银幡胜。入贺讫,戴归私第。

元 宵

正月十五日元宵,大内前自岁前冬至后,开封府绞缚山棚,立木正对宣德楼,游人已集御街,两廊下奇术异能,歌舞百戏,鳞鳞相切,乐声嘈杂十余里。击丸、蹴鞠、踏索、上竿、赵野人倒吃冷淘、张九哥吞铁剑、李外宁药法傀儡、小健儿吐五色水、旋烧泥丸子、大特落灰药、榾柮儿杂剧、温大头、小曹稽琴、党千箫管、孙四烧炼药方、王十二作剧术、邹遇、田地广杂扮、苏十、孟宣筑球、尹常卖五代史、刘百禽虫蚁、杨文秀鼓笛。更有猴呈百戏、鱼跳刀门、使唤蜂蝶、追呼蝼蚁。其余卖药卖卦、沙书地谜,奇巧百端,日新耳目。至正月七日,人使朝辞出门,灯山上彩,金碧相射,锦绣交辉。面北悉以彩结山沓,上皆画神仙故事。或坊市卖药卖卦之人,横列三门,各有彩结,金书大牌,中曰"都门道",左右曰"左右禁卫之门",上有大牌曰"宣和与民同乐"。彩山左右,以彩结文殊、普贤,跨狮子、白象,各于手指出水五道,其手摇动。用辘轳绞水上灯山尖高处,用木柜贮之,逐时放下,如瀑布状。又于左右门上,各以草把缚成戏龙之状,用青幕遮笼,草上密置灯烛数万盏,望之蜿蜒如双龙飞走。自灯山至宣德门楼横大街,约百余丈，用棘刺围绕，谓之"棘盆"，内设两长竿，高数十丈，以缯彩结束，纸糊百戏人物，悬于竿上，风动宛若飞仙。内设乐棚，差衙前乐人作乐杂戏，并左右军百戏在其中，驾坐一时呈拽。宣德楼上皆垂黄缘帘，中一位乃御座。用黄罗设一彩棚，御龙直执黄盖掌扇，列于帘外。两朵楼各挂灯球一枚，约方圆丈余，内燃椽烛。帘内亦作乐，宫嫔嬉笑之声，下闻于外。楼下用枋木垒成露台一所，彩结栏槛，两边皆禁卫排立，锦袍，幞头簪赐花，执骨朵子，面此乐棚。教坊、钧容直、露台弟子，更互杂剧。近门亦有内等子班直排立。万姓皆在露台下观看，乐人时引万姓山呼。

十四日车驾幸五岳观

正月十四日，车驾幸五岳观迎祥池，有对御（谓赐群臣宴也），至晚还内。围子、亲从官，皆顶球头大帽，簪花，红锦团答戏狮子衫，金镀天王腰带，数重骨朵。天武官皆顶双卷脚幞头，紫上大搭天鹅结带、宽衫。殿前班顶两脚屈曲向后花装幞头，着绯青紫三色撚金线结带望仙花袍，跨弓剑，乘马，一扎鞍辔，缨绋前导。御龙直一脚指天，一脚圈曲幞头，着红方胜锦袄子，看带束带，执御从物，如金交椅、唾盂、水罐、果垒、掌扇、缨绋之类。御椅子皆黄罗珠蹙，背座则亲从官执之。诸班直皆幞头锦袄束带，每常驾出，有红纱贴金烛笼二百对，元宵加以琉璃玉柱掌扇灯。快行家各执红纱珠络灯笼。驾将至，则围子数重，外有一人捧月样兀子，锦覆于马上。天武官十馀人簇拥扶策，喝曰："看驾头！"次有吏部小使臣百余，皆公裳，执珠络球仗，乘马听唤。近侍余官皆服紫绯绿公服，三衙太尉、知漥御带罗列前导，两边皆内等子，选诸军膂力者，着锦袄顶帽，握拳顾望，有高声者捶之流血。教坊、钧容直乐部前引,驾后诸班直马队作乐,驾后围子外,左则宰执侍从,右则亲王、宗室、南班官。驾近则列横门,十余人击鞭,驾后有曲柄小红绣伞,亦殿侍执之于马上。驾入灯山,御辇院人员辇前喝"随竿媚来",御辇团转一遭,倒行观灯山,谓之"鹁鸽旋",又谓之"踏五花儿",则辇官有喝赐矣。驾登宣德楼,游人奔赴露台下。

十五日驾诣上清宫

十五日,诣上清宫,亦有对御,至晚回内。

十六日

十六日,车驾不出,自进早膳讫,登门,乐作卷帘,御座临轩,宣万姓。先到门下者,犹得瞻见天表,小帽红袍,独桌子。左右近侍,帘外伞扇执事之人,须臾下帘则乐作,纵万姓游赏。两朵楼相对:左楼相对郓王,以次彩棚幕次;右楼相对蔡太师,以次执政戚里幕次。时复自楼上有金凤飞下诸幕次,宣赐不辍。诸幕次中,家妓竞奏新声,与山棚露台上下,乐声鼎沸。西朵楼下,开封尹弹压,幕次罗列罪人满前,时复决遣,以警愚民。楼上时传口敕,特令放罪。于是华灯宝炬,月色花光,霏雾融融,动烛远近。至三鼓,楼上以小红纱灯球缘索而至半空,都人皆知车驾还内矣。须臾闻楼外击鞭之声,则山楼上下,灯烛数十万盏一时灭矣。于是贵家车马,自内前鳞切,悉南去游相国寺。寺之大殿前设乐棚,诸军作乐,两廊有诗牌灯云"天碧银河欲下来,月华如水照楼台",并"火树银花合,星桥铁锁开"之诗。其灯以木牌为之,雕镂成字,以纱绢幂之,于内密燃其灯,相次排定,亦可爱赏。资圣阁前安顿佛牙,设以水灯,皆系宰执、戚里、贵近占设看位。最要闹,九子母殿及东西塔院、惠林、智海、宝梵,竞陈灯烛,光彩争华,直至达旦。其余宫观寺院,皆放万姓烧香。如开宝、景德、大佛寺等处,皆有乐棚,作乐燃灯。惟禁宫观寺院,不设灯烛矣。次则葆真宫,有玉柱玉帘窗隔灯。诸坊巷、马行、诸香药铺席、茶坊、酒肆,灯烛各出新奇。就中莲华王家香铺灯火出群,而又命僧道场打花钹、弄椎鼓,游人无不驻足。诸门皆有官中乐棚,万街千巷,尽皆繁盛浩闹。每一坊巷口,无乐棚去处,多设小影戏棚子,以防本坊游人小儿相失,以引聚之。殿前班在禁中右掖门里,则相对右掖门设一乐棚,放本班家口,登皇城观看。官中有宣赐茶酒、妆粉钱之类。诸营班院于法不得夜游,各以竹竿出灯球于半空,远近高低,若飞星然。阡陌纵横,城闉①不禁。别有深坊小巷,绣额珠帘,巧制新妆,竞夸华丽。春情荡飏,酒兴融怡,雅会幽欢,寸阴可惜,景色浩闹,不觉更阑。宝骑骎骎,香轮辘辘,五陵年少,满路行歌,万户千门,笙簧未彻。市人卖玉梅、夜蛾、蜂儿、雪柳、菩提叶、科头圆子、拍头焦䭔。唯焦䭔以竹架子出青伞上,装缀梅红缕金小灯笼子,架子前后亦设灯笼,敲鼓应拍,团团转走,谓之"打旋罗",街巷处处有之。至十九日收灯,五夜城闉不禁,尝有旨展日。宣和年间,自十二月于酸枣门(二名景龙)门上,如宣德门,元夜点照,门下亦置露台,南至宝箓宫,两边关扑买卖。晨晖门外设看位一所,前以荆棘围绕,周回约五七十步,都下卖鹌鹑骨饳儿、圆子、䭔拍、白肠、水晶脍、科头细粉、旋炒栗子、银杏、盐豉汤、鸡段、金橘、橄榄、龙眼、荔枝诸般市合,团团密摆,准备御前索唤。以至尊有

---

① 城闉(yīn):城门。

时在看位内，门司、御药、知省、太尉，悉在帘前，用三五人弟子祗应。粆盆照耀，有同白日。仕女观者，中贵邀住，劝酒一金杯令退。直至上元，谓之"预赏"。惟周待诏瓠羹贡余者，一百二十文足一个，其精细果别如市店十文者。

收灯都人出城探春

　　收灯毕，都人争先出城探春，州南则玉津园外，学方池亭榭、玉仙观、转龙弯西去，一丈佛园子、王太尉园，奉胜寺前孟景初园，四里桥望牛冈、剑客庙。自转龙弯东去，陈州门外，园馆尤多。州东宋门外，快活林、勃脐陂、独乐冈、砚台、蜘蛛楼、麦家园、虹桥、王家园。曹、宋门之间东御苑、乾明崇夏尼寺。州北李驸马园。州西新郑门大路，直过金明池西道者院，院前皆妓馆。以西宴宾楼，有亭榭、曲折池塘、秋千画舫，酒客税①小舟，帐设游赏。相对祥祺观，直至板桥，有集贤楼、莲花楼，乃之官河东、陕西五路之别馆，寻常饯送，置酒于此。过板桥，有下松园、王太宰园、杏花冈。金明池角南去水虎翼巷，水磨下蔡太师园。南洗马桥西巷内，华严尼寺、王小姑酒店。北金水河两淅尼寺、巴娄寺、养种园、四时花木，繁盛可观。南去药梁园、童太师②园。南去铁佛寺、鸿福寺、东西柏榆村。州北模天坡、角桥，至仓王庙、十八寿圣尼寺、孟四翁酒店。州西北元有庶人园，有创台、流杯亭榭数处，放人春赏。大抵都城左近，皆是园圃，百里之内，并无闃地③。次第春容满野，暖律暄晴，万花争出粉墙，细柳斜笼绮陌。香轮缓辗，芳

---

　　① 税：租赁。
　　② 童太师：童贯。
　　③ 闃(qù)地：空地。

草如茵,骏骑骄嘶,杏花如绣,莺啼芳树,燕舞晴空。红妆按乐于宝榭层楼,白面行歌近画桥流水,举目则秋千巧笑,触处则蹴鞠疏狂。寻芳选胜,花絮时坠金樽;折翠簪红,蜂蝶暗随归骑。于是相继清明节矣。

东京梦华录卷七

清明节

　　清明节,寻常京师以冬至后一百五日为大寒食。前一日谓之"炊熟",用面造枣𩚼飞燕,柳条串之,插于门楣,谓之"子推①燕"。子女及笄者,多以是日上头。寒食第三节,即清明日矣。凡新坟皆用此日拜扫。都城人出郊。禁中前半月,发宫人车马朝陵,宗室南班近亲,亦分遣诣诸陵坟享祀,从人皆紫衫、白绢三角子、青行缠,皆系官给。节日,亦禁中出车马,诣奉先寺、道者院,祀诸宫人坟,莫非金装绀幰,锦额珠帘,绣扇双遮,纱笼前导。士庶阗塞,诸门纸马铺,皆于当街用纸衮叠成楼阁之状。四野如市,往往就芳树之下,或园囿之间,罗列杯盘,互相劝酬。都城之歌儿舞女,遍满园亭,抵暮而归。各携枣𩚼、炊饼、黄胖②、掉刀、名花、异果、山亭、戏具、鸭卵、鸡雏,谓之"门外土仪"。轿子,即以杨柳、杂花装簇顶上,四垂遮映。自此三日,皆出城上坟,但一百五日最盛。节日,坊市卖稠饧、麦糕、乳酪、乳饼之类。

---

　　① 子推:介子推。相传介子推被晋文公放火烧山而死,后来形成寒食禁火的习俗,以示纪念。

　　② 黄胖:泥塑胖娃娃。

缓入都门,斜阳御柳;醉归院落,明月梨花。诸军禁卫,各成队伍,跨马作乐四出,谓之"摔脚"。其旗帜鲜明,军容雄壮,人马精锐,又别为一景也。

三月一日开金明池琼林苑

三月一日,州西顺天门外开金明池、琼林苑,每日教习车驾上池仪范。虽禁从士庶许纵赏,御史台有榜不得弹劾。池在顺天门外街北,周围约九里三十步,池面直径七里许。入池门内南岸,西去百余步,有面北临水殿,车驾临幸观争标,锡宴于此。往日旋以彩幄,政和间用土木工造成矣。又西去数百步乃仙桥,南北约数百步,桥面三虹,朱漆阑楯,下排雁柱,中央隆起,谓之"骆驼虹",若飞虹之状。桥尽处,五殿正在池之中心,四岸石甃向背,大殿中坐,各设御幄,朱漆明金龙床,河间云水戏龙屏风,不禁游人。殿上下回廊皆关扑钱物、饮食、伎艺人作场,勾肆罗列左右。桥上两边,用瓦盆内掷头钱,关扑钱物、衣服、动使。游人还往,荷盖相望。桥之南立棂星门,门里对立彩楼。每争标作乐,列妓女于其上。门相对街南有砖石甃砌高台,上有楼观,广百丈许,曰宝津楼。前至池门,阔百余丈,下阚仙桥、水殿,车驾临幸,观骑射、百戏于此。池之东岸,临水近墙皆垂杨,两边皆彩棚幕次,临水假赁,观看争标。街东皆酒食店舍,博易场户,艺人勾肆,质库,不以几日解下,只至闭池,便典没出卖。北去直至池后门,乃汴河西水门也。其池之西岸,亦无屋宇,但垂杨蘸水,烟草铺堤,游人稀少,多垂钓之士,必于池苑所买牌子,方许捕鱼。游人得鱼,倍其价买之,临水斫脍,以荐芳樽,乃一时佳味也。习水教罢,系小龙船于此。池岸正北对五殿,起大屋,盛大龙船,谓之"奥屋"。车驾临幸,往往取二十日。诸禁卫班直簪花，披锦绣，捻金线衫袍，金带勒帛之类结束，竞逞鲜新。出内府金枪，宝装弓剑，龙凤绣旗，红缨锦鬐，万骑争驰，铎声震地。

驾幸临水殿观争标锡宴

驾先幸池之临水殿，锡燕群臣。殿前出水棚，排立仪卫。近殿水中，横列四彩舟，上有诸军百戏，如大旗狮豹、棹刀蛮牌、神鬼杂剧之类。又列两船，皆乐部。又有一小船，上结小彩楼，下有三小门，如傀儡棚，正对水中乐船。上参军色进致语，乐作，彩棚中门开，出小木偶人，小船子上有一白衣垂钓，后有小童举棹划船，辽绕数回，作语，乐作，钓出活小鱼一枚，又作乐，小船入棚。继有木偶筑球、舞旋之类，亦各念致语，唱和，乐作而已，谓之"水傀儡"。又有两画船，上立秋千，船尾百戏人上竿，左右军院虞候监教，鼓笛相和。又一人上蹴秋千，将平架，筋斗掷身入水，谓之"水秋千"。水戏呈毕，百戏乐船，并各鸣锣鼓，动乐舞旗，与水傀儡船分两壁退去。有小龙船二十只，上有绯衣军士各五十余人，各设旗鼓铜锣，船头有一军校，舞旗招引，乃虎翼指挥兵级也。又有虎头船十只，上有一锦衣人，执小旗立船头上，余皆著青短衣、长顶头巾，齐舞棹，乃百姓卸在行人也。又有飞鱼船二只，彩画间金，最为精巧，上有杂彩戏衫五十余人，间列杂色小旗绯伞，左右招舞，鸣小锣鼓铙铎之类。又有鳅鱼船二只，止容一人撑划，乃独木为之也。皆进花石朱缅所进。诸小船竞诣奥屋，牵拽大龙船出诣水殿，其小龙船争先团转翔舞，迎导于前。其虎头船以绳索引龙舟。大龙船约长三四十丈,阔三四丈,头尾鳞鬣,皆雕镂金饰,榥①板皆退光,两边列十濩子,充濩分歇泊。中设御座龙水屏风。榥板到底深数尺,底上密排锇②铸大银样如桌面大者压重,庶不敧侧也。上有层楼台观槛曲,安设御座。龙头上人舞旗,左右水棚排列六桨,宛若飞腾。至水殿,舣③之一边。水殿前至仙桥,预以红旗插于水中,标识地分远近。所谓小龙船,列于水殿前,东西相向;虎头、飞鱼等船,布在其后,如两阵之势。须臾,水殿前水棚上一军校,以红旗招之,龙船各鸣锣鼓出阵,划棹旋转,共为圆阵,谓之"旋罗"。水殿前又以旗招之,其船分而为二,各圆阵,谓之"海眼"。又以旗招之,两队船相交互,谓之"交头"。又以旗招之,则诸船皆列五殿之东面,对水殿排成行列,则有小舟一军校执一竿,上挂以锦彩银碗之类,谓之"标竿",插在近殿水中。又见旗招之,则两行舟鸣鼓并进,捷者得标,则山呼拜舞。并虎头船之类,各三次争标而止。其小船复引大龙船入奥屋内矣。

驾幸琼林苑

驾方幸琼林苑,在顺天门大街面北,与金明池相对。大门牙道,皆古松怪柏。两傍有石榴园、樱桃园之类,咸有亭榭,多是酒家所占。苑之东南隅,政和间创筑华觜冈,高数十丈,上有横观层楼,金碧相射,下有锦石缠道,宝彻池塘,柳锁虹桥,花萦凤舸,其花皆素馨、末

---

① 榥(huáng):同"艎",船。
② 锇:同"铁"。
③ 舣(yǐ):停船靠岸。

莉、山丹、瑞香、含笑、射香等，闽、广、二浙所进南花，有月池、梅亭、牡丹①之类，诸亭不可悉数。

驾幸宝津楼宴殿

宝津楼之南有宴殿，驾临幸，嫔御车马在此。寻常亦禁人出入，有官监之。殿之西有射殿，殿之南有横街，牙道柳径，乃都人击球之所。西去苑西门、水虎翼巷，横道之南，有古桐牙道，两傍亦有小园圃台榭。南过画桥，水心有大撮焦亭子，方池柳步围绕，谓之"虾蟆亭"，亦是酒家占。寻常驾未幸，习旱教于苑大门。御马立于门上。门之两壁，皆高设彩棚，许士庶观赏，呈引百戏。御马上池，则张黄盖，击鞭如仪。每遇大龙船出，及御马上池，则游人增倍矣。

驾登宝津楼诸军呈百戏

驾登宝津楼，诸军百戏，呈于楼下。先列鼓子十数辈，一人摇双鼓子，近前进致语，多唱"青春三月蓦山溪"也。唱讫，鼓笛举，一红巾者弄大旗，次狮豹入场，坐作进退，奋迅举止毕。次一红巾者，手执两白旗子，跳跃旋风而舞，谓之"扑旗子"。及上竿、打筋斗之类讫，乐部举动，琴家弄令，有花妆轻健军士百余，前列旗帜，各执雉尾、蛮牌、木刀，初成行列拜舞，互变开门夺桥等阵，然后列成偃月阵，乐部复动蛮牌令，数内两人出阵对舞，如击刺之状，一人作奋击之势，一人作僵仆。出场凡五七对，或以枪对牌、剑对牌之类。忽作一声如霹雳，谓

---

① 牡丹：下当有"亭"字。

之"爆仗",则蛮牌者引退。烟火大起,有假面披发,口吐狼牙烟火,如鬼神状者上场。着青帖金花短后之衣,帖金皂裤,跣足,携大铜锣,随身步舞而进退,谓之"抱锣"。绕场数遭,或就地放烟火之类。又一声爆仗,乐部动《拜新月慢》曲,有面涂青碌,戴面具金睛,饰以豹皮锦绣看带之类,谓之"硬鬼"。或执刀斧,或执杵棒之类,作脚步蘸立,为驱捉视听之状。又爆仗一声,有假面长髯,展裹绿袍靴简如钟馗像者,傍一人以小锣相招和舞步,谓之"舞判"。继有二三瘦瘠,以粉涂身,金睛白面,如髑髅状,系锦绣围肚看带,手执软仗,各作魁谐,趋跄举止若排戏,谓之"哑杂剧"。又爆仗响,有烟火就涌出,人面不相睹,烟中有七人,皆披发文身,着青纱短后之衣,锦绣围肚看带,内一人金花小帽,执白旗,余皆头巾,执真刀,互相格斗击刺,作破面剖心之势,谓之"七圣刀"。忽有爆仗响,又复烟火出,散处以青幕围绕,列数十辈,皆假面异服,如祠庙中神鬼塑像,谓之"歇帐"。又爆仗响,卷退。次有一击小铜锣,引百余人,或巾裹,或双髻,各着杂色半臂,围肚看带,以黄白粉涂其面,谓之"抹跄"。各执木棹刀①一口,成行列,击锣者指呼各拜舞起居毕,喝喊变阵子数次,成一字阵,两两出阵格斗,作夺刀击刺之态百端讫,一人弃刀在地,就地掷身,背着地有声,谓之"扳落"。如是数十对讫,复有一装田舍儿入场,念诵言语讫,有一装村妇者入场,与村夫相值,各持棒杖,互相击触,如相殴态。其村夫者以杖背村妇出场毕,后部乐作,诸军缴队杂剧一段,继而露台弟子杂剧一段,是时弟子萧住儿、丁都赛、薛子大、薛子小、杨总惜、崔上寿之辈,后来者不足数。合曲舞旋讫,诸班直常入祗候子弟所呈马骑,先一人空手出马,谓之"引马"。次一人磨旗出马,谓之"开道旗"。次有

---

① 棹刀:即"掉刀"。

马上抱红绣之球,系以红锦索,掷下于地上,数骑追逐射之,左曰"仰手射",右曰"合手射",谓之"拖绣球"。又以柳枝插于地,数骑以划子箭,或弓或弩射之,谓之"褙柳枝"。又有以十余小旗,遍装轮上而背之出马,谓之"旋风旗"。又有执旗挺立鞍上,谓之"立马"。或以身下马,以手攀鞍而复上,谓之"骗马"。或用手握定镫裤,以身从后鞦来往,谓之"跳马"。忽以身离鞍,屈右脚挂马鬃,左脚在镫,左手把鬃,谓之"献鞍",又曰"弃鬃背坐"。或以两手握镫裤,以肩着鞍桥,双脚直上,谓之"倒立"。忽掷脚着地,倒拖顺马而走,复跳上马,谓之"拖马"。或留左脚着镫,右脚出镫离鞍,横身在鞍一边,右手捉鞍,左手把鬃存身,直一脚顺马而走,谓之"飞仙膊马"。又存身拳曲在鞍一边,谓之"镫里藏身"。或右臂挟鞍,足着地顺马而走,谓之"赶马"。或出一鞭,坠身著鞦,以手向下绰地,谓之"绰尘"。或放令马先走,以身追及,握马尾而上,谓之"豹子马"。或横身鞍上,或轮弄利刃,或重物大刀、双刀百端讫,有黄衣老兵,谓之"黄院子",数辈执小绣龙旗前导,宫监马骑百余,谓之"妙法院"。女童皆妙龄翘楚,结束如男子,短顶头巾,各着杂色锦绣捻金丝番段窄袍,红绿吊敦束带,莫非玉羁金勒,宝鞯花鞯,艳色耀日,香风袭人,驰骤至楼前,团转数遭,轻帘鼓声,马上亦有呈骁艺者。中贵人许畋押队招呼成列,鼓声一齐掷身下马,一手执弓箭,揽缰子就地,如男子仪。拜舞山呼讫,复听鼓声,骗马而上。大抵禁庭如男子装者,便随男子礼起居。复驰骤团旋,分合阵子讫,分两阵,两两出阵,左右使马,直背射弓,使番枪或草棒交马野战,呈骁骑讫,引退,又作乐。先设彩结小球门于殿前,有花装男子百余人,皆裹角子向后拳曲花幞头,半着红,半着青锦袄子,义襕束带,丝鞋,各跨雕鞍花鞯驴子,分为两队,各有朋头一名,各执彩画球杖,谓之"小打"。一朋头用杖击弄球子,如缀球子方坠地,两朋争占,

51

供与朋头,左朋击球子过门入盂为胜,右朋向前争占,不令入盂,互相追逐,得筹谢恩而退。续有黄院子引出宫监百余,亦如小打者,但加之珠翠装饰,玉带红靴,各跨小马,谓之"大打"。人人乘骑精熟,驰骤如神,雅态轻盈,妍姿绰约,人间但见其图画矣。呈讫。

驾幸射殿射弓

驾诣射殿射弓,垛子前列招箭班二十余人,皆长脚幞头,紫绣抹额,紫宽衫,黄义襕,雁翅排立,御箭去则齐声招舞,合而复开,箭中的矣。又一人口衔一银碗,两肩两手共五只,箭来皆能承之。射毕,驾归宴殿。

池苑内纵人关扑游戏

池苑内除酒家、艺人占外,多以彩幕缴络,铺设珍玉、奇玩、匹帛、动使、茶酒器物关扑。有以一筯扑三十筯者。以至车马、地宅、歌姬、舞女,皆约以价而扑之。出九和合,有名者任大头、快活三之类,余亦不数。池苑所进奉鱼藕果实,宣赐有差。后苑作进小龙船,雕牙缕翠,极尽精巧。随驾艺人池上作场者,宣、政①间,张艺多、浑身眼、宋寿香、尹士安小乐器,李外宁水傀儡,其余莫知其数。池上饮食:水饭、凉水菉豆、螺蛳肉、饶梅花酒、查片、杏片、梅子、香药脆梅、旋切鱼脍、青鱼、盐鸭卵、杂和辣菜之类。池上水教罢,贵家以双缆黑漆平船,紫帷帐,设列家乐游池。宣、政间亦有假赁大小船子,许士庶游

---

① 宣、政间:宋徽宗宣和、政和年间。

赏,其价有差。

驾回仪卫

　　驾回则御裹小帽,簪花乘马,前后从驾臣寮,百司仪卫,悉赐花。大观初,乘骢马至太和宫前,忽宣小乌,其马至御前拒而不进,左右曰:"此愿封官。"敕赐龙骧将军,然后就辔,盖小乌平日御爱之马也。莫非锦绣盈都,花光满目,御香拂路,广乐喧空,宝骑交驰,彩棚夹路,绮罗珠翠,户户神仙,画阁红楼,家家洞府。游人士庶,车马万数。妓女旧日多乘驴,宣、政间惟乘马,披凉衫,将盖头背系冠子上。少年狎客,往往随后,亦跨马,轻衫小帽。有三五文身恶少年控马,谓之"花褪马"。用短缰促马头,刺地而行,谓之"鞅缰"。呵喝驰骤,竞逞骏逸。游人往往以竹竿挑挂终日关扑所得之物而归。仍有贵家士女,小轿插花,不垂帘幕。自三月一日至四月八日闭池,虽风雨亦有游人,略无虚日矣。

　　是月季春,万花烂熳,牡丹、芍药、棣棠、木香,种种上市,卖花者以马头竹篮铺排,歌叫之声,清奇可听,晴帘静院,晓幕高楼,宿酒未醒,好梦初觉,闻之莫不新愁易感,幽恨悬生,最一时之佳况。诸军出郊,合教阵队。

东京梦华录卷八

四月八日

　　四月八日佛生日，十大禅院各有浴佛斋会，煎香药糖水相遗，名曰"浴佛水"。迤逦时光昼永，气序清和。榴花院落，时闻求友之莺；细柳亭轩，乍见引雏之燕。在京七十二户诸正店，初卖煮酒，市井一新。唯州南清风楼最宜夏饮，初尝青杏，乍荐樱桃，时得佳宾，觥酬交错。是月茄瓠初出上市，东华门争先供进，一对可直三五十千者。时果则御桃、李子、金杏、林檎之类。

端　午

　　端午节物：百索、艾花、银样鼓儿花、花巧画扇、香糖果子、粽子、白团、紫苏、菖蒲、木瓜，并皆茸切，以香药相和，用梅红匣子盛裹。自五月一日及端午前一日，卖桃、柳、葵花、蒲叶、佛道艾。次日，家家铺陈于门首，与粽子、五色水团、茶酒供养，又钉艾人于门上，士遮递相宴赏。

六月六日崔府君生日二十四日神保观神生日

六月六日，州北崔府君①生日，多有献送，无盛如此。二十四日，州西灌口二郎生日，最为繁盛。庙在万胜门外一里许，敕赐神保观。二十三日，御前献送后苑作与书艺局等处制造戏玩，如球杖、弹弓、戈射之具，鞍辔、衔勒、樊笼之类，悉皆精巧。作乐迎引至庙，于殿前露台上设乐棚，教坊、钧容直作乐，更互杂剧舞旋。太官局供食，连夜二十四盏，各有节次。至二十四日，夜五更争烧头炉香，有在庙止宿，夜半起以争先者。天晓，诸司及诸行百姓献送甚多。其社火呈于露台之上，所献之物，动以万数。自早呈拽百戏，如上竿、趯弄、跳索、相扑、鼓板、小唱、斗鸡、说诨话、杂扮、商谜、合笙、乔筋骨、乔相扑、浪子杂剧、叫果子、学像生、掉刀、装鬼、砑鼓、牌棒、道术之类，色色有之。至暮呈拽不尽。殿前两幡竿，高数十丈，左则京城所，右则修内司，搭材分占，上竿呈艺解，或竿尖立横木，列于其上，装神鬼，吐烟火，甚危险骇人，至夕而罢。

是月巷陌杂卖

是月时物，巷陌路口，桥门市井，皆卖大小米水饭、炙肉、干脯、莴苣笋、芥辣瓜儿、义塘甜瓜、卫州白桃、南京金桃、水鹅梨、金杏、小瑶李子、红菱、沙角儿、药木瓜、水木瓜、冰雪凉水、荔枝膏，皆用青布伞，

---

① 崔府君：唐宋时期民间敬奉之神。清代小说《说岳全传》记载崔府君显灵，泥马渡康王。

当街列床、凳堆垛。冰雪惟旧宋门外两家最盛，悉用银器。沙糖菉豆、水晶皂儿、黄冷团子、鸡头穰、冰雪、细料馉饨儿、麻饮鸡皮、细索凉粉、素签、成串熟林檎、脂麻团子、江豆碢儿、羊肉小馒头、龟儿沙馅之类。都人最重三伏，盖六月中别无时节，往往风亭水榭，峻宇高楼，雪槛冰盘，浮瓜沉李，流杯曲沼，苞鲊新荷，远迩笙歌，通夕而罢。

七 夕

七月七夕，潘楼街东宋门外瓦子、州西梁门外瓦子、北门外、南朱雀门外街及马行街内，皆卖磨喝乐，乃小塑土偶耳。悉以雕木彩装栏座，或用红纱碧笼，或饰以金珠牙翠，有一对直数千者。禁中及贵家与士庶为时物追陪。又以黄蜡铸为凫雁、鸳鸯、鸿鹅、龟鱼之类，彩画金缕，谓之"水上浮"。又以小板上傅土，旋种粟，令生苗，置小茅屋花木，作田舍家小人物，皆村落之态，谓之"谷板"。又以瓜雕刻成花样，谓之"花瓜"。又以油面糖蜜造为笑靥儿，谓之"果食"，花样奇巧百端，如捺香方胜之类。若买一斤，数内有一对被介胄者，如门神之像。盖自来风流，不知其从，谓之"果食将军"。又以菉豆、小豆、小麦，于磁器内以水浸之，生芽数寸，以红蓝彩缕束之，谓之"种生"。皆于街心彩幕帐设，出络货卖。七夕前三五日，车马盈市，罗绮满街，旋折未开荷花，都人善假做双头莲，取玩一时，提携而归，路人往往嗟爱。又小儿须买新荷叶执之，盖效颦磨喝乐。儿童辈特地新妆，竞夸鲜丽。至初六日七日晚，贵家多结彩楼于庭，谓之"乞巧楼"。铺陈磨喝乐、花瓜、酒炙、笔砚、针线，或儿童裁诗，女郎呈巧，焚香列拜，谓之"乞巧"。妇女望月穿针。或以小蜘蛛安合子内，次日看之，若网圆正，谓之"得巧"。里巷与妓馆，往往列之门首，争以侈靡相尚（磨喝乐，本佛经摩睺罗,今通俗而书之)。

中元节

　　七月十五日,中元节。先数日,市井卖冥器、靴鞋、幞头、帽子、金犀假带、五彩衣服,以纸糊架子盘游出卖。潘楼并州东西瓦子,亦如七夕。耍闹处亦卖果食、种生、花果之类,及印卖《尊胜目连经》。又以竹竿斫成三脚,高三五尺,上织灯窝之状,谓之"盂兰盆",挂搭衣服、冥钱,在上焚之。构肆①乐人,自过七夕,便般"目连救母"杂剧,直至十五日止,观者增倍。中元前一日,即卖练叶,享祀时铺衬桌面。又卖麻谷窠儿,亦是系在桌子脚上,乃告祖先秋成之意。又卖鸡冠花,谓之"洗手花"。十五日供养祖先素食,才明即卖穄米饭,巡门叫卖,亦告成意也。又卖转明菜花、花油饼、馂馕、沙馕之类。城外有新坟者,即往拜扫。禁中亦出车马诣道者院谒坟。本院官给祠部十道,设大会,焚钱山,祭军阵亡殁、设孤魂之道场。

立　秋

　　立秋日,满街卖楸叶,妇女儿童辈,皆剪成花样戴之。是月,瓜果梨枣方盛。京师枣有数品:灵枣、牙枣、青州枣、亳州枣。鸡头②上市,则梁门里李和家最盛。中贵戚里,取索供卖。内中泛索,金合络绎。士庶买之,一裹十文,用小新荷叶包,糁以麝香,红小索儿系之。卖者

---

① 构肆:勾栏、瓦肆。
② 鸡头:芡实。

虽多,不及李和一色拣银皮子嫩者货之。

秋　社

八月秋社①,各以社糕、社酒相赍送。贵戚宫院以猪羊肉、腰子、奶房、肚肺、鸭饼、瓜姜之属,切作棋子片样,滋味调和,铺于饭上,谓之"社饭",请客供养。人家妇女皆归外家,晚归,即外公、姨、舅皆以新葫芦儿、枣儿为遗,俗云"宜良外甥"。市学先生预敛诸生钱作社会,以致雇倩、祗应白席、歌唱之人。归时各携花篮、果实、食物、社糕而散。春社②、重午③、重九亦是如此。

中　秋

中秋节前,诸店皆卖新酒,重新结络门面彩楼。花头画竿,醉仙锦斾④。市人争饮,至午未间。家家无酒,拽下望子⑤。是时螯蟹新出,石榴、榅勃、梨、枣、栗、孛萄、弄色柑橘,皆新上市。中秋夜,贵家结饰台榭,民间争占酒楼玩月。丝篁鼎沸,近内庭居民,夜深遥闻笙竽之声,宛若云外。闾里儿童,连宵嬉戏。夜市骈阗,至于通晓。

---

① 秋社:古代习俗,在立秋后第五个戊日祭祀土神,是为秋社。
② 春社:古代习俗,在立春后第五个戊日祭祀土神,是为春社。
③ 重午:端午。
④ 斾(pèi):同"旆",旗。
⑤ 望子:酒旗。用布缀于竿顶,悬在店门前,以招徕客人。

重 阳

　　九月重阳，都下赏菊有数种。其黄白色蕊若莲房曰"万龄菊"，粉红色曰"桃花菊"，白而檀心曰"木香菊"，黄色而圆者曰"金铃菊"，纯白而大者曰"喜容菊"，无处无之。酒家皆以菊花缚成洞户。都人多出郊外登高，如仓王庙、四里桥、愁台、梁王城、砚台、毛驼冈、独乐冈等处宴聚。前一二日，各以粉面蒸糕遗送，上插煎彩小旗，掺钉果实，如石榴子、栗子黄、银杏、松子肉之类。又以粉作狮子蛮王之状，置于糕上，谓之"狮蛮"。诸禅寺各有斋会，惟开宝寺、仁王寺有狮子会。诸僧皆坐狮子上，作法事讲说，游人最盛。下旬即卖冥衣、靴鞋、席帽、衣段，以十月朔日烧献故也。

东京梦华录卷九

十月一日

十月一日,宰臣已下受衣着锦袄,三日(今五日),士庶皆出城飨坟。禁中车马,出道者院及西京朝陵。宗室车马,亦如寒食节。有司进暖炉炭。民间皆置酒作暖炉会也。

天宁节

初十日,天宁节。前一月,教坊集诸妓阅乐。初八日,枢密院率修武郎以上;初十日,尚书省宰执率宣教郎以上,并诣相国寺,罢散祝圣斋筵,次赴尚书省都厅赐宴。

宰执亲王宗室百官入内上寿

十二日,宰执、亲王、宗室、百官入内上寿大起居(搢笏[①]舞蹈)。

[①] 搢笏(jìn hù):舞动笏。

乐未作，集英殿山楼上，教坊乐人效百禽鸣，内外肃然，止闻半空和鸣，若鸾凤翔集。百官以下谢坐讫，宰执、禁从、亲王、宗室、观察使已上，并大辽、高丽、夏国使副，坐于殿上。诸卿少百官，诸国中节使人，坐两廊。军校以下，排在山楼之后，皆以红面青墩黑漆矮偏钉，每分列环饼、油饼、枣塔为看盘，次列果子。惟大辽加之猪、羊、鸡、鹅、兔连骨熟肉为看盘，皆以小绳束之。又生葱、韭、蒜、醋各一碟。三五人共列浆水一桶，立勺数枚。教坊色长二人，在殿上栏干边，皆诨裹宽紫袍，金带义襕，看盏，斟御酒。看盏者举其袖，唱引曰"绥御酒"，声绝，拂双袖于栏干而止。宰臣酒，则曰"绥酒"，如前。教坊乐部列于山楼下彩棚中，皆裹长脚幞头，随逐部服紫、绯、绿三色宽衫，黄义襕，镀金凹面腰带，前列拍板，十串一行，次一色画面琵琶五十面，次列箜篌两座。箜篌高三尺许，形如半边木梳，黑漆镂花金装画，下有台座，张二十五弦，一人跪而交手擘之。以次高架大鼓二面，彩画花地金龙，击鼓人背结宽袖，别套黄窄袖，垂结带，金裹鼓棒，两手高举互击，宛若流星。后有羯鼓两座，如寻常番鼓子，置之小桌子上，两手皆执杖击之，杖鼓应焉。次列铁石方响，明金彩画架子，双垂流苏。次列箫、笙、埙、篪、觱篥、龙笛之类。两旁对列杖鼓二百面，皆长脚幞头，紫绣抹额，背系紫宽衫，黄窄袖，结带黄义襕。诸杂剧色皆诨裹，各服本色紫、绯、绿宽衫，义襕，镀金带。自殿陛对立，直至乐棚。每遇舞者入场，则排立者叉手，举左右肩，动足应拍，一齐群舞，谓之"挼曲子"（挼字，仍回反）。

　　第一盏御酒，歌板色一名，唱中腔一遍讫，先笙与箫、笛各一管和，又一遍，众乐齐举，独闻歌者之声。宰臣酒，乐部起倾杯。百官酒，三台舞旋，多是雷中庆。其余乐人舞者，诨裹宽衫，唯中庆有官，故展裹。舞曲破，撷前一遍，舞者入场，至歇拍，续一人入场，对舞数拍,前舞者退,独后舞者终其曲,谓之"舞末"。

第二盏御酒,歌板色唱如前。宰臣酒,慢曲子。百官酒,三台舞如前。

第三盏,左右军百戏入场,一时呈拽。所谓左右军,乃京师坊市两厢也,非诸军之军。百戏乃上竿、跳索、倒立、折腰、弄碗注、踢瓶、筋斗、擎戴之类,即不用狮豹、大旗、神鬼也。艺人或男或女,皆红巾彩服。殿前自有石镌柱窠,百戏入场,旋立其戏竿。凡御宴至第三盏,方有下酒肉、咸豉、爆肉、双下驼峰角子。

第四盏,如上仪。舞毕,发谭子,参军色执竹竿拂子,念致语口号,诸杂剧色打和,再作语,勾合大曲舞。下酒榼:炙子骨头、索粉、白肉、胡饼。

第五盏御酒,独弹琵琶。宰臣酒,独打方响。凡独奏乐,并乐人谢恩讫,上殿奏之。百官酒,乐部起三台舞,如前毕。参军色执竹竿子作语,勾小儿队舞。小儿各选年十二三者二百余人,列四行,每行队头一名,四人簇拥,并小隐士帽,著绯、绿、紫、青生色花衫,上领四契,义襕束带,各执花枝排定。先有四人裹卷脚幞头、紫衫者,擎一彩殿子,内金贴子牌,摇鼓而进,谓之"队名"。牌上有一联,谓如"九韶翔彩凤,八佾舞青鸾"之句。乐部举乐,小儿舞步进前,直叩殿陛。参军色作语问,小儿班首近前,进口号,杂剧人皆打和毕,乐作,群舞合唱,且舞且唱。又唱破子毕,小儿班首入,进致语,勾杂剧入场,一场两段。是时教坊杂剧色,鳖膨、刘乔、侯伯朝、孟景初、王颜喜而下,皆使副也。内殿杂戏,为有使人预宴,不敢深作谐谑,惟用群队装其似像市语,谓之"拽串"。杂戏毕,参军色作语,放小儿队。又群舞《应天长》曲子出场。下酒:群仙炙、天花饼、太平毕罗、干饭、缕肉羹、莲花肉饼。驾兴歇座。百官退出殿门幕次。须臾追班,起居再坐。

第六盏御酒，笙起慢曲子。宰臣酒，慢曲子。百官酒，三台舞。左右军筑球，殿前旋立球门，约高三丈许，杂彩结络，留门一尺许。左军球头苏述，上脚幞头，红锦袄，余皆卷脚幞头，亦红锦袄，十余人。右军球头孟宣，并十余人，皆青锦衣。乐部哨笛杖鼓断送。左军先以球团转，众小筑数遭，有一对次球头小筑数下，待其端正，即供球与球头，打大臁过球门。右军承得球，复团转，众小筑数遭，次球头亦依前供球与球头，以大臁打过，或有即便复过者胜。胜者赐以银碗锦彩，拜舞谢恩，以赐锦共披而拜也。不胜者球头吃鞭，仍加抹枪。下酒：假鼋鱼、密浮酥捺花。

第七盏御酒，慢曲子。宰臣酒，皆慢曲子。百官酒，三台舞讫，参军色作语，勾女童队入场。女童皆选两军妙龄容艳过人者四百余人，或戴花冠，或仙人髻，鸦霞之服，或卷曲花脚幞头，四契红黄生色销金锦绣之衣，结束不常，莫不一时新妆，曲尽其妙。杖子头四人，皆裹曲脚向后指天幞头，簪花，红黄宽袖衫，义襕，执银裹头杖子。皆都城角者，当时乃陈奴哥、俎姐哥、李伴奴、双奴，余不足数。亦每名四人簇拥，多作仙童丫髻仙裳，执花舞步，进前成列。或舞《采莲》，则殿前皆列莲花。槛曲亦进队名，参军色作语问队，杖子头者进口号，且舞且唱。乐部断送《彩莲》讫，曲终复群舞。唱中腔毕，女童进致语，勾杂戏入场，亦一场两段。讫，参军色作语，放女童队，又群唱曲子，舞步出场。比之小儿，节次增多矣。下酒：排炊羊、胡饼、炙金肠。

第八盏御酒，歌板色一名唱踏歌。宰臣酒，慢曲子。百官酒，三台舞。合曲破舞旋。下酒：假沙鱼、独下馒头、肚羹。

第九盏御酒，慢曲子。宰臣酒，慢曲子。百官酒，三台舞。曲如前。左右军相扑。下酒：水饭、簇饤下饭。驾兴。

御筵酒盏，皆屈卮如菜碗样，而有手把子。殿上纯金，廊下纯银。

食器,金银錂漆碗碟也。宴退,臣僚皆簪花归私第,呵引从人皆簪花并破官钱。诸女童队出右掖门,少年豪俊争以宝贝供送,饮食酒果迎接,各乘骏骑而归。或花冠,或作男子结束,自御街驰骤,竞逞华丽,观者如堵。省宴亦如此。

立 冬

是月立冬。前五日,西御园进冬菜。京师地寒,冬月无蔬菜,上至宫禁,下及民间,一时收藏,以充一冬食用。于是车载马驼,充塞道路。时物:姜豉、剌子、红丝、末脏、鹅梨、榅桲、蛤蜊、螃蟹。

东京梦华录卷十

冬　至

十一月冬至。京师最重此节,虽至贫者,一年之间,积累假借,至此日更易新衣,备办饮食,享祀先祖。官放关扑,庆贺往来,一如年节。

大礼预教车象

遇大礼年,预于两月前教车象自宣德门至南薰门外,往来一遭。车五乘,以代五辂轻重。每车上置旗二口,鼓一面,驾以四马。挟车卫士,皆紫衫、帽子。车前数人击鞭。象七头。前列朱旗数十面,铜锣鼙鼓十数面。先击锣二下,鼓急应三下。执旗人紫衫、帽子。每一象则一人,裹交脚幞头、紫衫,人跨其颈,手执短柄铜镬,尖其刃,象有不驯,击之。象至宣德楼前,团转行步数遭成列,使之面北而拜,亦能唱喏。诸戚里、宗室、贵族之家,勾呼就私第观看,赠之银彩无虚日。御街游人嬉集,观者如织。卖扑土木粉捏小象儿,并纸画,看人携归,以为献遗。

车驾宿大庆殿

冬至前三日,驾宿大庆殿。殿庭广阔,可容数万人。尽列法驾仪仗于庭,不能周遍。有两楼对峙,谓之"钟鼓楼"。上有太史局生测验刻漏。每时刻作鸡唱,鸣鼓一下,则一服绿者执牙牌而奏之,每刻曰"某时几棒鼓",一时则曰"某时正"。宰执百官,皆服法服,其头冠各有品从①。宰执亲王加貂蝉笼巾九梁,从官七梁,余六梁至二梁有差。台谏增鹰角也。所谓"梁"者,谓冠前额梁上排金铜叶也。皆绛袍皂缘,方心曲领,中单环珮、云头履鞋。随官品执笏。余执事人,皆介帻绯袍,亦有等差。惟濩门御史台加方心曲领尔。入殿祗应人给黄方号,余黄长号,绯方长号,各有所至去处。仪仗车辂,谓信幡、龙旗、相风鸟、指南车、木辂、象辂、革辂、金辂、玉辂之类。自有《三礼图》可见,更不缕缕。排列殿门内外,及御街远近禁卫,全装铁骑数万围绕大内。是夜内殿仪卫之外,又有裹锦缘小帽、锦络缝宽衫兵士,各执银裹头黑漆杖子,谓之"喝探兵士"。十余人作一队,聚首而立,凡十数队。各一名喝曰:"是与不是?"众曰:"是。"又曰:"是甚人?"众曰:"殿前都指挥使高俅。"更互喝叫不停,或如鸡叫。又置警场于宣德门外,谓之"武严兵士"。画鼓二百面,角称之。其角皆以彩帛如小旗脚装结其上,兵士皆小帽,黄绣抹额,黄绣宽衫,青窄衬衫。日晡时,三更时,各奏严也。每奏先鸣角,角罢,一军校执一长软藤条,上系朱拂子,擂鼓者观拂子,随其高低,以鼓声应其高下也。

---

① 品从:等级。

驾行仪卫

次日五更，摄大宗伯执牌奏中严外办，铁骑前导番衮，自三更时，相续而行。象七头，各以文锦被其身，金莲花座安其背，金辔笼络其脑，锦衣人跨其颈，次第高旗大扇，画戟长矛，五色介胄。跨马之士，或小帽锦绣抹额者，或黑漆圆顶幞头者，或以皮如兜鍪者，或漆皮如戽斗而笼巾者，或衣红黄罨画锦绣之服者，或衣纯青纯皂以至鞋裤皆青黑者，或裹交脚幞头者，或以锦为绳如蛇而绕系其身者，或数十人唱引持大旗而过者，或执大斧者，胯剑者，执锐牌者，持镫棒者，或持竿上悬豹尾者，或持短杵者。其矛戟皆缀五色结带铜铎，其旗扇皆画以龙或虎或云彩或山河。又有旗高五丈，谓之"次黄龙"。驾诣太庙青城，并先到立斋宫前，叉竿舍索旗坐约百余人，或有交脚幞头、胯剑、足靴，如四直使者千百数，不可名状。余诸司祗应人，皆锦袄。诸班直、亲从、亲事官，皆帽子、结带、红锦，或红罗上紫团答戏狮子、短后打甲背子，执御从物。御龙直皆真珠结络短顶头巾，紫上杂色小花绣衫、金束带、看带、丝鞋。天武官皆顶朱漆金装笠子、红上团花背子。三衙并带御器械官，皆小帽、背子或紫绣战袍，跨马前导。千乘万骑，出宣德门，由景灵宫太庙。

驾宿太庙奉神主出室

驾乘玉辂，冠服如图画间星官之服，头冠皆北珠装结，顶通天冠，又谓之卷云冠，服绛袍，执元圭，其玉辂顶皆缕金大莲叶攒簇，四柱栏槛镂玉盘花龙凤，驾以四马，后出旗常辂上御座，惟近侍二人，一从官傍立,谓之"执绥",以备顾问。挟辂卫士,皆裹黑漆团顶无脚幞头,着黄生色宽衫,青窄衬衫,青裤,系以锦绳。辂后四人,擎行马。前有朝服二人,执笏面辂倒行。是夜宿太庙,喝探警严如宿殿仪。至三更,车驾行事。执事皆宗室。宫架乐作,主上在殿上东南隅西南立,有一朱漆金字牌曰"皇帝位"。然后奉神主出室,亦奏中严外办,逐室行礼毕,甲马、仪仗、车辂,番衮出南薰门。

驾诣青城斋宫

驾御玉辂,诣青城斋宫。所谓"青城",旧来止以青布幕为之,画砌甃之文,旋结城阙殿宇。宣、政间悉用土木盖造矣。铁骑围斋宫外,诸军有紫巾绯衣素队约千余,罗布郊野。每队军乐一火。行宫巡检部领甲马,来往巡逻,至夜严警,喝探如前。

驾诣郊坛行礼

三更,驾诣郊坛行礼,有三重壝墙①。驾出青城,南行曲尺西去约一里许,乃坛也。入外壝东门,至第二壝里,面南设一大幕次,谓之"大次",更换祭服,平天冠,二十四旒,青衮龙服,中单,朱舄,纯玉珮。二中贵扶侍,行至坛前。坛下又有一小幕殿,谓之"小次",内有御座。坛高三层,七十二级,坛面方圆三丈许,有四踏道。正南曰午阶,东曰卯阶,西曰酉阶,北曰子阶。坛上设二黄褥,位北面南曰"昊天上帝",

---

① 壝(wéi)墙:祭坛四周的矮墙。

东京梦华录

东南面曰"太祖皇帝"。惟两矮案,上设礼料①。有登歌道士十余人,列钟磬二架,余歌色及琴瑟之类,三五执事人而已。坛前设宫架乐,前列编钟玉磬,其架有如常乐方响,增其高大。编钟形销褊,上下两层挂之,架两角缀以流苏。玉磬状如曲尺,系其曲尖处,亦架之,上下两层挂之。次列数架大鼓,或三或五,用木穿贯,立于架座上。又有大钟曰景钟,曰节鼓。有琴而长者,如筝而大者,截竹如箫管,两头存节而横吹者。有土烧成如圆弹而开窍者,如笙而大者,如箫而增其管者。有歌者,其声清亮,非郑、卫之比。宫架前立两竿,乐工皆裹介帻如笼巾;绯宽衫,勒帛。二舞者,顶紫色冠,上有一横板,皂服,朱裙履。乐作,初则文舞,皆手执一紫囊,盛一笛管结带。武舞,一手执短稍,一手执小牌,比文舞加数人,击铜铙、响环,又击如铜灶突者。又两人共携一铜瓮就地击者。舞者如击刺,如乘云,如分手,皆舞容矣。乐作,先击柷,以木为之,如方壶画山水之状,每奏乐,击之内外共九下,乐止则击敔,如伏虎,脊上如锯齿,一曲终以破竹刮之。礼直官奏请驾登坛,前导官皆躬身侧引至坛止,惟大礼使登之。先正北一位拜,跪酒,殿中监东向一拜,进爵盏;再拜,兴;复诣正东一位。才登坛而宫架声止,则坛上乐作。降坛则宫架乐复作。武舞上,复归小次。亚献终献上亦如前仪。当时燕越王为亚终献也。第二次登坛,乐作如初,跪酒毕,中书舍人读册,左右两人举册而跪读。降坛复归小次,亚终献如前。再登坛,进玉爵盏,皇帝饮福矣。亚终献毕,降坛,驾小次前立,则坛上礼料币帛玉册,由西阶而下。南壝门外,去坛百余步,有燎炉高丈许,诸物上台,一人点唱,入炉焚之。坛三层四踏道之间有十二龛,祭十二宫神。内壝外祭百星。执事与陪祠官皆面北立班。

---

① 礼料:祭品。

69

宫架乐罢,鼓吹未作,外内数十万众肃然,惟闻轻风环珮之声。一赞者喝曰:"赞一拜!"皆拜,礼毕。

郊毕驾回

驾自小次祭服还大次。惟近侍椽烛二百余条,列成围子,至大次更服衮冕,登大安辇,辇如玉辂而大,无轮,四垂大带。辇官服色,亦如挟路者。才升辇,教坊在外墙东西排列,钧容直先奏乐,一甲士舞一曲破讫,教坊进口号,乐作,诸军队伍鼓吹皆动,声震天地。回青城,天色未晓,百官常服入贺。赐茶酒毕,而法驾、仪仗、铁骑,鼓吹入南薰门。御路数十里之间,起居幕次,贵家看棚,华彩鳞砌,略无空闲去处。

下　赦

车驾登宣德楼,楼前立大旗数口,内一口大者,与宣德楼齐,谓之"盖天旗"。旗立御路中心不动。次一口稍小,随驾立,谓之"次黄龙"。青城、太庙,随逐立之,俗亦呼为盖天旗。亦设宫架,乐作,须臾击柝之声,旋立鸡竿,约高十数丈,竿尖有一大木盘,上有金鸡,口衔红幡子,书"皇帝万岁"字。盘底有彩索四条垂下,有四红巾者争先缘索而上,捷得金鸡红幡,则山呼谢恩讫。楼上以红锦索通门下一彩楼,上有金凤衔赦而下,至彩楼上,而通事舍人得赦宣读。开封府、大理寺排列罪人在楼前,罪人皆绯缝黄布衫,狱吏皆簪花鲜洁,闻鼓声,疏枷放去,各山呼谢恩讫,楼下钧容直乐作,杂剧舞旋,御龙直装神鬼,斫真刀掉刀。楼上百官赐茶酒,诸班直呈拽马队,六军归营,至日晡时礼毕。

驾还择日诣诸宫行谢

驾还内,择日诣景灵东西宫,行恭谢之礼三日。第三日毕,即游幸别宫观或大臣私第。是月,卖糍糕、鹌兔方盛。

十二月

十二月,街市尽卖撒佛花、韭黄、生菜、兰芽、勃荷①、胡桃、泽州饧。初八日,街巷中有僧尼三五人,作队念佛,以银铜沙罗或好盆器,坐一金铜或木佛像,浸以香水,杨枝洒浴,排门教化。诸大寺作浴佛会,并送七宝五味粥与门徒,谓之"腊八粥"。都人是日各家,亦以果子杂料煮粥而食也。腊日,寺院送面油与门徒,却入疏教化上元灯油钱。闾巷家家互相遗送。是月景龙门预赏元夕于宝箓宫,一方灯火繁盛。二十四日交年②,都人至夜请僧道看经,备酒果送神,烧合家替代钱纸,帖灶马于灶上,以酒糟涂抹灶门,谓之"醉司命"。夜于床底点灯,谓之"照虚耗"。此月虽无节序,而豪贵之家,遇雪即开筵,塑雪狮,装雪灯,以会亲旧。近岁节,市井皆印卖门神、钟馗、桃板、桃符,及财门钝驴、回头鹿马、天行帖子。卖干茄瓠、马牙菜③、胶牙饧之类,以备除夜之用。自入此月,即有贫者三数人为一火,装妇人神鬼,敲锣击鼓,巡门乞钱,俗呼为"打夜胡",亦驱祟之道也。

---

① 勃荷:薄荷的又名。
② 二十四日次年:宋代以农历十二月二十四日作为新年与旧岁交接的日子。
③ 马牙菜:马齿苋的又名。

除　夕

　　至除日，禁中呈大傩仪，并用皇城亲事官、诸班直戴假画，绣画色衣，执金枪龙旗。教坊使孟景初身品魁伟，贯全副金镀铜甲，装将军。用镇殿将军二人，亦介胄，装门神。教坊南河炭丑恶魁肥，装判官。又装钟馗小妹、土地、灶神之类，共千余人，自禁中驱祟，出南薰门外转龙弯，谓之"埋祟"而罢。是夜禁中爆竹山呼，声闻于外。士庶之家，围炉团坐，达旦不寐，谓之"守岁"。

　　凡大礼与禁中节次，但尝见习按，又不知果为如何，不无脱略，或改而正之，则幸甚。

梦梁录

本书以鲍氏《知不足斋丛书》本《梦粱录》为底本。

梦梁录序

昔人卧一炊顷,而平生事业扬历①皆遍,及觉,则依然故吾,始知其为梦也,因谓之"黄粱梦"。矧时异事殊,城池苑囿之富,风俗人物之盛,焉保其常如畴昔哉!缅怀往事,殆犹梦也,名曰《梦粱录》云。脱②有遗阙,识者幸改正之,毋哂。甲戌岁中秋日,钱塘吴自牧书。

---

① 扬历:经历。
② 脱:可能。

梦梁录卷一

正 月

正月朔日,谓之元旦,俗呼为新年。一岁节序,此为之首。官放公私僦①屋钱三日,士夫皆交相贺,细民男女亦皆鲜衣,往来拜节。街坊以食物、动使②、冠梳、领抹③、缎匹、花朵、玩具等物沿门歌叫关扑④。不论贫富,游玩琳宫⑤梵宇⑥,竟日不绝。家家饮宴,笑语喧哗。此杭城风俗,畴昔侈靡之习,至今不改也。

元旦大朝会

元旦侵晨,禁中景阳钟罢,主上精虔炷天香,为苍生祈百谷于上穹,宰执百僚,待班于宫门之次,犹见疏星绕建章。但禁门未启,而虾

---

① 僦(jiù):租赁。宋时,每逢重大节日,朝廷就会有免除若干日房租的福利。
② 动使:日常应用的器物。
③ 领抹:领巾一类的物品。
④ 关扑:用赌博的方式来买卖物品。
⑤ 琳宫:道观。
⑥ 梵宇:佛寺。

蟆梆鼓并作,攒点①即放鱼钥②,闾阖门下,方启龙闉③,执梃人传呼,头帽号纷然,卫士杂廷绅报到。闉开,百僚联綪入宫城,簇拥皆从殿庑行。遇大朝会,驾坐大庆殿,有介胄长大武士四人,立于殿陛之角,谓之"镇殿将军"。殿西庑皆列法驾、卤簿、仪仗,龙墀立青凉伞十把,效太宗朝立诸国王班次,如钱武肃、孟蜀王等也。百官皆冠冕朝服,诸州进奏吏各执方物之贡。诸外国正副贺正使随班入贺。百僚执政,俱于殿廊侍班,而阁门催班吏高唤云:"那行!"吏进序班立毕,内侍当殿厉声问:"班齐未?"禁卫人员随班奏:"班齐!"千官耸列朝仪整,已见龙章转御屏,日表才瞻临玉座,连声清跸震班庭。上御正衙,有绿衣吏执仪剑突趋殿前,声㴋厉不可晓,乃大珰④、走办⑤耳。宰执、百僚听召宣,领班蹈舞,皆称寿再拜,声传折槛边。禁卫人高声嵩呼,声甚震,名为"绕殿雷"。枢密臣候称寿毕,登殿,立折槛侧,百僚俱鞠躬听制。宣制曰:"履兹新庆,与卿等同。"朝贺毕,就殿赐燕宰执、百僚。外国正副使人,次日就馆赐宴,使副及三节人俱与焉。翼日,至明庆、灵隐等寺烧香。次至玉津御园射弓,朝家⑥选能射武臣伴射,就园赐宴。先列招箭班士十余人于垛子前,使人多用弩子射,其班士裹无脚小帽子、锦袄子,踏开弩子,舞旋搭箭,过与使人,彼窥得端正,止令使人发牙。例朝廷差来伴射武臣,用弓箭中的则得捷,上赐闹装、银鞍、马匹、衣帛、金银器物有差,迎迓还舍,观者纷然。如朝

---

① 攒点:宋制,宫中更漏比民间短,宫中五更过后,民间才是四更尽;宫中五更完毕,梆鼓交作,始开宫门,称为"攒点"。
② 鱼钥:鱼形的锁。
③ 龙闉(yīn):指装有龙头形状门饰的瓮城之门。
④ 大珰(dāng):大宦官。
⑤ 走办:供奔走的小吏。
⑥ 朝(cháo)家:朝廷。

使入朝辞,赐宴饯行,仍赐马匹银帛,礼物甚盛。三节人①依例给赐而去。

立 春

临安府进春牛于禁庭。立春前一日,以镇鼓锣吹妓乐迎春牛,往府衙前迎春馆内,至日侵晨,郡守率僚佐以彩仗鞭春,如方州仪。太史局例于禁中殿陛下,奏律管吹灰②,应阳春之象。街市以花装栏,坐乘小春牛,及春幡、春胜,各相献遗于贵家宅舍,示丰稔之兆。宰臣以下,皆赐金银幡胜,悬于幞头③上,入朝称贺。

元 宵

正月十五日元夕节,乃上元天官赐福之辰。昨汴京大内前缚山棚,对宣德楼,悉以彩结,山沓上皆画群仙故事,左右以五色彩结文殊、普贤,跨狮子、白象,各手指内五道出水。其水用辘轳绞上灯棚高尖处,以木柜盛贮,逐时放下,如瀑布状。又以草缚成龙,用青幕遮草上,密置灯烛万盏,望之蜿蜒,如双龙飞走之状。上御宣德楼观灯,有牌曰"宣和与民同乐"。万姓观瞻,皆称万岁。今杭城元宵之际,州府设上元醮,诸狱修净狱道场,官放公私僦屋钱三日,以宽民力。舞队

---

① 三节人:出国使节的随员。
② 吹灰:古代将葭灰置于律管内测定节气,新节气至,灰则自行由相应律管内飞出。
③ 幞(fú)头:一种头巾。

78

自去岁冬至日,便呈行放。遇夜,官府支散①钱酒犒之。元夕之时,自十四为始,对支所犒钱酒。十五夜,帅臣出街弹压,遇舞队照例特犒。街坊买卖之人,并行支钱散给。此岁岁州府科额支行,庶几体朝廷与民同乐之意。姑以舞队言之,如清音、遏云、掉刀鲍老、胡女、刘衮、乔三教、乔迎酒、乔亲事、焦锤架儿、仕女、杵歌、诸国朝、竹马儿、村田乐、神鬼、十斋郎各社,不下数十。更有乔宅眷、旱龙船、踢灯鲍老、驼象社。官巷口、苏家巷二十四家傀儡,衣装鲜丽,细旦②戴花朵肩,珠翠冠儿,腰肢纤袅,宛若妇人。府第中有家乐儿童,亦各动笙簧琴瑟,清音嘹亮,最可人听,拦街嬉耍,竟夕不眠。更兼家家灯火,处处管弦,如清河坊蒋检阅家,奇茶异汤,随索随应,点月色大泡灯,光辉满屋,过者莫不驻足而观。及新开门里牛羊司前,有内侍蒋苑使家,虽曰小小宅院,然装点亭台,悬挂玉栅,异巧华灯,珠帘低下,笙歌并作,游人玩赏,不忍舍去。诸酒库亦点灯球,喧天鼓吹,设法大赏,妓女群坐喧哗,勾引风流子弟买笑追欢。诸营班院于法不得与夜游,各以竹竿出灯球于半空,远睹若飞星。又有深坊小巷,绣额珠帘,巧制新装,竞夸华丽。公子王孙,五陵年少,更以纱笼③喝道,将带佳人美女,遍地游赏。人都道玉漏频催,金鸡屡唱,兴犹未已。甚至饮酒醺醺,倩人扶著,堕翠遗簪,难以枚举。至十六夜收灯,舞队方散。

---

① 支散:发放。
② 细旦:男性装扮舞女者。
③ 纱笼:纱制灯笼。

车驾诣景灵宫孟飨①

十六夜收灯毕,十七早五更二点,禁中催班,从驾官僚入殿起居②讫,出殿门外,俱立马于学士院,恭俟驾兴。而殿东折槛下,快行家③皆执金莲烛炬,以俟登辇。驾出和宁门,诣景灵宫行春孟朝飨礼,前后两行绛烛灯笼,导引驾行。向有宝谟学士赵师睪诗:"风传御道跸声清,两道纱笼列火城。云护帝尊天未晓,众星环拱极星明。"驾近景灵宫前,撤去黄盖,方入宫门,此见君王虔孝之忱。至宫幄少歇,奉常更奏行礼,内侍卷帘班道上御黄道,步至殿前,崇禋馆道士二十四员在殿墀下叙立,举玉音法事。上登殿行礼,自西至东,步而入,内侍下帘,先自前殿、中殿,次后殿,虔恭行礼,以遵奉先思孝之家法。礼毕,外廊赐从驾官食,而后对宣,引宰臣以下入行殿赐茶。驾还内,其亲从官皆顶球头大帽,红缬锦团搭,戏狮子衫,镀金大玉腰带,各执骨朵;文武官皆顶双卷脚幞头,红上大搭,天鹅结带宽衫;辇官顶双曲脚幞头,红缬团花衫,镀金束带;殿前班直顶两脚屈曲幞头,著绯结带,望仙花衫,跨弓剑乘马,一扎鞍辔,执缨绋前导。数内有东三班,谓之"长入祗候",幞头后各以青红头须系之,以表忠节之意。御龙直幞头,一脚指天,一脚曲,著方胜缬衫,花看带,镀金束带,执从物如校椅、金花、唾盂、水罐、次锣、乘垒、龙凤掌扇、缨绋之类,及执黄罗珠子、蹙百花背座御椅子并脚踏。快行家顶短小帽子,露半青头巾,带

---

① 孟飨:帝王宗庙祭礼。因于每年的四孟(孟春、孟夏、孟秋、孟冬)举行,故称。
② 起居:指每五日群臣随宰相见皇帝。
③ 快行家:宋代宫廷中供奔走传达命令的吏役。

金巾、环绣体腰红缬衫,金束带,悬花看带,手执御校椅、金花瓶、兽炉一香座、御靴、缨绋、玉拄杖、小黄罗伞、御扇等物,俱搭步行,俱口鸣打打头起之。昔诸司库藏,各用金刻字红牌前执,后以黄罗罩笼扛抬前导,有本库官乘驭掌其职分,如诸司库藏等司属,并衫帽随号。幕士顶帽,红罗缬衫,金带,悬黄帛。御马骐骥等院亦金字红牌呵喝,牵辔马匹导引。亲事官各顶帽,缬衫,镀银带,执红纱贴金烛笼二百对,左右道行。驾将至,左右首各一员濩门官属,乘马执丝鞭,天武官前导引,至官寮起居亭高声喝曰:"躬身不要拜,唱喏直身立,奏圣躬万福。"嵩呼而行。次有一员紫裳官,系濩门寄班,乘马,捧月样绣兀子,覆于马上。天武官(一作"天武中官")十余,簇拥扶策而行。众喝曰:"驾头。"次以近侍诸司官,俱乘驭前后导从。三衙太尉、御带、环卫、知濩、内侍、都知,皆乘驭驾前导引。更有内等子,即御前忠佐军头引见司人员等,各顶帽,鬓发蓬松,著红缬衫,两手握拳,顾望导行。或有拦驾人,捶之流血。驾近则列横门,数十人系鞭视从,围子三五重,皆执骨朵。诸亲从等都管人员,并执骨朵,列行导引。驾前有执金香座、玉斧、玉拂,及水精珠杖迎驾,高低弄把引行,如龙弄珠也。上升平头辇,御龙直擎黄罗双盖,后握双黄罗扇。驾近太庙,则盖撤开,前行数步,上略抬身而过,此见尊祖敬宗之意。驾后围子亦数重,卫从诸班直马队从于驾后。左有宰执从官僚,右有亲王南班,俱从行。驾后有曲柄红绣伞、红绣日扇,命寄班官执驭而从。次日,驾再诣行后殿礼,幸太乙宫、景阳宫,行款谒礼。其日,用教乐所乐部,驾前作乐导引,驾后以钧容直①乘马作乐而从。驾出景灵宫,至回龙桥。教

---

① 钧容直:从禁军中选拔组成的仪仗乐队。它们以骑吹形式在"御驾"出行时演奏教坊乐。

乐所人员拦驾奏致语,杂剧色打和和来,及奏《礼成回銮曲》,快行先奏报禁中,使内侍排班迎驾起居。前人有诗曰:"帘卷天街看驾回,锦身捷足走能齐。联声快报还宫后,扈从归来日未西。"若次日出,则后宫后妃嫔侍,皆诣景灵宫,以半帐鸾仪从而行。皇太后、皇后乘舆,比担子稍增广花样,皆织龙,簟舆上皆立金龙,护之剪鬃。妃则用金凤,嫔好止用棕担耳。次日或遇泥泞,委宰执分诣行事矣。

二 月

二月朔,谓之"中和节",民间尚以青囊盛百谷、瓜、果子种,互相遗送,为献生子。禁中宫女,以百草斗戏。百官进农书,以示务本。上丁日,国学行释奠礼,祭文宣王,以祭酒司业为献官。州县学宫,以帅宰奉行。立春后五戊日为社,州县祭社稷,朝廷亦差官祭于太社、太稷坛。州府自收灯后,例于点检酒所①开支关会②二十万贯,委官属差吏倅③雇唤工作④,修葺西湖南北二山,堤上亭馆园圃桥道,油饰装画一新,栽种百花,映掩湖光景色,以便都人游玩。

八日祠山圣诞

初八日,钱塘门外霍山路有神曰"祠山正祐圣烈昭德昌福崇仁真君",庆十一日诞圣之辰。祖庙在广德军,敕赐庙额"广惠",自梁至

---

① 点检酒所:酒类课税处。
② 关会:宋代纸币关子、会子的并称。
③ 倅(cuì):州郡长官的副职。
④ 工作:工匠劳作。

宋,血食①已一千三百余年矣。凡邦国有祷,士民有告,感通即应。其日都城内外,诣庙献送繁盛,最是府第及内官迎献马社,仪仗整肃,装束华丽。又有七宝行,排列数卓珍异宝器珠玉殿亭,悉皆精巧。后苑诸作,呈献盘龙走凤,精细靴鞋,诸色巾帽,献贡不俗。各以彩旗、鼓吹、妓乐、舞队等社,奇花异果,珍禽水族,精巧面作,诸色鍮石②,车驾迎引,歌叫卖声,效京师故体,风流锦体,他处所无。台阁巍峨,神鬼威勇,并呈于露台之上。自早至暮,观者纷纷。十一日,庙中有衙前乐,教乐所人员部领诸色乐部,诣殿作乐呈献。命大官排食果二十四盏,各盏呈艺。守臣委佐官代拜。初八日,西湖画舫尽开,苏堤游人,来往如蚁。其日,龙舟六只,戏于湖中。其舟俱装十太尉、七圣、二郎神、神鬼、快行、锦体浪子、黄胖③,杂以鲜色旗伞、花篮、闹竿、鼓吹之类。其余皆簪大花、卷脚帽子、红绿戏衫,执棹行舟,戏游波中。帅守出城,往一清堂弹压。其龙舟俱呈参州府,令立标竿于湖中,挂其锦彩、银碗、官楮、犒龙舟,快捷者赏之。有一小节级④,披黄衫,顶青巾,带大花,插孔雀尾,乘小舟抵湖堂,横节杖,声喏,取指挥,次以舟回,朝诸龙以小彩旗招之,诸舟俱鸣锣击鼓,分两势划棹旋转,而远远排列成行,再以小彩旗引之,龙舟并进者二,又以旗招之,其龙舟远列成行,而先进者得捷取标赏,声喏而退,余者以钱酒支犒也。湖山游人,至暮不绝。大抵杭州胜景,全在西湖,他郡无此,更兼仲春景色明媚,花事方殷,正是公子王孙,五陵年少,赏心乐事之时,讵宜虚度?至如贫者,亦解质借兑,带妻挟子,竟日嬉游,不醉不归。此邦风俗,

---

① 血食:谓受享祭品。古代杀牲取血以祭,故称。
② 鍮(tōu)石:指铜与炉甘石(菱锌矿)共炼而成的黄铜。
③ 黄胖:泥塑胖娃娃。
④ 节级:低级武职官员。

从古而然，至今亦不改也。

二月望

　　仲春十五日为花朝节，浙间风俗，以为春序正中，百花争放之时，最堪游赏，都人皆往钱塘门外玉壶、古柳林、杨府、云洞，钱湖门外庆乐、小湖等园，嘉会门外包家山王保生、张太尉等园，玩赏奇花异木。最是包家山桃开浑如锦障，极为可爱。此日帅守、县宰，率僚佐出郊，召父老赐酒食，劝以农桑，告谕勤劬，奉行虔恪。天庆观递年设老君诞会，燃万盏华灯，供圣修斋，为民祈福。士庶拈香瞻仰，往来无数。崇新门外长明寺及诸教院僧尼，建佛涅槃胜会，罗列幡幢，种种香花异果供养，挂名贤书画，设珍异玩具，庄严道场，观者纷集，竟日不绝。

梦梁录卷二

三月（佑圣真君诞辰附）

三月三日上巳之辰，曲水流觞故事，起于晋时。唐朝赐宴曲江，倾都禊饮踏青，亦是此意。右军王羲之《兰亭序》云："暮春之初，修禊事。"杜甫《丽人行》云："三月三日天气新，长安水边多丽人。"形容此景，至今令人爱慕。兼之此日正遇北极佑圣真君圣诞之日，佑圣观侍奉香火，其观系属御前去处，内侍提举观中事务，当日降赐御香，修崇醮录，午时朝贺，排列威仪，奏天乐于墀下，羽流①整肃，谨朝谒于陛前，吟咏洞章②陈礼。士庶烧香，纷集殿庭。诸宫道宇，俱设醮事，上祈国泰，下保民安。诸军寨及殿司衙奉侍香火者，皆安排社会，结缚台阁，迎列于道，观睹者纷纷。贵家士庶，亦设醮祈恩。贫者酌水献花。杭城事圣之虔，他郡所无也。

诸州府得解士人赴省闱

三月上旬，朝廷差知贡举、监试、主文考试等官，并差监大中门官

---

① 羽流：道人。
② 洞章：指道教经书。

诸司、弥封、誊录等官,就观桥贡院,放诸州府郡得解士人,并三学舍生得解生员,诸路运司得解士人,有官人及武举得解者,尽赴院排日引试,及诸州郡诸路寓试试得待补士人,并排日引试。国子监牒试中解者,并行引试。如有避亲者,就别院引试。朝廷待士之重,差官之际,并令快行宣押所差官员入内,到殿听敕。其知贡举、监试、主文,并带羞帽,穿执乘驭,同诸考试等官,迎引下贡院,然后锁院,择日放试。诸州士人,自二月间前后到都,各寻安泊待试,遂经部呈验解牒,陈乞纳卷用印,并收买试篮桌椅之类。试日已定,隔宿于贡院前赁房待试,就看坐图。其士人各引试三场:正日本经,次日论,第三日策。预试人照合试日分集于贡院竹门之外,伺候①开门放试。士人各入院内,依坐位分廊占坐讫,知贡举等官于厅前备香案,穿秉②而拜,诸士人皆答拜,方下帘幕,出示题目于厅额。题中有疑难处,听士人就帘外上请,主文于帘中详答之讫,则各就位作文,随手上卷。至晡后开门,放士人出院,纳卷于中门外,书知姓氏,试卷入柜而出。其士人在贡院中,自有巡廊军卒赍③砚水、点心、泡饭、茶酒、菜肉之属货卖。亦有八厢太保巡廊事。所纳卷子,径发下弥封所封卷头,不要试官知士人姓名,恐其私取故也。却于每卷上打号头,三场共一号,方发往誊录所誊录卷子,依字号书写,对读无差,方纳入考试官各房考校。如卷子考中,发过别房复考,如称众意,方呈主文,却于誊录所吊取真卷,点对批取,定夺魁选。伺候申省奏号揭榜取旨,差官下院拆号放榜。中省魁者殿试陞甲,恩例前十名亦如之。补试中榜者,三太、宗、武三学为生员。举人中省闱者,俟候都堂点请复试,不过一论冒而

---

① 伺候:等候。
② 穿秉:谓穿礼服而执朝笏。
③ 赍(jī):拿着。

已。复试毕,然后到殿也。此科举试,三年一次,到省士人,不下万余人,骈集都城。铺席买卖如市,俗语云"赶试官生活",应一时之需耳。

荫补未仕官人赴铨[1]

每岁三月上旬,应文武官荫授子弟、宗子荫补者,并赴铨闱就试出官。朝廷差监试、主文、考试等官,就礼部贡院放试。试中者三名取一名。文臣试两场:本经及刑统[2]义,第三日愿试法科[3]者听。武臣试《七书》[4]义。三学生员入试,中榜者升内舍[5]。其时亦有试宏词、法科、馆职、贤良方正。三省堂后官及六部吏,并试法科,升补额名。并是排日放试,合差外诸司等官吏,并循诸试例。如省闱年分,移于八月放试,中榜者赴吏部伺候帘试[6]过,参注差遣。武选中者,就兵部右选厅铨量读法,注授出官。其文武铨魁特转一资。恩例,铨魁仍置局,造题名集,设同年宴于西湖。帅运诸司,俱有送助,以为局费。盖临安辇毂之下,中榜多是府第子弟,报榜之徒,皆是百司衙兵,谓之"喜虫儿"。其报榜人献以黄绢旗数面,上题中榜新恩铨魁姓名,插于门左右,以光祖宗而耀闾里,乞觅搔搅酒食豁汤钱会外,又以一二千缗犒之。此其常例也。

---

[1] 铨:铨试。通过考试进行选拔。
[2] 刑统:刑法和刑律统类的简称。犹刑事法规的汇编兼训释。
[3] 法科:刑法条例。
[4] 《七书》:《武经七书》的简称。《武经七书》为《六韬》《孙子》《吴子》《司马法》《三略》《尉缭子》《李卫公问对》七种书。
[5] 内舍:宋代太学有外舍、内舍、上舍,内舍为其一。
[6] 帘试:宋代吏部补选缺官,凡中选者除同进士出身及恩科人员外,皆须赴吏部复试,以防作弊,谓之"帘试"。

清明节

　　清明交三月,节前两日谓之"寒食",京师人从冬至后数起至一百五日,便是此日,家家以柳条插于门上,名曰"明眼",凡官民不论小大家,子女未冠笄者,以此日上头①。寒食第三日,即清明节,每岁禁中命小内侍于阁门用榆木钻火,先进者赐金碗、绢三匹。宣赐臣僚巨烛,正所谓"钻燧改火"者,即此时也。禁中前五日,发宫人车马往绍兴攒宫②朝陵。宗室南班,亦分遣诸陵,行朝享礼。向者从人官给紫衫、白绢、三角儿青行缠③,今亦遵例支给。至日,亦有车马诣赤山诸攒,并诸宫妃王子坟堂,行享祀礼。官员士庶,俱出郊省坟,以尽思时之敬。车马往来繁盛,填塞都门。宴于郊者,则就名园芳圃,奇花异木之处;宴于湖者,则彩舟画舫,款款撑驾,随处行乐。此日又有龙舟可观,都人不论贫富,倾城而出,笙歌鼎沸,鼓吹喧天,虽东京金明池未必如此之佳。殢酒④贪欢,不觉日晚。红霞映水,月挂柳梢,歌韵清圆,乐声嘹亮,此时尚犹未绝。男跨雕鞍,女乘花轿,次第入城。又使童仆挑着木鱼、龙船、花篮、闹竿等物归家,以馈亲朋邻里。杭城风俗,侈靡相尚,大抵如此。

诸库迎煮

　　临安府点检所,管城内外诸酒库,每岁清明前开煮,中前卖新迎

---

① 上头:男子束发加冠,女子束发插笄,为成年的标志。
② 攒宫:宋南渡后,帝、后茔冢均称攒宫或攒。表示暂厝,准备收复中原后迁葬河南。
③ 行缠:裹足布,绑腿布。
④ 殢(tì)酒:沉湎于酒;醉酒。

年，诸库呈覆本所，择日开沽呈样，各库预颁告示，官私妓女，新丽妆著，差雇社队鼓乐，以荣迎引。至期侵晨，各库排列整肃，前往州府教场，伺候点呈。首以三丈余高白布写"某库选到有名高手酒匠，酝造一色上等酰辣无比高酒，呈中第一"，谓之"布牌"，以大长竹挂起，三五人扶之而行。次以大鼓及乐官数辈，后以所呈样酒数担，次八仙道人、诸行社队，如鱼儿活担、糖糕、面食、诸般市食、车架、异桧奇松、赌钱行、渔父、出猎、台阁等社。又有小女童子，执琴瑟；妓家伏役婆嫂，乔妆绣体浪儿，手擎花篮、精巧笼仗①。其官私妓女，择为三等，上马先以顶冠花衫子裆裤，次择秀丽有名者，带珠翠朵玉冠儿，销金衫儿、裙儿，各执花斗鼓儿，或捧龙阮琴瑟，后十余辈，著红大衣，带皂时髦，名之"行首"，各雇赁银鞍闹妆马匹，借倩宅院及诸司人家虞候押番，及唤集闲仆浪子，引马随逐，各青绢白扇马兀供值。预十日前，本库官小呈；五日前，点检所金厅官大呈。虽贫贱泼妓，亦须借备衣装首饰，或托人雇赁，以供一时之用，否则责罚而再办。妓女之后，专知大公，皆新巾紫衫，乘马随之。州府赏以彩帛钱会银碗，令人肩驮于马前，以为荣耀。其日，在州治呈中祗应②讫，各库迎引出大街，直至鹅鸭桥北酒库，或俞家园都钱库，纳牌放散。最是风流少年，沿途劝酒，或送点心。间有年尊人，不识羞耻，亦复为之，旁观哂笑。诸酒肆结彩欢门，游人随处品尝。追欢买笑，倍于常时。

州府节制诸军春教

帅守衔带节制军马之职，每岁春秋二教。三月正当春阅时候，择

---

① 笼仗：箱笼。
② 祗应：恭敬地伺候。

日告报本州所统军马、诸县巡尉兵卒,及节制殿步两司军马,并赴蒲桥下后军教场教阅军伍,以备起发防秋①。至期,浙西路钤辖并节制诸军统制等官属,带领各部军马,诣教场伺候教阅,鸣锣击鼓,试炮放烟,诸军排阵,作迎敌之势。将佐呈比体挑战之风,试弩射弓,打球走马,武艺呈中,赏犒有差,军卒劳绩,给以钱帛。午后放散,迎回府治,伺候帅座回衙,方行逐便回军寨。其帅首马前,排列军仗、八卦、辰宿、诸色旗队甚夥,辕门帐门,界限严肃,人不敢视。亲从对对,衫帽新鲜,士卒威风,凛凛可畏,使马牵控,宝装鲜新,黄轿前引,帜旗后随,乐骑拥后,威声震慑,佐官弹压,以警无良。观者如堵,至暮方归。向有端明厉尚书讳文翁开阃②于杭,仪仗异于帅守,甚夥旗帜,多用斧钺之器。御马苑诸营教阅,传旨宣押。禁中教场,呈试武艺,飞枪斫柳,走马舞刀,百艺俱呈,使臣奏乐,声彻九霄。提点以下,锡予甚隆。使臣兵车,颁降从例,殿步司所隶将佐军伍,俱出郊合教于椤木教场之上,赐帅将金器彩匹,加之食品御酒,主兵官卒,俱沾雨露之恩也。

二十八日东岳圣帝诞辰

三月二十八日,乃东岳天齐仁圣帝圣诞之日,其神掌天下人民之生死,诸郡邑皆有行宫奉香火。杭州有行宫者五,如吴山、临平、汤镇、西溪、崑山,奉其香火。惟汤镇、临平、殿庑广阔,司案俱全。吴山庙居辇毂之下,人烟稠密,难以开拓,亦胜崑山梵宫内一小殿耳。都

---

① 防秋:古代北方各游牧部落,往往趁秋高马肥时南侵,届时边军特加警卫,调兵防守,称为"防秋"。

② 开阃(kǔn):古时指将领开置府署,掌管一方的军务。

城士庶，自仲春下浣，答赛①心愫，或专献信香②者，或答重囚带枷者，或诸行铺户以异果名花、精巧面食呈献者，或僧道诵经者，或就殿庑举法音而上寿者，舟车道路，络绎往来，无日无之。又有丐者于吴山行宫献彩画钱幡，张挂殿前，其社尤盛。闻之此幡钱属后殿充脂粉局收管。其殿下有佐神，敕封美号曰"协英灵显安镇忠惠王"，其神姓刘，父子俱为神，灵显感应，人皆皈依。五月二十九日诞日，诸社献送，亦复如是。姑书以记之耳。

暮 春

是月春光将暮，百花尽开，如牡丹、芍药、棣棠、木香、酴醾、蔷薇、金纱、玉绣球、小牡丹、海棠、锦李、徘徊、月季、粉团、杜鹃、宝相、千叶桃、绯桃、香梅、紫笑、长春、紫荆、金雀儿、笑靥、香兰、水仙、映山红等花，种种奇绝。卖花者以马头竹篮盛之，歌叫于市，买者纷然。当此之时，雕梁燕语，绮槛莺啼，静院明轩，溶溶泄泄③，对景行乐，未易以一言尽也。

---

① 答赛：报祭神灵。
② 信香：我国佛教等宗教谓香为信心之使，虔敬烧香，神佛即知其愿望，因称信香。
③ 溶溶泄泄(yì yì)：和和乐乐。

梦梁录卷三

四 月

四月谓之初夏,气序清和,昼长人倦,荷钱新铸,榴火将燃,飞燕引雏,黄莺求友,正宜凉亭水阁,围棋投壶,吟诗度曲,佳宾劝酬,以赏一时之景。上旬之内,车驾诣景灵宫,行孟夏礼,驾过处,公私僦舍,官放三日。第二日为新暑初回,令宰执分诣。

皇太后圣节[①]

初八日,寿和圣福皇太后圣节。前一月,尚书省、枢密院文武百僚,诣明庆寺启建祝圣道场,州府教集衙前乐乐部及妓女等,州府满散[②]进寿仪范。向自绍兴以后,教坊人员已罢,凡禁庭宣唤,径令衙前乐充条内司教乐所人员承应。初四日枢密院率修武郎以上,初六日尚书省宰执率宣教郎以上,并诣明庆寺满散祝圣道场,次赴贡院斋

---

① 圣节:生日。
② 满散:做佛事或道场期满谢神的一种仪式。《朝野类要·满散》:"满散者,终彻也。每遇圣节生辰,宰执赴明庆寺预先开启祝寿道场,至期满散毕,赐宴。"

筵。帅臣与浙西仓宪及两浙漕,率州县属官,并寄居文武官,就千顷广化寺满散祝圣道场,出西湖德生堂放生,然后回府治,锡宴簪花,其礼仪盏数,与御宴同也。

宰执亲王南班百官入内上寿赐宴

初八日,宰执亲王南班百官入内起居,邀驾过皇太后殿上寿起居,舞蹈嵩呼,回诣紫宸殿宴。乐未作,殿前山棚彩结飞龙舞凤之形,教乐所人员等效学百禽鸣,内外肃然,止闻半空和鸣,鸾凤翔集。濩门东班引平章、宰执、亲王以下起居,上殿赐坐,谢恩坐讫,赐平章、宰执、侍从、亲王、南班、武臣、观察使以上坐于殿上,余卿监郎丞及武臣防御使以下,坐于殿庑间,军校排在山楼之后,殿上坐杌,依品位高低坐,第三四行黑漆矮偏凳坐物。每位列环饼、油饼、枣塔为看盘。若向者高宗朝,有外国贺生辰使副,朝贺赴筵,于殿上坐使副,余三节人在殿庑坐。看盘如用猪、羊、鸡、鹅、连骨熟肉,并葱、韭、蒜、醋各一碟,三五人共浆水饭一桶而已。所有知濩门事官与御带环卫等官,及濩门职事官,俱立殿陛之下也。上公称寿,率以尚书执注碗斟酒进上。其教乐所色长①二人,上殿于阑干边立,皆诨裹紫宽袍,金带,黄义襕,谓之"看盏"。如斟御酒,看盏者举其袖,引白绶,御酒进毕,拂双袖于阑干而止。主上以宝卮先从东后西,宣示宰执、亲王以下,及外国使副、濩门宣赞,分班躬身齐传宣饮,尽酒者三,群臣拜于坐次,后捧卮饮而再拜坐。宰臣酒,色长则白绶酒如前,教乐所乐部例于山楼上彩棚中,皆裹长脚幞头,随乐部色服紫绯绿三色宽衫,黄义襕,镀

---

① 色长:教坊司管理乐工的属官。

金凹面腰带,前列拍板,次画面琵琶,又列箜篌两座,高三尺许,形如半边木梳,黑漆镂花金装画台座,张二十五弦,一人跪而交手擘之。次高架画花地金龙大鼓二面,击鼓人皆结宽袖,别套黄窄袖,垂结带,金裹鼓棒两条,高低互击,宛若流星。后有羯鼓,如寻常番鼓子,置之小桌上,两手皆执杖击之。次中间列铁石方响①,用明金彩画架子,双垂流苏。次列箫、笙、埙、篪、觱篥、龙笛之类,两旁对列,杖鼓皆长脚幞头、紫绣抹额,皆系紫宽袍、黄窄袖、结带、黄义襕。诸杂剧色皆诨裹②,各服本色紫、绯、绿宽衫,义襕,镀金带。自殿陛对立,直至乐栅。每遇供舞戏,则排立叉手,举左右肩,动足应拍,一齐群舞,谓之"挼曲子"。第一盏进御酒,歌板色,一名唱中腔一遍讫,先笙与箫笛各一管和之,又一遍,众乐齐和,独闻歌者之声。宰臣酒,乐部起倾杯。百官酒,三台舞旋,多是诨裹宽衫,舞曲破撷,前一遍,舞者入,至歇拍③,续一人入,对舞数拍,前舞者退,独后舞者终其曲,谓之"舞末"。第二盏再进御酒,歌板色,唱和如前式。宰臣慢曲子,百官舞三台。第三盏进御酒,宰执百官酒如前仪。进御膳,御厨以绣龙袱盖合上进御前珍馐,内侍进前供上食,双双奉托,直过头。凡御宴至第三盏方进下酒咸豉,双下驼峰角子④。宰执百官以殿侍侧身跪传酒馔,即茶酒班仗役也。盖谓:"殿侍高高捧盏行,天厨分胬极恩荣。傍筵拜起尝君赐,不请微闻匙箸声。"百戏呈拽⑤,乃上竿、跳索、倒立、折腰、弄碗、踢磬瓶、筋斗之类。艺人皆红巾彩服。第四盏进御酒,宰臣百官各送酒,

---

① 方响:古磬类打击乐器。
② 诨裹:头巾一类的东西。大多为教坊、诸杂剧人所戴用。
③ 歇拍:曲之煞尾。
④ 角子:饺子。
⑤ 呈拽:安排。

歌舞并同前。教乐所伶人,以龙笛腰鼓发诨子。参军色执竹竿拂子,奏俳语口号,祝君寿。杂剧色打和毕,且谓:"奏罢今年新口号,乐声惊裂一天云。"参军色再致语,勾合大曲舞。下酒杯:炙子骨头、索粉①、白肉、胡饼。第五盏进御酒,琵琶色长上殿奏喏,独弹玉琵琶。前辈有诗咏曰:"宝轴琵琶奏上欢,玉钩珠结响珊珊。群臣倾听天朝乐,却笑乌孙马上弹。"宰臣酒,方响色长上殿奏喏,独打玉方响,亦有诗咏之:"垂珠宝架玉牌方,催送黄金万寿觞。疑是飞仙朝帝阙,玲珑环珮互宫商。"凡色长独奏玉乐器,例有宣赐,其弹玉琵琶者赐五两五匹,打玉方响者,赐三两三匹,乐伶当殿谢恩祗受讫。百官酒,乐部起三台舞,参军色执竿奏数语,勾杂剧入场,一场两段。是时教乐所杂剧色何雁喜、王见喜、金宝、赵道明、王吉等,俱御前人员,谓之"无过虫"。再下酒:群仙炙、天仙饼、太平毕罗、干饭、缕肉羹、莲花肉饼。前筵毕,驾兴,少歇,宰臣以下退出殿门幕次伺候,须臾传旨追班,再坐后筵,赐宰臣百官及卫士殿侍伶人等花,各依品位簪花。上易黄袍小帽儿,驾出再坐,亦簪数朵小罗帛花帽上。宰臣以下起居坐。有诗咏曰:"玉带黄袍坐正衙,再颁花宴侈恩华。近臣拜舞瞻龙表,绛蕊高笼压帽纱。"乐伶色长看盏。第六盏再坐,斟御酒,笙起慢曲子。宰臣酒,龙笛起慢曲子。百官酒,舞三台,蹴球人争胜负。且谓:"乐送流星度彩门,东西胜负各分番。胜赐银碗并彩缎,负击麻鞭又抹枪。"下酒供假鼋鱼、蜜浮酥捺花。第七盏进御酒,筝色长上殿奏喏,七宝筝独弹,宣赐谢恩。有诗咏曰:"雁行飞入玉琮琤,满殿齐看七宝筝。弹到急催花片处,春声依约上林莺。"宰臣酒,慢曲子。百官酒,舞三台。参军色作语,勾杂剧入场,三段。下酒供排炊羊、胡饼、炙金肠。御前

---

① 索粉:粉丝。

宣劝殿上宰执、亲王、使相、侍从、外国使副毕,中使二员至御座前奏过,分东西殿庑,传宣台官卿监郎丞簿饮,尽酒者三,拜而饮之。并传宣外国使副下三节官属,皆厉声喏三声,拜而饮。有诗咏曰:"内臣拱立近天光,奏罢传宣下御廊。来听番官三节喏,不须重译尽来王。"第八盏进御酒,歌板色长唱踏歌。宰臣酒,慢曲子。百官酒,舞三台。众乐作合曲破舞旋。下酒,供假沙鱼、独下馒头、肚羹。第九盏进御酒,宰臣酒,并慢曲子。百官,舞三台。左右军即内等子相扑。下酒,供水饭,簇钉下饭。宴罢,群臣下殿,谢恩退。前辈有诗云:"宴罢随班下谢恩,依然骑马出宫门。归来要侈需云盏,留得天香袖上存。"

皇帝初九日圣节

四月初九日,度宗生日,尚书省、枢密院官僚,诣明庆寺如前开建①满散。至日侵晨,平章、宰执、亲王、南班百官入内大起居,舞蹈称贺,随班从驾过皇太后殿起居毕,回集英殿赐宴,仪式不再述。其赐宴殿排办②事节云:仪鸾司预期先于殿前绞缚山棚及陈设帏幕等。前一日,仪鸾司、翰林司、御厨、宴设库、应奉司属人员等人,并于殿前直宿。至日侵晨,仪鸾司排设御座龙床,出香金、狮蛮、火炉子、桌子、衣帏等,及设第一行平章、宰执、亲王座物,系高座锦褥;第二、第三、第四行,侍从、南班、武臣、观察使以上,并矮坐紫褥。东西两朵殿庑百官,系紫沿席,就地坐。翰林司排办供御茶,床上珠花看果,并供细果,及平章、宰执、亲王、使相高坐果桌上第看果,殿上第二行、第三、

---

① 开建:准备。
② 排办:准备,安排。

第四行侍从等平面桌子,三员共一桌。两朵殿廊卿监以下,并是平面矮桌,亦三员共一桌。果桌于未开内门时预行排办。御前头笼燎炉,供进茶酒器皿等,于殿上东北角陈设,候驾御玉座应奉。其御宴酒盏皆屈卮,如菜碗样,有把手。殿上纯金,殿下纯银。食器皆金棱漆碗碟。御厨制造宴殿食味,并御茶床上看食、看菜、匙箸、盐碟、醋樽、及宰臣亲王看食、看菜,并殿下两朵庑看盘、环饼、油饼、枣塔,俱遵国初之礼在,累朝不敢易之。故礼其宴设库提点,监造五局宴食、常行油撒。百官食味,秤盘斤两,毋令阙少。御酒库排办前后御宴酒,及宣劝御封酒。

僧寺结制

四月十五日结制①,谓之"结夏"。盖天下寺院僧尼庵舍设斋供僧,自此僧人安居禅教律寺院,不敢起单②云游。自结制后,佛殿起楞严会,每日晨夕合寺僧行持诵经咒,燃点巨烛,焚爇大香。或有寺院,朝廷降赐钱会③、匹帛、金银钱,启建祈忏会四十九昼夜,每日六时修忏,祈国安民,其僧人一刻不敢妄出,斋戒严肃,不敢触犯,神天报应在目前。大刹日供,三日或五日换堂,俱都寺主办,皆十万檀信施助耳。盖孟夏望日,乃法王禁足④、释子护生之日,自此有九十日,可以

---

① 结制:佛教僧尼自农历四月十五日起静居寺院九十日,不出门行动。又称"结夏"。
② 起单:谓僧人离开原住寺庙,外出云游或另谋他所。单,指题有众僧之名,贴在僧堂壁上的小纸片,有单之位,即席。亦谓之单位。起单者自其单位起身。
③ 钱会:会子。
④ 禁足:禁止外出。指佛教僧尼结夏,避免灾祸或因过失受罚而不得外出。

安单办道①。是月,园圃瓜茄初生,禁中增价市之,进以赏时新。内侍之家及府第富室,亦如此。

五月（重午附）

仲夏一日,禁中赐宰执以下公服罗衫。五日重午节,又曰"浴兰令节",内司意思局以红纱彩金盝子②,以菖蒲或通草雕刻天师驭虎像于中,四围以五色染菖蒲悬围于左右。又雕刻生百虫铺于上,却以葵、榴、艾叶、花朵簇拥。内更以百索彩线、细巧镂金花朵,及银样鼓儿、糖蜜韵果、巧粽、五色珠儿结成经筒符袋③、御书葵榴画扇、艾虎④、纱匹段,分赐诸阁分、宰执、亲王。兼之诸宫观亦以经筒、符袋、灵符、卷轴、巧粽、夏橘等送馈贵宦之家。如市井看经道流,亦以分遗施主家。所谓经筒、符袋者,盖因《抱朴子》问辟五兵之道,以五月午日佩赤灵符挂心前,今以钗符佩带,即此意也。杭都风俗,自初一日至端午日,家家买桃、柳、葵、榴、蒲叶、伏道,又并市茭、粽、五色水团、时果、五色瘟纸,当门供养。自隔宿及五更,沿门唱卖声,满街不绝。以艾与百草缚成天师,悬于门额上,或悬虎头白泽。或士宦等家以生朱于午时书"五月五日天中节,赤口白舌尽消灭"之句。此日采百草或修制药品,以为辟瘟疾等用,藏之果有灵验。杭城人不论大小之家,焚烧午香一月,不知出何文典。其日正是葵榴斗艳,栀艾争香,角

---

① 办道:修道。
② 盝(lù)子:古代小型妆具。常多重套装,顶盖与盝体相连,呈方形,盖顶四周下斜。多用作藏香器或盛放玺印、珠宝。
③ 符袋:挂在小孩颈上的布制袋形护身符。
④ 艾虎:端午日采艾制成虎形的饰物,佩戴之谓能辟邪祛秽。

黍包金,菖蒲切玉,以酬佳景。不特富家巨室为然,虽贫乏之人,亦且对时行乐也。

士人赴殿试唱名

诸路举人到者,排日赴都堂,帘引讫,伺候择日殿试。前三日,宣押知制诰、详定、考试等官赴学士院锁院,命御策题,然后宣押赴殿。士人诣集英殿起居,就殿庑赐坐引试,依图分庑坐定,各赐印刊策题,其士人止许带文房①及卷子,余皆不许挟带文集。士人入东华门,各行搜检身内有无绣体私文,方行放入。午则赐食与士人,其砚水之类,皆殿直祗直供办,午后纳卷而出。旧制,士人卷子仍弥封,卷头打号,然后纳初放官,次下复考,考定次第,后送定参详一同,方定甲名资次,而定夺三魁。伺候上御文德殿临轩唱名,进呈三魁试卷,天颜亲睹三魁,排定姓名资次,然后宣唤三魁姓名,其三魁听快行宣唤数次,方敢应名而出,扣问三代乡贯年甲同方,请入状元侍班处,更换所赐绿襕靴简。第一名状元及第,第二名榜眼,第三名探花。其状元官授承事郎,职除上郡签判;榜眼授承奉郎,探花授承务郎,职注中郡或下郡签判。或无见阙,则节推察推之职。三魁进诗谢恩,上赐御筵,赐诗与状元。以下第一甲举人赐进士及第,第二甲赐进士出身,第三至第五甲并赐同进士出身。如有魁及前下名太宗学内舍生员,并升甲。恩例,其老榜者,谓之特奏名。为魁者,附第五甲,补迪功郎。余皆授诸州文学助教。武举进士,前三名照文科为状元、榜眼、探花,恩例各赐紫囊、金带、靴、笏。状元授秉义郎,榜眼授从义郎,探花授保

---

① 文房:文房四宝的省称。

义郎。俱殿步司正副将之职。除武举进士，皆循文科例，赐进士及第出身。如进士欲赴御教场内弨弓升甲，听从其便，盖招箭班祗直也。帅漕二司，于未唱名前，差人吏客司官等项，行排办礼部贡院充文科状元局，或别院、或借祥符寺充武科状元局，以伺唱名。帅漕与殿步司排办鞍马仪仗，迎引文武三魁，各乘马带羞帽到院，安泊款待。每日祗直，皆两司给官钱供应。及于诸州府守臣、诸路三司，及制阃殿步三司等官，俱有馈送助局钱酒。两状元差委同年进士充本局职事官，措置题名登科录。帅司差拨六局人员，安抚司关借银器等物、差拨妓乐，就丰豫楼开"鹿鸣宴"，同年人俱赴团拜于楼下。文武状元注授①毕，各归乡里。本州则立状元坊额牌所居之侧，以为荣耀。州县亦皆迎迓，设宴庆贺。如遇龙飞②年分，则三魁黄甲及其余进士，皆倍加恩例，却与常年不同，则状元可除下郡通判。于此可见士子读书之贵，而朝家待士之厚，不可不知也。故书以记，为士者察之。

---

① 注授：指职官铨选时的登记、授受。
② 龙飞：帝王即位。

梦梁录卷四

六月（崔真君诞辰附）

六月季夏，正当三伏炎暑之时，内殿朝参①之际，命翰林司供给冰雪，赐禁卫殿直观从，以解暑气。六月初六日，敕封护国显应兴福普佑真君诞辰，乃磁州崔府君，系东汉人也，朝廷建观在暗门外聚景园前灵芝寺侧，赐观额名曰"显应"，其神于靖康时高庙②为亲王日出使到磁州界，神显灵卫驾，因建此宫观，崇奉香火，以褒其功。此日内庭差天使降香设醮，贵戚士庶，多有献香化纸。是日湖中画舫，俱舣③堤边，纳凉避暑，恣眠柳影，饱挹荷香，散发披襟，浮瓜沉李④，或酌酒以狂歌，或围棋而垂钓，游情寓意，不一而足。盖此时铄石流金⑤，无可为玩，姑借此以行乐耳。

---

① 朝参：百官上朝参拜君主。
② 高庙：宋高宗赵构。赵构庙号为"高"，故名。
③ 舣（yǐ）：使船靠岸。
④ 浮瓜沉李：代指消夏乐事。语出曹丕《与朝歌令吴质书》："浮甘瓜于清泉，沈朱李于寒水。"
⑤ 铄石流金：谓温度极高，能将金石熔化。形容酷热。

七月（立秋附）

七月秋孟，例于上旬内车驾诣景灵宫行孟享①之礼，以秋阳正炎，上命宰执分诣。立秋日，太史局委官吏于禁廷内，以梧桐树植于殿下，俟交立秋时，太史官穿秉②奏曰："秋来。"其时梧叶应声飞落一二片，以寓报秋意。都城内外，侵晨满街叫卖楸叶，妇人女子及儿童辈争买之，剪如花样，插于鬓边，以应时序。

七　夕

七月七日，谓之"七夕节"。其日晚晡时，倾城儿童女子，不论贫富，皆着新衣。富贵之家，于高楼危榭，安排筵会，以赏节序，又于广庭中设香案及酒果，遂令女郎望月，瞻斗列拜，次乞巧于女、牛。或取小蜘蛛，以金银小盒儿盛之，次早观其网丝圆正，名曰"得巧"。内庭与贵宅皆塑卖"磨喝乐③"，又名"摩睺罗孩儿"，悉以土木雕塑，更以造彩装襕座，用碧纱罩笼之，下以桌面架之，用青绿销金桌衣围护，或以金玉珠翠装饰尤佳。又于数日前，以红爊④鸡、果食、时新果品互相馈送。禁中意思蜜煎⑤局亦以"鹊桥仙"故事，先以水蜜木瓜进入。市井

---

① 孟享：帝王宗庙祭礼。因于每年的四孟（孟春、孟夏、孟秋、孟冬）举行，故称。
② 穿秉：谓穿礼服而执朝笏。
③ 磨喝乐：又称磨睺罗，系梵语 mahoraga 的音译。唐宋时借其名制作为一种土木偶人，于七夕供养，谓供养以祝祷生育男孩，故成为送姻亲家的礼物。后成为儿童玩具。
④ 爊（āo）：一种烹调法。近似现在的"卤"菜法。
⑤ 蜜煎：蜜饯。

儿童，手执新荷叶，效"摩睺罗"之状。此东都流传，至今不改，不知出何文记也。

解制日（中元附）

七月十五日，一应大小僧尼寺院设斋解制①，谓之"法岁周圆之日"。自解制后，禅教僧尼，从便给假起单，或行脚，或归受业，皆所不拘。其日又值中元地官②赦罪之辰，诸宫观设普度醮，与士庶祭拔。宗亲贵家有力者，于家设醮饭僧荐悼，或拔孤魂。僧寺亦于此日建盂兰盆会，率施主钱米，与之荐亡。家市卖冥衣，亦有卖转明菜花、油饼、酸馅、沙馅、乳糕、丰糕之类。卖麻谷窠儿者，以此祭祖宗，寓预报秋成之意。鸡冠花供养祖宗者，谓之"洗手花"。此日都城之人，有就家享祀者，或往坟所拜扫者。禁中车马出攒宫，以尽朝陵之礼。及往诸王妃嫔等坟行祭享之诚。后殿赐钱，差内侍往龙山放江灯万盏。州府委佐官就浙江税务厅设斛，以享江海鬼神。是月，瓜桃梨枣盛有，鸡头亦有数品，若拣银皮子嫩者为佳，市中叫卖之声不绝。中贵戚里，多以金盒络绎买入禁中，如宅舍市井欲市者，以小新荷叶包裹，掺以麝香，用红小索系之。

---

① 解制：亦称解夏。《荆楚岁时记》："夏乃众僧长养之节，在外行则恐伤草木虫类，故九十日安居。至七月十五日，应禅寺挂搭，僧尼尽皆散去，谓之解夏。"

② 地官：道教三官之一。道家以天官、地官、水官为三官。

八 月

八月上旬丁日，太宗武府庠县学俱行秋丁①释奠礼。秋社日，朝廷及州县差官祭社稷于坛，盖春祈而秋报也。秋社日，有士庶家妻女归外家回，皆以新葫芦儿、枣儿等为遗，俗谚云谓之"宜良外甥儿"之兆耳。中秋前，诸酒库中申明点检所，择日排办迎新，帅府率本州军伍及九县场巡尉军卒，并节制殿步两司军马，往蒲桥教场教阅，都人观睹，尤盛于春季也。

中 秋

八月十五日中秋节，此日三秋恰半，故谓之"中秋"。此夜月色倍明于常时，又谓之"月夕"。此际金风荐爽，玉露生凉，丹桂香飘，银蟾光满，王孙公子，富家巨室，莫不登危楼，临轩玩月，或开广榭，玳筵②罗列，琴瑟铿锵，酌酒高歌，以卜竟夕之欢。至如铺席之家，亦登小小月台，安排家宴，团圞③子女，以酬佳节。虽陋巷贫窭之人，解衣市酒，勉强迎欢，不肯虚度。此夜天街④卖买，直到五鼓，玩月游人，婆娑于市，至晚不绝。盖金吾不禁故也。

---

① 秋丁：农历八月第一个丁日是祭祀孔子的日子，称秋丁。
② 玳筵：玳瑁筵，谓豪华、珍贵的宴席。
③ 团圞（luán）：团聚。
④ 天街：京城中的街道。

解　闱

三年一次。八月十五日,放贡举①应试,诸州郡县及各路运司,并于此日放试②。其本州贡院,止放本州诸县应举士人。运司放一路寓居士人,及有官文武举人,并宗女夫等。本州贡院在钱塘门外王家桥,运司贡院在湖州市。三学生员就礼部贡院赴解试,宰执、侍从、在朝文武官子侄等并于国子监牒试,则就州县,并于十五日为头排,日试三场。若诸州府及各漕司,亦于十五日放试。其诸处贡院前赁待试房舍,虽一榻之屋,赁金不下数十楮③。亲朋馈送赴解士人点心,则曰"黄甲头魁鸡"。以德物称之,是为佳谶。杭城辇毂之地,恩例特优。本州元解额七十名,今增作八十九名。诸州各有定额,两浙运司寓试士人约一百名取一名,有官文武人及登仕郎皆十人取一人。国子牒试则五人取一名。太宗武学士人约四五人取一名。举州贡院放榜之际,帅臣亲往院中,开拆一银牌,亲书得解人姓名,付捷音往报。诸路州郡供设"鹿鸣宴"待贡士。又取程文④次者为待补,名数无定额,伺来岁朝廷放补,诸州路得补士人皆到都就试,中榜者则入太学为生员,免三学。得补者经吏部给授绫缙,然后参学。此朝廷待士之重,功名皆自此发轫也。

---

① 贡举:科举考试。
② 放试:举行考试。
③ 楮:纸币。
④ 程文:科场应试者进呈的文章。

观 潮

　　临安风俗,四时奢侈,赏玩殆无虚日。西有湖光可爱,东有江潮堪观,皆绝景也。每岁八月内,潮怒胜于常时,都人自十一日起,便有观者,至十六、十八日倾城而出,车马纷纷,十八日最为繁盛,二十日则稍稀矣。十八日盖因帅座①出郊,教习节制水军,自庙子头直至六和塔,家家楼屋,尽为贵戚内侍等雇赁作看位观潮。向有白乐天《咏潮》诗曰:"早潮才落晚潮来,一月周流六十回。不独光阴朝复暮,杭州老去被潮催。"又苏东坡《咏中秋观夜潮》诗:"定知玉兔十分圆,已作霜风九日寒。寄语重门休上钥,夜潮留向月中看。""万人鼓噪骇吴侬,犹似浮江老阿童②。欲识潮头高几许,越山浑在浪花中。""江边身世两悠悠,人与沧波共白头。造物亦知人易老,故教江水更西流!""吴儿生长狎涛澜,冒利轻生不自怜。东海若知明主意,应教斥卤变桑田。""江神河伯两醯鸡,海若东来气吐霓。安得夫差水犀手,三千强弩射潮低。"林和靖《咏秋江》诗云:"苍茫沙嘴鹭鸶眠,片水无痕浸碧天。最爱芦花经雨后,一篷烟火饭鱼船。"治平郡守蔡端明诗:"天卷潮回出海东,人间何事可争雄?千年浪说鸱夷怒,一汐全疑渤澥③空;浪静最宜闻夜枕,峥嵘须待驾秋风。寻思物理真难到,随月亏圆

---

　　① 帅座:宋代安抚使的别称。《书言故事·监司·帅使》:"诸路安抚曰帅使、帅座、帅台。安抚掌一道兵权,故曰帅。"

　　② 阿童:晋代王濬的小字。《晋书·羊祜传》:"时吴有童谣曰:'阿童复阿童,衔刀浮渡江。不畏岸上兽,但畏水中龙。'祜闻之曰:'此必水军有功,但当思应其名者耳。'会益州刺史王濬征为大司农,祜知其可任,濬又小字阿童,因表留濬监益州诸军事,加龙骧将军。"

　　③ 渤澥(xiè):渤海。

亦未通。"其杭人有一等无赖不惜性命之徒，以大彩旗，或小清凉伞、红绿小伞儿，各系绣色缎子满竿，伺潮出海门，百十为群，执旗泅水上，以迓子胥弄潮之戏，或有手脚执五小旗浮潮头而戏弄。向于治平年间，郡守蔡端明内翰见其往往有沉没者，作《戒约弄潮文》云："斗、牛之外，吴、越之中，惟江涛之最雄，乘秋风而益怒。乃其俗习，于此观游。厥有善泅之徒，竞作弄潮之戏，以父母所生之遗体，投鱼龙不测之深渊，自谓矜夸，时或沉溺，精魄永沦于泉下，妻孥望哭于水滨，生也有涯，盍终于天命；死而不吊，重弃于人伦。推予不忍之心，伸尔无家之戒。所有今年观潮，并依常例，其军人百姓，辄敢弄潮，必行科罚。"自后官府禁止，然亦不能遏也。向有前辈作《看弄潮诗》云："弄罢江潮晚入城，红旗飐飐白旗轻。不因会吃翻头浪，争得天街鼓乐迎。"且帅府节制水军，教阅水阵，统制部押于潮未来时，下水打阵展旗，百端呈拽，又于水中动鼓吹，前面导引，后抬将官于水面，舟楫分布左右，旗帜满船，上等舞枪飞箭，分列交战，试炮放烟，捷追敌舟，火箭群下，烧毁成功，鸣锣放教，赐犒等差。盖因车驾幸禁中观潮，殿庭下视江中，但见军仪于江中整肃部伍，望阙奏喏，声如雷震。余扣及内侍，方晓其尊君之礼也。其日帅司备牲礼、草履、沙木板，于潮来之际，俱祭于江中。士庶多以经文，投于江内。是时正当金风荐爽，丹桂飘香，尚复身安体健，如之何不对景行乐乎？

梦梁录卷五

九月（重九附）

日月梭飞，转盼重九。盖九为阳数，其日与月并应，故号曰"重阳"。是日孟嘉登龙山落帽，渊明向东篱赏菊，正是故事。今世人以菊花、茱萸，浮于酒饮之，盖茱萸名"辟邪翁"，菊花为"延寿客"，故假此两物服之，以消阳九之厄。年例，禁中与贵家皆此日赏菊，士庶之家，亦市一二株玩赏。其菊有七八十种，且香而耐久，择其尤者言之，白黄色蕊若莲房者，名曰"万龄菊"；粉红色者名曰"桃花菊"；白而檀心者名曰"木香菊"；纯白且大者名曰"喜容菊"；黄色而圆名曰"金铃菊"；白而大心黄者名曰"金盏银台菊"：数本最为可爱。兼之此日都人店肆，以糖面蒸糕，上以猪羊肉鸭子为丝簇饤，插小彩旗，名曰"重阳糕"。禁中濩分及贵家相为馈送。蜜煎局以五色米粉塑成狮蛮①，以小彩旗簇之，下以熟栗子肉杵为细末，入麝香、糖、蜜和之，捏为饼糕小段，或如五色弹儿，皆入韵果糖霜，名之"狮蛮栗糕"，供衬进酒，

---

① 狮蛮：宋代重阳节蒸糕上的粉制饰物。《东京梦华录·重阳》："又以粉作狮子蛮王之状，置于糕上，谓之'狮蛮'。"

以应节序。其日诸寺院设供众僧。顷东都有开宝、仁王寺院设狮子会,诸佛菩萨皆驭狮子,则诸僧亦皆坐狮子上作佛事,杭都却无此会也。

明禋①年预教习车象

明堂大祀,三年一次。春首颁诏天下明禋,以九月逢上辛日大飨天地,侑以祖宗,咨尔百官,各扬乃职。此循隋、唐制也。夏首修筑泥路,"选差三卫羽林兵,营筑天街砥样平,黄道中间明日月,备严法驾欲安行"。预于两月前教习车象。其车每日往来,历试于太庙前,至丽正门,回车辂院一次。若仅阅车,每车须用铁千斤压之。如郊禋之岁,以车五乘教习。正谓:"辂马仪车五色轮,双扶彩索稳擎云。遥知帝势巍巍重,精铁应须压万斤。"其明禋年,止一车以代玉辂②。仪注③,车上置青旗二面,鼓一面,驾以数马,挟车卫士皆紫衫帽子。车前数人,击鞭行车,前列朱旗数十面,铜锣鼙鼓十数面,执旗鼓人,俱服紫衫帽子。后以大象二头,每一象用一人,裹交脚幞头,紫衫,跨象颈而驭,手执短柄银镬,尖其刃,象有不驯者击之。至太庙前及丽正门前,用镬使其围转,行步数遭,成列;令其拜,亦令其如鸣喏之势。御街观者如堵。市井扑卖土木粉捏妆彩小象儿,并纸画者,外郡人市去,为土宜④遗送。

---

① 明禋(yīn):指明洁诚敬的祭祀。
② 玉辂:古代帝王所乘之车,以玉为饰。
③ 仪注:制度。
④ 土宜:土产。

明堂差五使执事官

　　明禋:差大礼使、礼仪使、仪仗使、卤簿使、桥道顿递使,及差摄侍中、大宗伯、太常少卿、进接大圭、进爵、进牲、进册、捧册、读册官、太常丞、协律郎、光禄卿丞、捧币官、诸百执陪祀官、分献功臣官、九宫贵神、十二宫神、诸星陪祀、分祀社稷官、执绥官、总务官,及巡警、都巡、检使,及诸执事官,俱敕牒差候。礼成日,各推赏锡赐分银、绢匹有差,仍转行宫。而其总务官,职任甚繁,皆亲历坛壝①事务,事无大小,俱亲点视也。如擦祭器,涤濯无垢,以奉粢盛②。次视涤官,得其牲牢豢养肥丰,以严荐飨③。继往文思、军器、法物等库,点视仪仗,整备无缺,法物顿增光彩,以表虔恭。"前期修奉卜刚辰,役使太匠方兴作,修整坛堂十分新。"点察帅府,严差官吏,监造酝五齐④,"须用黄幄严围护,诚心供飨荐馨香"。修视太常旗裳组绣之具,琴瑟钟磬之乐,监督"宝装銮辂欲增明,例耗黄金数百星,躬督工程无弊蠹,不惟省费又晶莹。翰苑鸿传进乐章,和格神人皆允洽。百执宗臣赴太常,教习仪范各宜恭。聒天雅奏随品节,节止毋令乱旧章"。五使以下,集于贡院,"笙镛琴瑟按工师,八音竞奏无违节,想像灵坛率凤仪"。五使集百僚及执事官于尚书省,集习景灵、太庙、明堂仪。若郊祀,习郊坛仪于郊坛,"奉璋秉德如神在,匪事仪刑欲可观,敕差太社令积薪"。扫设神席,升坛束茅,当"仰止宸衷严祀事,扫清坛壝不留尘"。总务官

---

① 坛壝:坛场。祭祀之所。
② 粢盛:盛在祭器内以供祭祀的谷物。
③ 荐飨:祭献。
④ 五齐:酒。古代按酒的清浊,分为五等,合称"五齐"。

拱立于龙墀,"秉辂进呈入正阙,历试御路止庙宫,都人观瞻称万岁"。五使百僚,赴都堂受誓戒。"秋卿仪立凛冰霜,森列朝班政事堂。祀事旨严须誓戒,耸听谁敢不斋庄。"宿斋之日,宣押国戚入禁中,守护内钥事务。晡时,平章率百官及陪祀官等入内,奏请主上致斋于大庆殿。"卫士铁衣官结佩,帷宫斋洁于仪刑。"

驾出宿斋殿

明禋行礼前三日,平章、宰执率百官恭请主上宿大庆殿致斋寄班,"舍人殿上亲警跸①,要知不是御常朝"。上御驾出,绣锦包兀子安于殿中御榻上。盖太祖受位之初,累帝明禋郊祀俱坐之,三年一次增锦包一层耳。法驾仪仗卤簿,俱列龙墀之左右。禁廷钟鼓楼上,有太史局生员官,测验刻漏,每刻作鸡鸣,击鼓一下,则服绿者一人,执牙牌至殿下奏曰:"某时几刻。"或曰:"某时正也。"宰执百僚,皆服法服、环佩、法履、头冠。其头冠各有品从:宰执亲王九梁,加貂蝉笼巾;侍从官七梁;余官六梁至二梁有差;台谏官增豸角耳。所谓梁者,则冠前额梁上排金铜叶是也。俱服绛袍,皂绿方心曲领,中单环珮。云头履鞋。随执简笏。余执事人皆介帻绯袍,亦有等差。惟濩门、御史台诸吏,加方心曲领。后堂官俱依品位服入殿。祗应人服色,依法定色服,各给黄方号,余黄长号、绯方长号,各有入殿宫坛门去处,如无号妄入者,准违制论也。奏请致斋日,殿门内外及丽正门外,皆禁卫羽林兵,俱全装铁骑,数万围绕大内。是夜殿前仪卫之外,左右六军、仪仗卤簿,分列于丽正、和宁。更有裹绿小帽、服锦络缝宽衫兵士,十余

---

① 警跸(bì):古代帝王出入时,于所经路途侍卫警戒,清道止行,谓之"警跸"。

人作一队,各执银裹头黑漆杖子,谓之"喝探兵士",聚首而立,凡十数队。各队一名,喝曰:"是与不是?"众声答曰:"是。"又曰:"是甚人?"众声应曰:"殿前都指挥使某人。"及喝五使姓名,更互喝叫不停声。或作鸡鸣,是众人一同喝道。自初更至四更一点方止,此谓之"禁更"。前人诗咏之曰:"将军五使欲来时,停著更筹问是谁?审得姓名端的了,齐声喝道不容迟。"又置警场于丽正门外,名为"武严兵士",以画鼓画角二百,其角皆以彩帛如小旗脚结其上。兵士皆小帽、黄绣抹额、黄绣宽衫、青窄衬衫,日晡及三更时,各奏严也。每奏先鸣角二声罢,一军校执一长软藤条,上系朱拂子摇鼓,时众鼓手观其拂子,随其高低,以拂子应其鼓声高下。宿太庙,宿郊坛青城行宫,俱用严更警场也。

五辂①仪式

明禋止用玉辂,郊祀用五辂,俱顿于太庙侧辂屋下。玉辂,按《周礼·春官》:"巾车。掌王之玉辂,锡繁(音盘)缨②十有再就③,建太常④十有二斿⑤以祀。"康成注曰:"玉辂,以玉饰诸末。"今玉辂顶耀叶三层,凡八十一叶,皆镂金间真玉龙,大莲叶攒簇,四柱栏槛,镂玉盘花龙凤,悬挂照山河社稷大镜,及悬缨旗珮。御座后真锦绣围之,后出青绣山河龙凤旗二面。有诗咏曰:"镂琼云朵贴瑶箱,珠网雕檀七

---

① 五辂:帝王所乘的五种车子,即玉辂、金辂、象辂、革辂、木辂。
② 繁缨:天子、诸侯所用辂马的带饰。繁,马腹带;缨,马颈革。
③ 十有再就:十二匝。
④ 太常:旗帜名。
⑤ 斿(liú):旌旗下垂的飘带等饰物。

宝床。首建太常鸣大珮,玉龙耀叶发祥光。"余金、象、木、革四辂,俱镀金耀叶簇之。俱按《周礼》巾车职篇曰:"金辂,钩繁缨九就。"康成注曰:"金辂,以金饰辂。"制以"五凤升龙间火珠,黄衣黄弁驾黄车。画轮金辂旗裳裹,铃响螭头震九衢"。"象辂,朱繁缨七就。"康成注曰:"象辂,以象饰辂。"制以"铜叶金涂灿有光,贴牙橚軨坐龙床,赤号六驾繁缨七,旗绣红罗鸟集翔"。"革辂,龙勒条缨五就。"康成注曰:"革辂,鞔之以革,而漆之无他饰。"制以"赤白飞铜六驾驰,联翩龙虎浅黄旗("龙虎"当作"熊虎")。革鞔漆制条缨五,戎弁宽裁对凤衣"。"木辂,前繁鹄缨建大麾。"康成注云:"木辂,不鞔,以革漆之。前读为锱剪之剪。浅黑。"制以"凤衔铃珮响交加,御座华裀织百花。十六金龙齐夹毂,皂罗麾上绣龟蛇"。

差官軷祭[①]及清道

禋祀与郊祀,俱差祠官軷祭。按《周礼·大驭》:"掌玉路,以祀及犯軷。"注曰:"行山曰軷。犯者封土为山象,以菩刍棘柏为神主。既祭,以车轹之而去,喻无险难也。"清道之神,乃三重。王出入,则八人夹道行,服武弁绯袍绣衫,执黑漆杖。按《周礼》,祀,"条(音涤)狼氏,掌执鞭以趋避"之义也。愚详之,即半夜而过,连声告报两街看位,俱令灭灯烛者是也。

---

① 軷(bá)祭:祭行道之神。

驾诣景灵宫仪仗

　　主上宿大庆殿致斋,次早五更,摄大宗伯诣殿前执牙牌奏中严外办,护卫铁骑,自四更时接续番里导行诸司局分内侍人员司属,前往宫闱排班。百官各法服冠珮,入朝起居毕,各出殿门罄驭,在学士院伺候。快行、卫士各执莲炬,在槛下伺驾登道遥辇,从驾诣景灵宫行奏告礼。次第朱旗数十面,锣鼓队引,驱象二头,各以宫锦为衾披之,以金装莲花宝座安于背中,金罂笼络其首体。宝座前,一衣锦袍人执银镯,跨颈驱行。按,《晋书·舆服志》及《汉卤簿》,在前宋朝开宝初,广南来贡,吴越王以广南交趾献于朝,以备大驾。南渡以后,入贡南帑,给锦衾覆之。理庙朝,安南贡至,令备大驾先驱之仪仗。卤簿有幡帜者,谓之"告止、传教、信幡",各以绯帛杂错采。告止者,以为行之节;传教者,有教令所不及,置幡以传;信幡者,题表官号以为符信也。盖谓"教信幡传告止幡,凌风朱珮锦衣间。一停一举皆如节,直自圜丘至九关"。卤簿仪仗,有高旗大扇,画戟长矛,以五色。介胄跨马之士,或小帽锦绣抹额者,或顶黑漆圆顶幞头者,或以皮为兜鍪者,或漆皮如斝斗而笼巾者,或衣红黄罨画锦绣服者,或衣纯青纯皂以至鞋袜皆纯青纯皂者,或裹交脚幞头,或锦为绳如蛇绕系身者,或数人唱引大旗行过,或执大斧胯剑锐牌持镫棒者,或持竿上悬豹尾者,持短竿者,于戟上缀五色结带铜铎者,又有仪仗内名𥯤(步角切)稍(小卓切)者。按《开元礼志》:"金吾将军,执𥯤稍以察队伍,去其非违。形如剑而三刃,以虎豹皮为袋盛之。其制始于秦汉。《尔雅》云:𥯤稍,牛抵触,百兽不敢当。故制牛首于上。"正谓"虎剑囊封似剑形,刻成牛首兽皆惊。后先卤簿彰威德,纠察非违孰敢撄"。或持朱藤结方圆网者，名畢"(毕密切)罩(呼案切)"。按，徐妥《释疑》曰："乘舆黄麾内，左毕右罩，以朱藤结网二，螭首，红丝拂。盖毕方罩圆，取毕昴二星象。"又云："天文毕昴之中，谓之天街，故以毕罩前导也。"建物旗者，其制有黄龙负图，君王万岁，天文彩绣，日月合璧，五星连珠，重轮庆云，五岳四渎，四方祥物，祥光瑞气，双莲秀芝，嘉禾瑞瓜，金牛赤豹，鸾凤龙麟，白狼鹦鹉，鹑鸡番锦，帜罽犀祥，鹤扈君王。执方伞、曲盖、朱圆扇者。按，张帠避雨谓之伞，赤质紫表，正方四角，有铜螭头，其曲盖者，武王时大风折柄，太公用之而制曲绣团朱扇。按，汉制，乘舆用也。法驾卤簿仪仗队引者，如"节幢殳戟带祥烟，角氅弓刀列后先。五十队中分六引，设官领袖尽华鞯"。有大旗，名盖天旗，立于丽正门外御路中心。又有旗高三四丈，谓之"次黄龙旗"，往太庙前立；若郊祀，移于青城行宫门外立之，亦名"盖天旗"也。更有含索旗座，以百余人立之，有天武、金吾、亲勋诸班，号"奉神队"（"神"作"宸"）。"密匝九重环宝辇，绣衣飞采卷香尘。"又有交脚幞头、胯剑足靴，如四直使者一二百人，不可名状。诸殿直亲从官皆帽衣结带红锦，或红罗上紫团搭戏狮子，短后打甲背子。御龙直裹真珠结络花儿，短巾，衣紫上杂色小绣花衫，镀金束带，腰悬花看带，彩鞋。天武官皆顶朱漆金装笠儿，衣红上团花背子。其国朝九宝，如大朝会，置于殿陛前；郊明大祀，迎于仪仗中。符宝官二员，左右奉宝以从驾，谓之"迎宝舆"也。三衙太尉并御带环卫官，皆小帽背子，或紫绣战袍，跨马前导。内侍亦小帽紫绣袍从驾导行。千乘万骑，驾到景灵宫入次少歇，奏请诣圣祖殿行礼，以醴茗蔬果麸酪飨之，乐奏《乾安》《大安》《灵安》《兴安》《祖安》《正安》《冲安》《报安》之章，乐舞《发祥》《流庆》《降真》《观德》之曲。奏告毕，驾回太庙宿斋。

驾回太庙宿奉神主出室

上御平头辇,回宿太庙斋殿,其禁卫铁骑,尽移至太庙,绕瑞石山前后护卫。天武、金吾、武勋、羽林等兵士,并列卫。六军仪仗卤簿,移屯太庙后,夜移丽正,喝探严更警惕,并如致斋夕。于黄昏时,钟鼓院官赴太庙前,报出动更筹,喝过姓名,如前同也。三更行事,大宗伯奏中严外办,上出斋殿,礼直官等导引诣太庙诸室殿庭,行奏告礼。上诣殿上东南隅,面西立,行三献,献牲牢,宫架乐奏《乾安》《兴安》《正安》《禧安》之章,乐舞《文德》《武功》《皇武》《大定》《昭文》《美成》《治隆》《大明》《重光》《承天》《瑞庆》《大德》《大伦》《大和》之曲。礼毕,奉太祖、太宗、高宗三神主出室。殿下横街之北,分设七祀位,如司命、户、灶、中霤、门、厉、行等神。横街之南,设配飨功臣赵韩王以下二十五位分祀。差南班宗室奉行其三神主。命内侍以仪仗迎往明禋殿。天明时,乘黄令进玉辂,奏请登玉辂。"珠旄牙戟翠流苏,环珮天香爇宝炉。中敕乘黄亲进御,玉虬拥驾下云衢。"上御冠服,如图画星官之状,其通天冠俱用北珠卷结,又名"卷云冠";服绛袍,玉珮,执玉元圭。正座玉辂上,左右各一内侍,名"御药",冠服执笏侍立。左首栏槛边,一从侍中书宦者,曲身冠服,旁立于栏,以红丝绦系定,恐致疏失,名为"执绥官",以备玉音顾问。"和鸾争羡侍中裾,玉辂亲承接帝俞。儒学已通稽古力,更求民瘼备嘉谟。"驾辂卫士,裹漆圆顶盖耳帽子,著黄生色宽衫,青衬衫,青袜头裤,青履,系锦绳。辂后四人攀行,如攀枝孩儿。辂前有服法服朝冠二人,执简,导辂行。辂之左右,亦二人,服法服乘马,从辂行。"办严于辂放行时,参政前遮奏少迟。预饬金吾街仗使,威容浸盛务如仪。"盖奏请少迟,欲令万骑千官,整齐导引。"法仪森严按典刑,逍遥平辇小舆轻。金龙闲饰彤霞彩,缓引天街宝辂行。"诞马六匹。按宋孝武诏王侯诞马不得过二匹。诞,散也。旧并施鞍鞴。景祐初志今辂,前凡六匹诞马者,正谓之"红担诞马控双行,项下朱丝系彩缨,驺士锦衫勤执御,共夸汗血似云轻"。按,马者衣锦宝相花衫也。又御马常仪外,有甲骑,缀以金铃,在辂前引行。"銮铃犀甲控青骢,凡马俄惊一洗空。御笔赐名犹记得,牙牌金刻草头风。"此本朝故事,郊禋皆遵制导引矣。

驾宿明堂斋殿行禋祀礼

上自太庙御玉辂入丽正门,宿斋殿,遵先朝亲祀明禋故事。明堂殿即文德殿,中配飨。太常寺奉常官于殿上立。正配四位,皆用黄褥设板位:居北面南,昊天上帝位;居东面西,太祖、太宗、高宗位。惟矮案上设礼物,及殿庑设天星岳渎百神版位。推设祭器,设玉册于殿陛之间,乃"玉刻金縢宝册文,铺张景铄①掩前闻。在天列圣皆欣顾,宜有蕃厘②锡圣君"。凡大祀,差太祝一员,进抟黍③及肺,祭奠玉册。得其"玉册文章礼极恭,为民祈福吁苍穹。凭谁设玉诣祠坛,帝敕清朝小府官。苍璧黄琮仍瓒爵,灵光下烛宝光寒"。镬水者,按《周礼·小司寇》:"凡禋祀五帝实镬水。"今差从官一员奉礼,"满倾镬水洁而清,耗试随时更沃增。腥熟视来无失节,馔成犹自气蒸腾。光禄牵牲有旧章,诣厨更复属丞郎。各供乃职知严恪,芳荐丰陈鼎俎香"。荐牲

---

① 景铄(shuò):大美。
② 蕃厘:洪福。
③ 抟黍:捏成的饭团。

官,"茧栗①牺牲总用骍,近坛视宰尚闻声。须臾玉俎供肥腯,主上躬临奏荐牲。妙选甘泉侍从臣,列祠太乙九宫神。高禋上锡垂灵贶②,同卫宸旒奉帝真"。乃分祀九宫贵神于东青门外祠坛也。"分祀农师重至諴③,有司设壝势岩岩。报崇人主亲禋日,不比春祈咏《载芟》。"其夜三更,摄大宗伯执牙牌奏中严外办,奏行事,驾出斋殿,面南设一大幄次,更换祭服,青衮龙服,中单朱舄,绳玉珮,裹平天冠,二十四旒,并大真珠为旒。知澓御带环卫,及大礼使、太常礼直官前导,二内侍御辇扶侍。上自黄道,撒瑞脑香而行,至明堂殿小幄次,请上升御座,少歇,伺礼节严整。其登歌道士十余人,列钟磬二架,歌色琴瑟等,有五七执事人在殿上执役,殿前设宫架乐,在列编钟玉磬。其架如方响者同,但增广而高大,立于地。编钟形稍褊④。玉磬状似曲尺,系其曲尖处,皆上下四层,挂之架,两角缀以流苏。次列数架大鼓,或三或五,以木穿贯,立于架座上。又有大钟,曰景钟。曰节鼓。有如琴而长者,如筝而大者。截竹如箫管,两头存节而横吹者。有土烧成,如圆弹而开窍者。如笙而大者,如箫而增管者。有歌声则声清亮。宫架前立两竿,乐工皆裹介帻如笼巾,著绯宽衫,勒帛。其舞者顶紫色冠,冠上有横板,皂服,朱裙履。乐作,初则文舞,手执小牌,比文舞者加数人,击铜铙响环,又击如铺灶突者,又两人共移一铜瓮就地击者。舞者形如击刺,如乘云,如分手,皆舞容矣。"冕旒奕奕接灵光,酌醴惟勤举祼将。文德武功皆寓舞,自然缀兆⑤合彝章。""舞分

---

① 茧栗:祭品。
② 灵贶(kuàng):神灵赐福。
③ 諴(xián):诚意。
④ 褊(biǎn):小。
⑤ 缀兆:谓古代乐舞中舞者的行列位置。

《八佾》乐章谐,执羽扬干古意回。莫道缛仪无祖述,两阶曾格有苗来。"乐作,先击柷①,以木造,如方壶,画山水之状,每奏乐击之,内外共九下。乐止,则击敔②,如伏虎形,脊上皆锯齿,一曲终,以破竹刮之,而乐止。明堂乐章,奏《乾安》《景安》《嘉安》《广安》《化安》《丰安》《光安》《禧安》《彰安》《德安》《正安》《熙安》之曲。凡乐典共十九章,明禋祀俱用十二章;景灵宫及太庙四章,互相更易以奏,皆"安"字为名,"清庙灵宫暨禋坛,伶工总属奉常官。八音欲格神人悦,乐曲更成十九安"。明堂乐舞,文德武功之舞,凡登歌宫架乐,全凭押乐官掌之。凡大祀用登歌宫架乐,差摄太常丞二员,一则充坛上举麾,一则充坛下举麾。又差协律郎二员,一则视坛上举麾,一则视坛下举麾,则拜。"宫架登歌属奉常,举麾押乐选丞郎。殿堂互奏钧天乐,亟拜精虔合典章。"一常直官于小幄次奏请行礼,导引上至殿阶下,惟有礼直及大礼使两使扶侍上登殿,其知漤、御带、环卫,俱侍立殿槛下伺驾回。上登殿,诣正北一位昊天上帝前拜跪,摄殿中监察东向一拜,进爵,再拜。复次引诣正东太祖、太宗、高宗位拜跪,进爵,并行初献礼,驾绕升殿,宫架乐止,则殿上登歌乐作。驾降殿,则登歌乐止,宫架乐复作。"龙衮初升殿陛墀,奉天酌祖㦤③皇仪。虎关夕启咸来燕,从坐纷纶卫百祇。"亚献差亲王代行礼。理庙朝委皇太子充亚献,其祭服准制度。按,《宋朝会要》:"服衮冕,垂白珠九旒,章大小双绶,谓之'衮冕'。""□□珠旒荐二觞,九章双绶表储皇。由来钦若为家法,嗣服无疆有道长。"亚献毕,礼直官再奏请驾升殿,诣昊天上帝位前,左右二员,奉玉册官登册而跪。上拜跪奠酒,执玉圭而跪,中书舍人读

---

① 柷(zhù):古乐器名,奏乐开始时击之。
② 敔(yǔ):古乐器名,奏乐将终时击以止乐。
③ 㦤(chǎn):完成。

玉册。正谓:"币玉高擎授上公,发函读册颂成功。捧来宝爵亲监涤,醴酒浮香琥珀红。"上复降殿小幄内,终献,差亲王行礼。"祇事明禋与几筵,礼成三奠乐重宣。欲令庙祐如磐固,宗祀先来肺腑贤。"终献毕,礼直官奏请上登殿,饮酒受胙,进玉爵跪进,上跪受。"穹皇鸿福万年觞,三咽仍分饮胙香。敛锡庶民皆协极,受元纯福喜新尝。"饮胙毕,送神。"景安乐舞众灵旋,诚达穹旻彻豆笾。羽葆霓旌回盼独,福流鸿祉万斯年。"上降殿,诣小幄前拱立则望燎,上殿礼科币帛玉册,并由右阶而下。南去有燎炉,上有一人点喝诸物,入炉焚之。殿侧与庑廊陪祀天星百神,陪祀官及执事官皆面北而立班,赞者喝卿拜,众俱拜而出。上自小次前登小舆,还大次,更服登辇,教乐所伶人在殿门排列,奏庆礼成曲。一甲士舞礼成曲破讫,伶人进口号,乐复作,丽正门外诸军鼓吹俱作,声振天地。辇入垂拱殿,宰执百官常服入贺,大起居,蹈舞九拜,嵩呼称寿。枢密宣制曰:"履兹新庆,与卿等同。"摄礼部郎奏解严于殿前,宰臣百官出丽正门外幕位①,伺候天明,入登门放赦。

明禋礼成登门放赦

宰执百官立班于丽正楼下,驾兴,宫架乐作,上升楼,而"扇盖初临楼槛外,卷帘敞坐正临轩。要令祭泽该方国,先示尧民肆罪恩"。丈竿尖直,上有盘,立金鸡,衔红幡,上书"皇帝万岁",盘底以红彩索悬于四角,令四红巾百戏人争先沿索而上,先得者执金鸡嵩呼谢恩。前辈有诗曰:"立起青云百尺盘,文身骁勇上鸡竿。嵩呼争得金幡下,

---

① 幕位:办公处所。

万姓均欢仰面看。"御楼上以红锦索引金凤衔赦文放下,至宣赦台前,通事舍人接赦宣读,大理寺帅漕两司等处,以见禁杖罪之囚,衣褐衣,荷花枷,以狱卒簪花跪伏门下,传旨释放。"汤网①蠲除不任刑,圣心仁恕给民生。传宣脱去花枷后,万岁声连快活声。"楼上帘已垂,伞扇已入,上回内,伶人乐大震,迎驾入内。"赦颁郡邑急翻行,迎拜宣传广圣仁。四海一家沾大霈②,尽令黎庶庆维新!"

郊祀年驾宿青城端诚殿行郊祀礼

向于咸淳年间,度宗亲飨南郊祀,用正月朔正,系上辛日行事。前三日,致斋于大庆殿内,次日驾诣景灵宫奏告,回太庙致斋,奏请三祖出室。第三日,自太庙升玉辂,其金、象、革、木四辂从行,幸嘉会门外,至郊台次侧青城端诚行殿致斋。"通天冠缀宝珠明,五彩云中警跸声。万骑千官齐导从,君王今夜幸端诚。"所谓青城,止以青布为幕,画甃砌③之文,旋结城阙,以净明院为行宫,建端诚行殿,以备一日之幸。旧东都宣和间用土木盖造行殿,以青布幕围之。仪仗卤簿排列至行宫,铁骑围绕卫护,分命三卫主管卫兵。"貔貅④万旅护郊坰,特戒都门早放扃。分命三衙亲典领⑤,卫严行殿悉安宁。"上宿青城行宫,在都城外三里,总务官与殿帅皇城司提点官,遇夜互行,提举卫兵,谓之"锦鞯金勒出宫城,还入龙阛缀殿行。珠帽绣衣提举处,连营

---

① 汤网:典出《吕氏春秋·异用》,后以之喻刑政宽大。
② 大霈(pèi):大赦。
③ 甃(zhòu)砌:砖石砌垒。
④ 貔貅(pí xiū):勇猛的战士。
⑤ 典领:主管。

喏震四山声"。又有紫巾绯衣数队千余人,罗布郊野守卫。又差行宫都巡检使,部领甲军,往来巡逻,至夜严更警惕喝探,并如明禋式。行宫前立盖天旗于青城御街中。"大旗五丈檠星躔,高揭圆坛八陛前。君德天临无不盖,故令备物象纯乾。"其夕澄明,天气清朗,星斗增辉,云彩缤纷。前人作诗咏曰:"涓选休成举泰禋,四方冠盖集都城。格天圣德将何验?昼日如春夜朗明。"三更时,摄大宗伯奏中严外办,礼直官奏请行事。"乌帻朱衣引近担,奏知外办与中严。对传金字牙牌退,帝幄中官喝卷帘。"上出端诚殿,升安辇,南行曲尺,西去百步,乃郊坛,入外壝东门,至第二壝,里面南一大幄次。驾幸大次①,更换祭服华,礼直官、知漼、御带环卫,大礼使导引。"天步舒徐曳衮裳,旒珠圭玉俨斋庄。欲腾明德惟馨远,黄道先扬瑞脑香。属鞬特特选银珰,班压朱衣与奉常。前导衮衣亲大祀,金槌铁甲斗争光。"上之坛下小幄,谓之"小次②",设御座在内,奏升御座,少歇,礼直官催礼科办严,鸣景阳钟,其声甚大且清。钟如寺观钟楼者大,上铸日月星斗列曜,中铸五辂仪仗,下铸六街三市于钟上。"礼严登极享高灵,枣栗牺牢荐德馨。薮(持分切)鼓景钟催节奏,洪声考击彻青冥。"然后宫架乐作,奏请上升郊坛行事。其郊坛"象天立制筑圜丘,飨帝于郊法有周。坛陛崇高霄汉近,云车风马接灵游"。坛高三层,有七十二级。坛面方圆各三丈。坛有四阶,正南曰午阶,东曰卯阶,西曰酉阶,北曰子阶。坛上设黄褥四位,大飨苍穹,奉太祖太宗,配于高宗。昨孝庙时,按周成宗祀洛中,陟配于文王。惟汉武合祠汶上,今推严于高宗也。坛甃十二壝,从祀诸神位七百六十有七,板位系朱牌金字。"穹示宗

---

① 大次:帝王祭祀时临时休息的大篷帐。
② 小次:为帝王郊祀设的小篷帐。

祖萃天星,岳渎方维会百灵。金札明标朱板位,传令放彿飨精诚。""雅乐遵堂奏豫和,声文昭假协登歌。星驱日御均歆顾,天静无风海不波。"上登坛,登歌乐作,行初献①礼毕,降坛,委亲王行亚献②礼;上再登坛,读玉册,跪奠讫,再降坛。亲王行三献礼毕,升坛,饮福受胙,送神毕。上登坛,立小次前。"邀请君王望燎光,礼严燔瘗各随方。奉常赞引令班退,环珮琮琤夜未央。"其礼科币帛玉册,并由酉阶而下,出南墙门外。去坛百步,有燎炉,高丈余,如明禋,点喝入炉焚之。其郊坛三层四阶,有十二龛灯、十二宫神,内外墙俱设神位,每位一板位、一烛、一爵、一矮卓,置牺牲二,笾豆一,币各差。陪祀官及奉常吏、赞礼焚燎讫,宫架乐止,鼓吹未作,坛下肃然,惟闻轻风环珮声,恍若天仙下临,清雅之甚。维时近侍、禁卫、快行,以灯烛二三百支,列成围子,照如白日。上登安辇,幸大幄更衣,奏请升大安辇,辇如玉辂制度,无轮。"云龙耀叶叠三层,藤织金花御座新。十四穗球珠间结,四垂大带耀辉人。"此辇按唐制,合用五番辇官四百五十人,服色如挟辂卫士同。以教乐所伶工在外墙东门排列,奏乐导引,驾回青城殿,受礼成贺。"桦焰光随万烛明,大安宝辇入端诚。百僚拜舞丹墀下,震地仙韶贺礼成。""前后钲铙奏礼成,导随法驾返青城。纯音直彻云霄外,疑是钧天广乐声。"上幸端诚殿,宰执百官拜舞庆礼成,枢臣"宣制班庭尽鞠躬,履兹新庆与卿同。臣心归美将何报,愿祝君王寿亿穹"。百官班退。"法宫邃密护重帘,跪执牙牌奏解严。班卷驾行莲炬暖,礼容犹自耸观瞻。"天明,仪仗卤簿甲骑卷班回丽正门。上登大安辇,左右二御药侍立,前有教乐所伶工作乐,后有钧容直及部伍鼓

---

① 初献:开始向神献演乐舞。
② 亚献:古代祭祀时献酒三次,第二次献酒称"亚献"。

吹后从。上升辇,辇前侍中一员奏升降承旨。"紫坛彻后驾还宫,黄牒前期命侍中。密扆衮衣升降处,辂前承旨示恩隆。"五辂从辇后回丽正门,上至内门里降辇,平章宰执百官立班于门下伺候。上登楼临轩,立金鸡竿①放赦,如明禋礼同。太皇"垂帘设幄内庭旁,慈母亲来看嗣皇。忽奉起居仍问劳,往来互遣贵貂珰"。"钦看回銮报六宫,内东帘幕舞翔龙。大安辇上瞻天表,熙事圆成尚正容。"

———————

① 金鸡竿:古代颁布赦诏时所用的仪仗。

梦梁录卷六

十 月

十月孟冬,正小春之时,盖因天气融和,百花间有开一二朵者,似乎初春之意思,故曰"小春"。月中雨,谓之"液雨",百虫饮此水而藏蛰;至来春惊蛰,雷始发声之时,百虫方出蛰。朔日,朝廷赐宰执以下锦,名曰"授衣"。其赐锦花色,依品从给赐。百官入朝起居,衣锦袄三日。士庶以十月节出郊扫松,祭祀坟茔。内庭车马,差宗室南班往攒宫行朝陵礼。有司进暖炉炭。太庙享新,以告冬朔。诸大刹寺院,设开炉斋供贵家。新装暖阁,低垂绣幕。老稚团圞,浅斟低唱,以应开炉之序。

立 冬

立冬日,朝廷差官祀神州地祇①、天神太乙。十五日,水官解厄之

---

① 地祇(qí):地神。

日,宫观士庶,设斋建醮,或解厄,或荐亡①。立冬之后,如遇瑞雪应序,朝廷支给雪寒钱关会二十万,以赐军民。官放公私赁钱五七十,以示优恤。

孟冬行朝飨②礼遇明禋岁行恭谢礼

每岁孟冬,例于上旬行孟冬礼。遇明禋,行恭谢礼。系先一日朝飨,次日方行恭谢。百官与宰相起居,在学士院伺候驾出景灵宫。"待旦催班入帝廷,殿中椽烛彻空明。卫军拱立听宣辇,华炬金莲引驾行。"驾前教乐所伶工导行,作乐逍遥,辇后钧容直动鼓吹从后,诣景灵宫行恭谢礼。礼成,就西斋殿赐平章、执政、亲王、百官宴,盏次食品,并如朝会圣节同。凡群臣饮量,内侍先奏定,酒斟浅深,每盏用平尺量,分数各有定数,不得留残。前筵毕,上降辇转御屏,百官小歇,传宣赐群臣以下簪花,从驾、卫士、起居官、把路军士人等并赐花。检《会要》:"嘉定四年十月十九日降旨:遇大朝会、圣节大宴,及恭谢回銮,主上不簪花。"又条:"具遇圣节、朝会宴,赐群臣通草花。遇恭谢亲飨,赐罗帛花。"其臣僚花朵,各依官序赐之:宰臣枢密使合赐大花十八朵、栾枝花十朵,枢密使同签书枢密使院事赐大花十四朵、栾枝花八朵,敷文阁学士赐大花十二朵、栾枝花六朵,知潥官系正任承宣观察使赐大花十朵、栾枝花八朵,正任防御使至刺史各赐大花八朵、栾枝花四朵,横行使副赐大花六朵、栾枝花二朵,待制官大花六朵、栾枝花二朵,横行正使赐大花八朵、栾枝花四朵,武功大夫至武翼

---

① 荐亡:指为死者念经或做佛事,使其亡灵早日脱难超升。
② 朝飨:帝王祭祀太庙。

赐大花六朵，正使皆栾枝花二朵，带遥郡赐大花八朵、栾枝花二朵，濩门宣赞舍人大花六朵，簿书官加栾枝花二朵，濩门祗候大花六朵、栾枝花二朵，枢密院诸房逐房副使承旨大花六朵，大使臣大花四朵，诸色祗应人等各赐大花二朵。自训武郎以下、武翼郎以下，并带职人并依官序赐花簪戴。快行官帽花朵细巧，并随柳条。教乐所伶工、杂剧色，浑裹上高簇花枝，中间装百戏，行则动转。诸司人员如局干、殿干及百司下亲事等官，多有珠翠花朵，装成花帽者。惟独至尊不簪花，止平等辇后面黄罗扇影花而已。都人瞻仰天表，御街远望如锦。向有朝臣吟二十八字曰："景灵行驾到和宁，头上宫花射彩云。归向慈严夸盛事，誓殚忠力报吾君。"又有恭谢一二词咏之，名《满庭芳》："凤阁祥烟，龙城佳气，明禋恭谢时丰。绮罗争看，帘幕卷南风。十里仙仪宝仗，暖红翠，玉碾玲珑。銮回也，箫韶缓奏，声在五云中。千官迎万乘，丝纶叠叠，锦绣重重。听鸣稍辇路，宴罢鳌宫，瞻仰天颜有喜，君恩霈，寰宇雍容。生平愿，洪基巩固，圣寿永无穷。"《庆清朝》："银漏花残，红消烛泪，九重鱼钥，韶声沸奏，万乘祥曦门外。盖圣君恭谢灵休，谨防景明嘉礼。天意好，祥风瑞月，时正当小春天气，禁街十里香中，御辇万红影里，千官花底。控绣勒宝鞭摇曳，看万年永庆吾皇，捻指又瞻三载。"《御街行》："时康三载升平世，恭谢三朝礼。群臣禁卫戴花回，龊巷儿郎精锐，战袍新样团雕拥，重隘围子队。绣衣花帽挨排砌，锦仗天街里，有如仙队玉京来，妙乐钧天盈耳。都民观望时，果是消灾灭罪。"《瑞鹤仙》："欢声盈万户，庆景灵礼毕，銮舆游步，西郊暖风布。喜湖山深锁，非烟非雾，传收绣羽，骅骝驰骤绒缕，望彤芳，稳稳金銮，衮鸾翔舞。云驭近回天厩，锡宴琼津，洪恩均顾，霞天向幕，翠华动，舞韶举，绛纱笼千点，星飞清禁，银烛交辉辇路。瑞光中，渺祝无疆，太平圣主。"车驾还内，"后妃殿阁蒙颁犒，饼藏高装数百重,均给随銮禁卫士,狼餐皆有喜欢容"。

十一月冬至

十一月仲冬,正当小雪、大雪气候。大抵杭都风俗,举行典礼,四方则之为师,最是冬至岁节,士庶所重,如馈送节仪,及举杯相庆,祭享宗禋,加于常节。士庶所重,如晨鸡之际,太史观云气以卜休祥,一阳后日晷渐长,比孟月则添一线之功。杜甫诗曰"愁日愁随一线长",正谓此也。此日宰臣以下,行朝贺礼。士夫庶人,互相为庆。太庙行荐黍之典,朝廷命宰执祀于圜丘。官放公私僦金三日。车驾诣攒宫朝享。

十二月

季冬之月,正居小寒、大寒时候。若此月雨雪连绵,以细民不易,朝廷赐关会,给散①军民赁钱,公私放免不征。自冬至后戌日,数至第三戌,便是腊日,谓之"君王腊"。腊月内可盐猪羊等肉,或作腊豝②、法鱼③之类,过夏皆无损坏。惠民局及士庶修制腊药,俱无虫蛀之患。此月八日,寺院谓之"腊八"。大刹等寺,俱设五味粥,名曰"腊八粥";亦设红糟,以麸乳诸果笋芋为之,供僧,或馈送檀施、贵宅等家。二十四日,不以穷富,皆备蔬食饧豆祀灶。此日市间及街坊叫买五色米食、花果、胶牙饧、箕豆,叫声鼎沸。其夜家家以灯照于卧床下,谓之"照虚耗"。二十五日,士庶家煮赤豆粥祀食神,名曰"人口粥",有猫

---

① 给散:发放。
② 腊豝(bā):腊肉。
③ 法鱼:风干的鱼。

狗者，亦与焉。不知出于何典。考之此月虽无节序，而豪贵之家，如天降瑞雪，则开筵饮宴，塑雪狮，装雪山，以会亲朋，浅斟低唱，倚玉偎香，或乘骑出湖边，看湖山雪景，瑶林琼树，翠峰似玉，画亦不如。诗人才子，遇此景则以腊雪煎茶，吟诗咏曲，更唱迭和。或遇晴明，则邀朋约友，夜游天街，观舞队以预赏元夕。岁旦在迩，席铺百货，画门神桃符，迎春牌儿，纸马铺印钟馗、财马、回头马等，馈与主顾。更以苍术、小枣、辟瘟丹相遗。如宫观羽流，以交年疏、仙术汤等送檀施家。医师亦馈屠苏袋，以五色线结成四金鱼同心结子，或百事吉结子，并以诸品汤剂，送与主顾第宅，受之悬于额上，以辟邪气。街市扑买锡打春幡胜、百事吉斛儿，以备元旦悬于门首，为新岁吉兆。其各坊巷叫卖苍术、小枣不绝。又有市爆杖、成架烟火之类。自此入月，街市有贫丐者，三五人为一队，装神鬼、判官、钟馗、小妹等形，敲锣击鼓，沿门乞钱，俗呼为"打夜胡"，亦驱傩之意也。

除　夜

十二月尽，俗云"月穷岁尽之日"，谓之"除夜"。士庶家不论大小家，俱洒扫门间，去尘秽，净庭户，换门神，挂钟馗，钉桃符，贴春牌，祭祀祖宗。遇夜则备迎神香花供物，以祈新岁之安。禁中除夜呈大驱傩仪[①]，并系皇城司诸班直，戴面具，著绣画杂色衣装，手执金枪、银戟、画木刀剑、五色龙凤、五色旗帜，以教乐所伶工装将军、符使、判官、钟馗、六丁、六甲、神兵、五方鬼使、灶君、土地、门户、神尉等神，自禁中动鼓吹，驱祟出东华门外，转龙池湾，谓之"埋祟"而散。是日，内司意思局

---

① 大驱傩仪：驱逐疫鬼的盛大仪式。

进呈精巧消夜果子合,合内簇诸般细果、时果、蜜煎、糖煎及市食,如十般糖、澄沙团、韵果、蜜姜豉、皂儿糕、蜜酥、小鲍螺酥①、市糕、五色萁豆、炒槌栗、银杏等品,及排小巧玩具头儿、牌儿、贴儿。小酒器上插□□□□□□盒子中做造像生大安辇或玉辂、九□□□□□等。是夜,禁中爆竹嵩呼,闻于街巷。□□□□□□烟火屏风诸般事件爆竹,及送在□□□□□□爆竹声震如雷。士贪不以贪富家□□□□□□如同白日。围炉团坐,酌酒唱歌,鼓□□□□□□谓之"守岁"。

---

① 小鲍(bào)螺酥:一种精制的形似鲍螺的糕点。鲍螺,鲍鱼。

梦梁录卷七

杭 州

杭城号武林,又曰钱塘,次称胥山。隋朝特创立此郡城,仅三十六里九十步,后武肃钱王发民丁与十三寨军卒增筑罗城[①],周围七十里许,有南城山,称为龙山;东城门号为南土、北土、保德;北城门名北关,今在余杭门外,人家门首有青石墩是也;西城门曰水西关,在雷峰塔前。城中有门者三:曰朝天门,曰启化门,曰盐桥门。宋太平兴国年间,钱王纳土,□□□□安有,号为宁海军。高庙于绍兴岁南渡,驻跸于此,遂称为"行在所"。其地襟江抱湖,川凑□□□□衍,民物阜蕃,非殊方下郡比也。自归宋□□□□易名。旱门仅十有三,水门者五。城南门者一曰嘉会,城楼绚彩,为诸门冠,盖此门为御道,遇南郊,五辂从此幸郊台路。城东南门者七:曰北水门,曰南水门,盖禁中水从此流出,注铁沙河及横河桥下,其门有铁窗栅锁闭,不曾辄开;曰便门,曰候潮门,曰保安水门,河通跨浦桥,与江相隔耳;曰保安门,俗呼小堰门是也;曰新开门。城东门者三:曰崇新门,俗呼荐桥门;曰

---

① 罗城:城外的大城。

东青门,俗呼"菜市";曰艮山门。城北门者三:曰天宗水门,曰余杭水门,曰余杭门,旧名"北关"是也。盖北门浙西、苏、湖、常、秀,直到江、淮诸道,水陆俱通。城西门者四:曰钱塘门,曰丰豫门,即涌金;曰清波,即俗呼"暗门"也;曰钱湖门。其诸门内便门东青、艮山,皆瓮城。水门皆平屋。其余旱门,皆造楼阁。诸城壁各高三丈余,横阔丈余。禁约严切,人不敢登,犯者准条治罪。城内元三门俱废之,独朝天门止存两城壁,杭人犹以门称之。

大河桥道

自和宁门外登平坊内曰登平桥。次曰六部桥,即都亭驿桥。北曰黑桥,在玉牒所对巷曰州桥。执政府大渠南曰安永桥,次曰国清桥,投东转北曰保安延寿桥。榷货务东曰阜民桥,不通舟楫。合同场前曰过军桥。杂卖场西曰通江桥。沿大河直至曰望仙桥,次曰宗阳宫桥。介真道馆前曰三圣桥,荣王府前曰佑圣观桥。沿河看位前曰荣王府桥。常庆坊东北曰太和楼桥,俗名"柴垛"。富乐坊东曰荐桥,北曰丰乐桥。善履坊东曰油蜡局桥,旧呼新桥。兴福坊东曰盐桥,上奉广福孚顺孚惠孚佑侯蒋相公祠,桥东一直不通水,旱桥名蒲桥。咸淳仓前曰咸淳仓桥,元名东桥。御酒库东曰塌坊桥。仙林寺东曰仙林寺桥。平籴仓北曰西桥。丰储仓后曰葛家桥,东曰通济桥,俗名梅家桥。御酒库北曰小梅家桥。通济桥北曰田家桥,次曰普济桥。白洋池前曰白洋池桥,次曰方家桥。自大河直通天宗水门,至三闸也。

小河桥道

自宗阳宫桥转西河曰钟公桥，次曰清冷桥。南瓦子前曰熙春桥。南瓦内投西曰灌肺岭桥。通和坊东曰金波桥，北曰普济桥，次曰巧儿桥。宝佑坊曰宝佑桥。五间楼巷东曰亨桥。贤福坊东曰平津桥，俗名猫儿桥，桥北曰舍人桥，次曰永清桥。铁线巷西曰水巷桥，次曰新桥。羲和坊曰芳润桥，元名炭桥。武志坊东曰李博士桥，次曰棚桥。新安坊东曰新安桥。出御街投北曰众安桥，投东入延定坊曰鹅鸭桥，次曰安国桥，又名北桥，桥北曰军头司桥。怀远坊出御街投北曰观桥，桥之西曰贡院桥，次曰藩封酒库桥。杂作院西曰祥符桥，桥西曰小新庄桥。普宁坊东曰清远桥。仁和县衙对巷曰仁和仓桥。县巷北曰万岁桥。六部架阁库前曰天水院桥。淳祐仓前曰仓桥，次曰永新桥。出余杭水门亦由于三闸水路也。其众安与观桥皆平坦，与御街同，盖四孟车驾经由此两桥转西礼部贡院路，一直过新庄桥，诣景灵宫行孟飨礼也。

西河桥道

自众安桥转西曰众乐桥，次曰下瓦子桥。沂王府北曰结缚桥。十官宅前曰石灰桥，次曰八字桥，元呼洗麸桥。南曰马家桥，次曰鞔鼓桥。清河坊东曰洪桥，次曰井亭桥，曰施水坊桥。西横街有桥名曲阜，其桥不通舟楫，水脉自六房院后石桥下，湖水从此流出也。韩府南曰军将桥，次曰三桥子。西楼酒库前曰惠迁桥，俗呼金叉库桥。罗汉洞巷对曰侍郎桥，向有侍郎姓廉，名郎叔，居此，又有贤德及人，里巷贤之,以盛名以桥记之。南真道馆前曰施家桥。断河头五显祠后曰普济桥。再自八字桥转西曰清湖桥,次曰黑桥。左藏库前曰左藏库桥。杨驸马府前投西曰安济桥。潘阆巷路通接洋街路曰安福桥,直抵故太学,次曰丁家桥。霍使君庙前曰长生老人桥。钱塘县巷曰县桥,跨真珠河曰真珠河桥,此两桥俱不通舟。国子监前曰纪家桥,监后曰车桥,侧曰青龙桥。茶汤巷西曰长寿桥,旧名杨姑桥。万寿观前曰新壮桥。景灵宫前曰车马桥。镇城仓西曰师姑桥。余杭门里曰中正桥,元呼斜桥。水门前曰钓桥,旧名便桥。水路出余杭水门,通三闸也。

小西河桥道

自西楼酒库侧三桥南入惠迁桥西,过惠迁井,曰太常寺后小桥,次曰台官街后门桥。六房省院对曰如意桥。度牒库后巷曰永安桥,即五圣庙桥,西曰渡子桥,次曰涌金桥,界于涌金三池之中矣。涌金门北沿城镊子井东曰镊子井桥。张府后俞家园东曰永安桥,六房后门曰石桥,此三桥俱不通舟,湖水溢于桥下暗沟,注入曲阜桥下,流出西河。俞家园九官宅曰白莲花桥,宅北投西巷曰红莲花桥,两桥俱旱桥耳。又自渡子桥转南转运司衙前曰普安桥。油车巷对曰德寿桥。府学前曰凌家桥。谢二节使前曰定安桥。慈幼局前曰戒子桥、楼店务桥。次曰流福桥,元呼闸儿桥。临安府治前曰州桥,俗名懊来桥,盖因到讼庭者,到此心已悔也,故以此名呼之。

倚郭城南桥道

城南所管地界，自白塔岭下桥曰进隆儿门里夏家桥。交木场后曰杨婆洋泮桥，东曰李家桥。本厢治所南曰洋泮桥。马仓巷口名红桥子。美政坊前曰美政桥。雪醅库东曰南新桥，俗呼朱桥。嘉会门外曰利涉桥。酒库巷内曰上梁家桥。颜家楼对巷曰下梁家桥。浙江亭侧跨浦桥，便门外投南横河桥。布行前亦名横河横桥。鲞团前曰浑水闸桥。南外库南曰萧公桥。太郎巷口曰上泥桥。南外酒库对巷曰清水闸桥。候潮门外南曰众惠桥。护圣步军南曰下泥桥。候潮门外直东曰上椤木桥，又名普济。白旗寨对巷曰下椤木桥。护圣上教场门东曰上洪桥，中教场门东曰中教场桥，下教场门东曰柴市桥。盛家弄东曰济众桥。妙静寺北曰诸家桥，桥西曰保安闸桥。保安水门外曰保安桥。新门口门外富景园东名升仙桥，此是旱桥，一直向东，曰南新草桥。城东骆家跳曰骆家桥，西首寨前曰马军桥，桥东寨前曰步军桥。善应寺北曰四板桥，桥西曰万寿桥，又名吕家桥。景隆观后曰通利桥，次曰米市桥。老儿营后曰五柳园桥，北曰福济桥，又名广泽。崇新门外直东曰章家桥，北曰淳祐桥。拱圣营东曰螺蛳桥。小粉场前曰普安桥，又名横河桥，东曰广济桥。蒲场巷军巡铺前曰安济桥。游奕教场门曰教场门桥，桥东横河军巡铺前曰报恩桥。螺蛳桥北蟹行曰蔡湖桥。游奕军佑圣殿后曰游奕寨桥，桥北曰安荣桥，南路曰小蔡湖桥。殿司双寨门前曰前军桥，东青门外直东曰菜市桥。选锋军东曰太平桥，北曰端平桥，东青门曰十善桥，次曰黄姑桥。艮山门东曰顺应桥，旧名坝子桥。仁和尉司前曰无星桥。法明寺前曰骆驼桥，寺门外走马塘曰玺桥。尉司后曰龚家桥。沙河角头水陆寺北曰韦家桥,桥侧曰广度桥。走马塘东石斗门铺前曰石斗门桥。尉司侧曰木板桥。沙河角头曰宋家桥。城东郑家园后曰翁泰桥,次曰冯家桥、章家桥、姚店桥。园后麦庄庙前曰麦庄桥。城东九里松大路曰樟木庙桥,庙前曰江家桥。城东卢家雪窨南曰行人桥。走马塘范家村曰张娜儿桥。姚斗门铺曰新塘桥。石斗门铺前蔡家大桥。城东蔡家村曰蔡家小桥。高塘湾横塘路曰姚马四桥。城东官园里曰鸭舍桥。桥大路曰李家桥。官园里北曰孙家桥。金家村曰猪坊桥。姚斗门铺前唐家村曰资福桥,曰小资福桥。斗门东南陆家村曰陆家桥,沈家塘口曰欧家桥。斗门南大路曰升仙桥。看经寺前曰看经桥。城东胡陈畈等处,其桥有九,名曰范家、徐家、李家、陈家、杜家、姚家、仲家桥、普宁桥、下厢等桥。五里塘路口张家桥,桥侧曰菩萨桥。殊胜寺前曰殊胜桥。塘大路曰王家桥。行人庵侧曰严家桥。塘东曰新桥,桥侧曰鲍家桥,塘西曰飞家桥。

倚郭城北桥道

城北所管地界,自钱塘尉司西水磨头曰石函桥,又呼西石头桥。西湖孤山路曰宝佑桥,俗呼断桥。孤山路中曰涵碧桥。和靖林处士故居所曰处士桥。延祥四圣观西曰西林桥。苏堤南来第一桥曰映波,第二桥曰锁澜,第三桥曰望山,第四桥曰压堤,第五桥曰东浦,第六桥曰跨虹。先贤堂前桥曰袁公桥,盖府尹袁大资建堂造桥,以名记之。曲院新堤路小桥曰小新堤桥。曲院大路向东曰行春桥。九里松左军教场大路西有桥,亦曰行春桥。飞行峰路口曰合涧桥。龙井路口曰归隐桥,盖东坡欲易于过溪,建此桥也。麦岭西太清宫前曰孝义桥。岭口寨前曰新河桥。麦岭至龙井,其桥有三:曰善安、永安、永福桥。茆家步至丁家山有桥者三：曰双井、丁家山、小丁家山桥。高丽寺侧曰惠因桥。净慈寺北庆乐园前曰长桥。钱湖门外沿城海子口隅下曰清化桥。清波门外，流福水路桥。聚景园前曰聚景桥。显应观前曰显应观桥。涌金门外城北水口上曰相国西桥，九曲小渡曰咸淳。新建桥曰九曲昭庆桥。大昭庆寺前曰昭庆广济桥，寺西寨前曰策选寨桥。昭庆教场西曰教场桥，教场桥北曰崇福桥。霍山大路口曰羊坊桥。霍山行宫巷口曰保安桥。羊坊巷北曰溜水桥。精进寺北曰小溜水桥。溜水桥西北曰沈家场桥，桥前一带曰安民桥。西马塍观音庵西曰八字桥。运司竹木场前曰马军桥。羊角埂上有桥者四：曰上泥、下泥、崇寿、阎家桥。马塍乌盆场曰富春桥，又名乌盆桥。羊角埂西双寨门曰策选马军桥。埂西入里曰神勇步入桥。本州试院前曰大通桥、王家桥。试院东曰道姑桥，试院西曰清水桥。石塘东曰西堰桥、古塘桥，东曰方公桥，西曰观音。城西铜钱局前曰古塘桥，古塘里西曰惠安桥。北郭务前曰余杭桥。天宗水门外曰上堰桥。余杭桥侧曰下堰桥。北郭税务北曰糖饼桥。神勇铺曰过军桥。上闸南曰上斗门桥，下斗门西曰永兴桥，上闸南曰中斗门桥，上闸东陆家场前曰天宗栈库桥。余杭门外上闸头曰上闸桥，上闸北中闸头曰中闸桥，中闸西曰唐家桥，又名寿安桥。中闸北下闸头曰下闸桥、米市桥，南曰浴堂桥。下闸西北曰米市桥，米市里曰黑桥。麻线巷曰采莲桥。夹城巷口曰袁家桥、德胜桥，北曰下斗门桥。旧瓦子后曰邓家桥，又名广利桥。石牌头巷内曰袁公桥。籴场后德胜桥旧名堰桥，因韩太尉掩击苗傅，故杭人称之曰长板桥，曰杨婆桥。下界仓后曰高家、梁婆、张家三桥。五里塘大路曰东新桥。莫家场前曰范婆桥，元系小石桥。鱼行里曰水冰桥。接待寺南曰望佛桥，桥西曰复明桥，一名倪郎中桥，桥东曰雷道桥。鱼行里曰黑桥。接待寺前曰香火桥。北外酒库

137

南大路曰左家桥。西仓南曰宝庆桥，又名葱版蛳桥。丰储西仓前曰西仓桥，仓北曰洞霄道院桥。城北厢巷口曰富春桥，一名茆家桥。西仓北醋坊桥。官界巡司东曰吴家桥，司西曰黄家桥。江涨税务东曰江涨桥，桥西南曰归锦桥。瓜山泾巷口曰洪桥，巷东曰杜公桥。董家巷北曰狮子桥、喻家桥。桥侧葛家、余家二桥。喻家桥西叶家桥，北新东曰费家桥，北新南曰羊棚桥，桥北曰北新桥，元名中兴永安桥。北新隅北曰康家桥，桥侧曰丰惠桥。正等铺曰印墓桥、康家桥。北塘上曰板桥。

禁城九厢坊巷

在城九厢界，各厢一员小使臣注授，任其烟火盗贼，收解所属。其职至微，所统者军巡火下地分，以警其夜分不测耳。曰宫、城、厢、庑、坊、巷，东至嘉会门禁城角，西至中军壁小寨门，南至八盘岭，北至便门巡铺城角矣。左一南厢所管坊巷：曰大隐、安荣、怀庆、和丰，并在清河坊内南首一带。左一北厢所管坊巷：曰吴山坊，即吴山井巷。清河坊，与南瓦子相对。融和坊，即灌肺岭巷。新街融和之北太平坊，通和相对。市南坊，即巾子巷。市西坊，俗呼坝头，又名三桥街，并在御街西首一带。南新街，御史台相对。康裕坊，俗呼八作司巷。后市街，吴山北坊西相对。泰和坊，俗呼糯米仓巷。天井坊，即天井巷，旧名通浙坊。稍西龙舌头路中和坊，元呼楼店务巷，旧名净因坊。仁美坊俗呼石坂巷，在通判北厅之东。近民坊，府治东。流福坊，府治前西。丰裕坊，凌家桥西。美化坊，府学西。八巷并在清河坊北首一带，直至州府沿河至府学前凌家桥西。左二厢所管坊巷：曰修义坊，俗呼菱椒巷，即肉市。富乐坊，俗呼卖马巷。众乐坊，俗呼虎跑泉巷。教睦坊,俗呼狗儿山巷。积善坊,即上百戏巷。秀义坊,即下百戏巷。寿安坊,俗名官巷。修文坊,即旧将作监巷。里仁坊,元名陶家巷。保信坊,俗呼剪刀股巷。定民坊,即中棚巷。睦亲坊,俗呼宗学巷。纯礼坊,元名后洋街巷。保和坊,旧称砖街巷。报恩坊,俗名观巷。以上在御街西首一带。福德坊,在保和坊巷内。招贤坊,仁和县前对巷。登省坊,县衙相对,系郭宰买民地创开此坊耳。左三厢所管坊巷:钦善坊,井亭桥南。闻扇子巷、甘泉坊,相国井巷口,与井亭桥对。清风坊,庄文府南。活水巷、清河坊,洪福桥西杨和王府前。兴庆坊,结缚桥对前洋街。德化坊、旧木子巷,在潘阆巷口。字民、平易,俱在钱塘县前。右二厢①所管坊巷:孝仁、登平二坊,和宁门外西东。寿城坊,太庙南粮料院巷。天庆坊,即天庆观巷。保安坊,元呼庙巷。怀信坊,俗呼糍团巷。长庆坊,入忠清庙路。以上并在大街东西。新开坊,清平巷转东上抱剑营路。常庆坊,都税务南柴垛桥巷。富乐坊,荐桥西。右二厢所管坊巷:清平坊,即旧沙皮巷。通和坊,金波桥路。宝佑坊,即福王府看位一直路。贤福坊,即坝东猫儿桥巷。兰陵坊,水巷桥巷。羲和坊,俗呼炭桥巷。武志坊,元名李博士桥巷。戒民坊,俗呼棚桥巷,为市曹行刑之地。新安坊,名为新桥楼巷。延安坊,鹅鸭桥巷。安国坊,即北桥巷。怀远坊,旧呼军头司营巷。普宁坊,在观桥之北,即清远桥巷。皆在御街东首一带。同德坊,旧呼灯心巷,在大街北。嘉新坊,北库东西,北呼七郎堂巷。教钦坊,俗呼竹竿巷,北酒库东,面南。新开南巷,荐桥。富乐坊,对新开北巷,曰新桥东。右三厢所管坊巷:东巷坊,即上中沙巷。西巷坊,名下中沙巷。丰禾坊,全皇后府东。善履坊,即芳润桥东。兴化坊,盐桥下西

---

① 右二厢:原文如此,或系右一厢之误。

北。昌乐坊,蒲桥东。右四厢所管坊巷名曰兴礼,自宗阳宫墙之东,至传法寺、佑圣观、郭、谢太后宅、福田宫,出街直到宁海坊,俱属所统也。盖杭旧有坊巷,废之者七,如罗汉洞旧有坊名美俗,三桥涌金路旧名会昌坊,洪桥杨府巷元作紫云坊,癸辛街巷为从训坊,马家桥西曾立孝慈坊,洗麸桥南北二岸谓之通宝、丰财二坊,皆后人不可不知,姑并述之。

梦梁录卷八

大　内

　　大内正门曰丽正，其门有三，皆金钉朱户，画栋雕甍，覆以铜瓦，镌镂龙凤飞骧之状，巍峨壮丽，光耀溢目。左右列阙，待百官侍班阁子。登闻鼓院、检院相对，悉皆红杈子①，排列森然，门禁严甚，守把钤束②，人无敢辄入仰视。至晡时，各门下青布幕护之。丽正门内正衙，即大庆殿，遇明堂大礼、正朔大朝会，俱御之。如六参③起居，百官听麻④，改殿牌为文德殿；圣节上寿，改名紫宸；进士唱名，易牌集英；明禋为明堂殿。次曰垂拱殿，常朝四参起居之地。内后门名和宁，在孝仁登平坊巷之中，亦列三门，金碧辉映，与丽正同，把守卫士严谨，如人出入，守阉人高唱头帽号，门外列百僚待班，濩子左右排红杈子，左设阁门，右立待漏院、客省四方馆，入登平坊。沿内城有内门，曰东华，守禁尤严。沿内城向南，皆殿司，中军将卒立寨卫护，名之中军圣

---

① 杈(chà)子：用以阻挡行人马通行的交叉木架。
② 钤束：管束。
③ 六参：谓一月朝见帝王六次。
④ 麻：诏书。

下寨。寨门外左右俱置护龙水池。沿寨向南,有便门,谓之东便门。禁庭诸殿更有者十:曰延和,曰崇政,曰福宁,曰复古,曰缉熙,曰勤政,曰嘉明,曰射殿,曰选德,曰奉神。御殿名"钦先孝思之殿"。更有天章诸阁,奉艺祖①至理庙神御御书图制之籍。宝瑞之阁,建于六部山后,供进御膳,即嘉明殿,在勤政殿之前。勤政即木帷寝殿也。嘉明殿相对东廊门楼,乃殿中省六尚局御厨,祗应内侍人员,俱集于此。殿上常列禁卫两重,时刻提警,出入甚严,内皆近侍中贵。殿之廊庑,皆知省、御药、御带、门司、内辖等官幕次,听候宣唤。小园子、快行、亲从、辇官、黄院子、内诸司司属人员等上番者,俱聚于廊庑,祗候服役。如宫禁买卖进贡,皆由此入。惟此处浩穰,每遇进膳,自殿中省对嘉明殿,禁卫成列,约栏不许过往。省门上有一人呼唱,谓之"拨食"。次有紫衣裹卷脚幞头者,谓之"院子家",托一合,用黄绣龙合衣笼罩,左手携一条红罗绣手巾进入,于此样约十余合,继后又托金瓜各十余合进入。若非时取唤,名曰"泛索"。皇太后殿名曰"坤宁",皇后殿名曰"和宁",两殿各有大官及殿长、内侍,及黄院子、幕士、殿属、亲从、辇官等人祗候。诸宫妃嫔等位次,亦有内侍提举,各阁分官属掌笺奏,院子、小园子等人祗直。和宁门外红杈子,早市买卖,市井最盛。盖禁中诸阁分等位,宫娥早晚令黄院子收买食品下饭于此。凡饮食珍味,时新下饭,奇细蔬菜,品件不缺。遇有宣唤收买,即时供进。如府宅贵家,欲会宾朋数十位,品件不下一二十件,随索随应,指挥办集,片时俱备,不缺一味。夏初茄瓠新出,每对可直十余贯,诸阁分、贵官争进,增价酬之,不较其值,惟得享时新耳。

---

① 艺祖:宋太祖。

德寿宫

德寿宫在望仙桥东,元系秦太师①赐第,于绍兴三十二年六月戊辰,高庙倦勤,不治国事,别创宫庭御之,遂命工建宫,殿扁"德寿"为名。后生金芝于左栋,改殿扁曰"康寿"。其宫中有森然楼阁,扁曰"聚远",屏风大书苏东坡诗"赖有高楼能聚远,一时收拾付闲人"之句。其宫籞②四面游玩庭馆,皆有名扁。东有梅堂,扁曰"香远"。栽菊,间芙蕖、修竹处有榭,扁曰"梅坡""松菊三径"。酴醾亭扁曰"新妍"。木香堂扁曰"清新"。芙蕖冈南御宴大堂,扁曰"载忻"。荷花亭扁曰"射厅""临赋"。金林檎亭扁曰"灿锦"。池上扁曰"至乐"。郁李花亭扁曰"半绽红"。木樨堂扁曰"清旷"。金鱼池扁曰"泻碧"。西有古梅,扁曰"冷香"。牡丹馆扁曰"文杏",又名"静乐"。海棠大楼子,扁曰"浣溪"。北有椤木亭,扁曰"绛叶"。清香亭前,栽春桃,扁曰"倚翠"。又有一亭,扁曰"盘松"。高庙雅爱湖山之胜,于宫中凿一池沼,引水注入,叠石为山,以像飞来峰之景,有堂扁曰"冷泉"。孝庙观其景,曾赋长篇咏曰:"山中秀色何佳哉,一峰独立名'飞来'。参差翠麓俨如画,石骨苍润神所开。忽闻彷像③来宫闱,指顾已惊成列岫。规模绝似灵隐前,面势恍疑天竺后。孰云人力非自然,千岩万壑藏云烟。上有峥嵘倚空之翠壁,下有潺湲漱玉之飞泉。一堂虚敞临清沼,密荫交加森羽葆。山头草木四时春,阅尽岁寒人不老。圣心仁智情

---

① 秦太师:秦桧。
② 宫籞(yù):帝王的禁苑。
③ 彷(fǎng)像:隐约。

幽闲,壶中天地非人间。蓬莱方丈渺空阔,岂若坐对三神山①。日长雅趣超尘俗,散步逍遥快心目。山光水色无尽时,长将挹向杯中绿。"高庙览之,欣然曰:"老眼为之增明。"后孝庙受禅,议德寿宫改扁曰"重华"御之。次宪明太皇后欲御,又改为慈福宫。寿成皇太后亦改宫扁曰"寿慈"御之。继后宫室空闲,因而遂废。咸淳年间,度庙临政,以地一半营建道宫,扁曰"宗阳",以祀感生帝②。其时重建,殿庑雄丽,圣真威严,宫闱花木,靡不荣茂,装点景界,又一新耳目,一半改为民居,圃地改路,自清河坊一直筑桥,号为宗阳宫桥,每遇孟享,车驾临幸,行烧香典礼,桥之左右,设帅漕二司,起居亭存焉。

太　庙

太庙在瑞石山,绍兴间建,正殿七楹十三室,二车十驾款谒礼后,又幸建康,改为圣祖殿,复奉神主还杭,仍复奉安于此。礼部太常寺遵典行郊禋礼。前一日,朝飨太庙,仍设七祀③板位于殿庑横阶之北,又设配飨文武功臣,自韩王赵普以下二十五位于横阶之南。后部寺奏请增建庙室,后东西增六楹,通旧十三楹为一室,东西二楹为夹室,及增廊庑作西神门,册宝殿祭器库屋,建斋殿及致斋濩子四十有四楹。咸淳添置一室,奉理庙神主,通为一十四室,皆正中。又筑二成之台,为祠宫升下,以奉神主出入之地。四祖庙在诸室之西,奉僖、顺、翼、宣四祖神主耳。每遇三年,以孟冬祫飨,即庙行礼,次诣诸室,

---

① 三神山:传说东海中仙人所居之蓬莱、方丈、瀛洲。
② 感生帝:古人认为王者之先祖皆感太微五帝之精以生,因称其祖所感生之帝为"感生帝"。
③ 七祀:周代设立的七种祭祀,见《礼记·祭法》。

恭行祀典。

景灵宫

景灵宫在新庄桥，投北坐西，乃韩蕲王世忠元赐宅基，其子献于朝，改为宫。向中兴初，高庙銮舆幸此，四孟朝献，俱于禁中行礼。绍兴年间，臣僚奏景灵宫以奉祖宗衣冠之所，即汉享庙也，今就便殿设位以飨，未副广孝之意，遂诏临安府同修内司相度，以蕲王宅基，修盖宫庙。殿门扁曰"思成"，前为圣祖庙，宣祖至徽宗殿居中，东西廊俱图配飨功臣像于壁，元天圣后与昭宪太后而下诸后，殿居于后。朝家欲再广殿庑，刘氏余地，其子孙复献，遂增建前殿五楹，中殿七楹，后殿十七楹，自是斋殿、进膳、更衣、寝殿，次第俱备焉。咸淳年间，再命帅臣重修各殿，度庙亲洒扁目，自圣祖、宣祖、太祖至理庙十六殿，曰天兴、天元、宣武、大定、熙文、美成、治隆、大明、重光、承元、瑞庆、皇德、系隆、美明、垂光、章熙之扁。自元天圣后至杨太后十五殿，曰保宁、太始、俪极、辉德、衍庆、继仁、徽音、坤元、柔仪、顺承、缵德、顺嗣、徽光、顺天、体德之扁。宫后有堂，自东斋殿西循庑而右，为大堂三，临池上，左右为明楼，旁有蟠桃亭，堂南为西斋殿，遇郊禋恭谢，设宴赐花于此；西有流杯堂、跨水堂、梅亭；北为四并堂，又有橘井修竹，四时花果亭宇，不能备载。宫南建崇禋馆，命道流以奉洒扫，晨香夕灯之职。仍设内侍官，提举宫事务，及宫司皇城兵侍卫之。按《朝野杂记》："太庙以奉神主，一岁五飨，朔祭而月荐，新其五飨。命宗室诸王奉礼，朔祭以太常卿行事。景灵宫以奉塑像，岁行四孟飨，主上亲祀之。帝后大忌，宰臣率文武官僚行香，僧道作法事，后妃六宫亦皆继往。天章阁奉绘像，时节朔望，帝后生忌日，皆遍荐，内臣行礼。内庭钦先孝思殿亦奉神御,主上每日炷香,凡朔望帝后忌辰节序,皆亲行酌献之礼。"太庙之祭,以行俎豆礼。景灵宫祭,以奉牙盘礼。天章阁、钦先孝思殿,以奉常馔,行家人之礼。

万寿观

万寿观,在新庄桥西。绍兴间建殿观宇,以太霄殿奉昊天,宝庆殿奉圣祖,长生殿奉长生帝,西则纯福殿,奉元命。后殿十二楹,为二十二室,奉太祖以下。会圣宫、章武殿应天璇运,皆塑像,以存东都遗制。前殿东有圆庙室扁曰"延圣",章惠后室扁曰"广惠",温成后室扁曰"宁华"。四孟庙献毕,上由御圃诣本观诸殿行烧香礼。景定改道院斋阁,以奉皇太后,元命观东建神华馆,命羽士[①]焚修。

御前宫观　东太乙宫

御前宫观,在杭城者六,湖边者三,多是潜邸[②]改建琳宫,以奉元命,或奉感生帝,属内侍提举宫事,设立官司守卫兵士。凡宫中事务,出纳金谷日膳,道众修崇醮款,凡有修整宫宇,及朝家给赐银帛,殿阁贴斋钱帛,并皆主计给散,羽士俱沾恩甚隆,外观皆不及也。

东太乙宫,在新庄桥南。元东都祠五福太乙神也。驻跸于此,以北隅择地建宫,以奉礼寺讨论,宜设位塑像。按十神者,曰五福、君基、大游、小游、天一、地一、四神、臣基、民基、直符。凡行五宫,四十

---

① 羽士:道士。
② 潜邸:皇帝即位前的住所。

五年一移，所临之地，岁稔无兵疫。绍兴间，命浙漕度地建宫，凡一百七十四区，殿门扁曰"崇真"，大殿扁曰"云休"，挟殿扁曰"琼章宝室"，元命殿扁曰"介福"，三清殿扁曰"金阙寥阳"，斋殿扁曰"斋明"，火德殿扁曰"明离"。两庑俱绘三皇五帝、日月星宿、岳渎九宫贵神等，与从祀一百九十有五，遵太平兴国旧制。每祀用四立日，设笾豆簠簋尊罍，如上帝礼，两庑以次降杀。车驾遇四孟朝飨，尝亲诣焉。孝庙又建元命殿，扁曰"崇禧"。淳熙建藏殿，扁曰"琼章宝藏"。钟楼扁曰"琼音之楼"。理庙建长生殿，奉南极。度宗建通真殿，以奉佑圣；中祐殿，奉元命；顺福殿，奉太皇。元命，盖易长生名，改为延寿，俱宸翰[①]也。又北辰殿，奉北斗。崇真馆在宫南，有斋八：曰观妙、潜心、泰定、集虚、颐真、集真、洞微、虚白。馆有小圃，亭扁"武林"，山在宫后小坡，山乃杭之主山也。

西太乙宫

西太乙宫，在西湖孤山。淳祐间，太史奏太乙临梁、益分，请用天圣故事，于国城西南别建新宫，以顺方向，于是择八角镇地，建宫奉安，遂析延祥观地为宫，以凉堂建正殿，扁曰"黄庭之殿"，殿门扁曰"景福之门"，安奉太乙十神帝像。东有延祥殿，以备临幸，其外扁曰"福祥之门"。凡宫之事仪，四立祀典，皆如东太乙例遵行。咸淳间，以德辉堂为元命殿，明应堂为太皇元命殿。迎真殿在宫之右，有斋者二，曰通真、养素。宫中旧有陈朝桧，至今七百五十余年矣。苏东坡尝为僧志诠作诗以记。侧有小亭，孝庙宸翰，其诗石刻于亭下曰："道

---

① 宸翰：帝王的墨迹。

人手种几生前,鹤骨龙姿尚宛然。双干一先神物化,九朝三见太平年;忽惊华表依岩出,乞与佳名到处传。此柏未枯君记取,灰心聊伴小乘禅。"

佑圣观

佑圣观,在端礼坊西,元孝庙旧邸,绍兴间以普安外第设立,光庙乾道年间,又开甲观之祥。淳熙岁,诏改为道宫,以奉真武。绍定重建观门,曰佑圣之观,殿曰佑圣之殿,藏殿扁曰"琼章宝藏",御制《真武赞》及宸翰《黄庭经》,皆刻之石以赐。后殿奉元命,西奉孝庙神御,即明远楼旧址也。孝庙少年时题杜甫诗曰:"富贵必从勤苦得,男儿须读五车书。"理庙又书全篇,锓于东宫厅屏风上曰:"碧山学士焚银鱼,白马却走深岩居。古人已用三冬足,年少今开万卷余;晴云满户团倾盖,秋水浮阶溜决渠。富贵必从勤苦得,男儿须读五车书。"延真馆在观之右,命道流修晨香夕炬之供。馆有道纪堂、虚白斋。

显应观

显应观,在丰城门外,聚景园之北,处湖之东,水四面绕观,观额宣和所赐。靖康年间,高庙为康邸,出使至磁州,神马引而南。建炎初,秀邸妻梦神指一羊谓曰:"以此为识。"遂诞毓①孝庙。由是累朝祠祀弥谨。殿中为显应之殿,其神位曰"护国显应兴圣普佑真君"。高庙为书殿扁,且揭以御名,昭其敬也。孝庙宸书"琼章宝藏"之扁,理

---

① 诞毓:诞生。

庙书《洞古经》以赐刻石,宁庙御题观碑,其额以表功忠。观之东有崇佑馆。

四圣延祥观

四圣延祥观,在孤山,旧名四圣堂。道经云:"四圣者,紫微北极大帝之四将,号曰天蓬、天猷、翊圣、真武大元帅真君。"元是显仁韦太后绘像,奉事甚谨,朝夕不忘香火。高庙为康邸,出使将行,见四金甲神人,执弓剑以卫。绍兴间,慈宁殿出财建观侍奉,遂于孤山古刹,徙之为观。次年,内庭迎四圣圣像,奉安①此观。观额诏复东都延祥旧名,殿扁曰"北极四圣之殿",殿门扁曰"会真之门",三清殿扁曰"金阙寥阳",法堂扁曰"通真元命",阁扁曰"清宁",皆理庙奎墨②。藏殿扁曰"琼章宝藏",孝庙亲墨。有堂扁曰"瀛屿",元是凉堂扁,建西宫,以堂为黄庭殿,别创新堂,以此扁奉之。观有瑞真道馆,即延祥观门也。

三茅宁寿观

三茅宁寿观,在七宝山,元三茅堂,因东都三茅宁寿之名,赐观额宁寿观,殿扁曰"太元",奉三茅真君像。观中有三神御殿。观中曾蒙赐三古器玩,皆希世之珍:一曰宋鼎,乃宋孝武帝之牛鼎,以祀太室之鼎;二曰唐钟,系大唐常州澄清观旧物,内庭出内帑③金帛易以赐之,禁中每听钟声,以奉寝兴食息之节;三曰褚遂良书小字《阴符经》,此

---

① 奉安:安置神像、神位。
② 奎墨:御书。
③ 内帑(tǎng):宫内收藏金帛的府库。

物宣取复赐贾秋壑[①]。观之外曰东山,为殿以奉元命。有亭扁曰"宾日",俯见日出。又有庵,扁曰"仁寿"。

开元宫

开元宫,在太和坊内秘书省后,元宁庙潜邸,为道宫。向东都有开元阳德观,以奉火德。嘉泰年,诏以嘉邸改充开元宫,仪制皆视佑圣观,扁曰"明离之殿",祀以立夏。又诏临安府即殿左别建皇伯宣明王殿,遂徙大宗正司他所,悉以址为宫,作宁庙神御殿。又有璇玑殿,奉北斗,易扁曰"北辰"。衍庆殿以奉真武,顺福、神佑二殿奉元命。皆嘉明殿奎画。宫北建阳德馆,以存修真之道侣。

龙翔宫

龙翔宫,在后市街,元理庙潜邸,旧沂靖惠王府,诏建道宫,赐名龙翔,以奉感生帝。大门扁曰"龙翔之宫",中门扁曰"昭符之门",殿扁曰"正阳之殿"。礼官讨论祀典,以正月上辛日,差侍从三献官等,升为上祀行礼,备牲牢礼料,用十二笾豆,设祭歌宫架乐舞,受誓戒,望祭斋宫行事,内牲牢依祀天地礼,例用羊豕,所有仪像服色制度,有灵体殿庑下画像可遵。朝议以龙翔宫奉感生帝,既属羽流,合用斋醮之法,其正月上辛日望祭,自如其旧,奉旨从之。宫之左曰福庆殿,以待车驾款谒,改为神御殿。正阳之后殿为醮殿。宫西奉南真,馆门曰"南真之馆";中门曰"启晨之门";三清殿扁曰"三境储祥";后殿扁曰

---

① 贾秋壑:贾似道。

"申佑",以奉元命;西曰顺福殿,以奉太皇元命;寿元殿奉南斗,景纬殿奉十一曜;钟楼扁曰"和应之楼",经楼扁曰"凝真之章";藏殿扁曰"琅函宝藏";小位次以备车驾宴坐,扁曰"仙源";羽士之室,扁曰"澄虚";内侍之舍,扁曰"泉石"。有高士三斋:曰履和、颐正、全真。

宗阳宫

宗阳宫在三圣庙桥东,以德寿宫地一半建宫,赐名以奉感生帝。盖此地前后环建王邸,又建庙毓圣①之所,天瑞地符,益大彰显,诏两司相度建宫,大门扁曰"宗阳之宫",中门扁曰"开明之门",正殿扁曰"无极妙道之殿",以奉三清;顺福殿奉太皇元命;三清殿后为虚皇之殿,直北有门,扁曰"真应之门",中建毓瑞之殿,以奉感生帝,后为申佑殿,奉元命。通真殿奉佑圣。自开明门内,左有玉籁之楼、景纬之殿、寿元之殿,右有栾简之楼、琼章宝书、北辰之殿,规制祀典,并视龙翔宫。行常以原飱回归,行款谒礼。有降辇殿,曰福临之殿,门曰福临殿门,进膳殿曰端拱。后有轩,扁曰"劲霜";有圃,建堂二,曰志敬,曰清风。亭扁曰"丹邱元圃"。亭之北凿石池,堂扁曰"垂福",后曰"清境"。圃内四时奇花异木,修竹松桧甚盛。宫西有介真馆,堂曰大范、观复、观妙,斋曰会真、澄妙、常净,俱度庙奎藻②。

---

① 毓圣:皇帝诞生。
② 度庙奎藻:宋度宗的诗文书画。

梦粱录卷九

三省枢使谏官

三省：即尚书省、中书省、门下省。枢密院，国初循唐旧制，置院于中省之北，今在都堂东，上为枢属列曹之所。盖枢密使率以宰臣兼领，自知院以下，皆聚于都堂治事。省院在和宁门北首，旧福宁寺也。枢密院后建经武阁，系藏经武要略之文。中省门下后省，在都堂后。谏院在后省之西。检正左右司在谏院之右向东。承旨检详编修，在枢密院。三省枢密院监门，大门之南。三省枢密院架阁，在制敕院后。御史台，在清河坊内，北向，盖取严肃之义，内有朝堂，即台厅也。自绍兴来，未尝置对。有属台臣①谳问②，则刑察就听于大理寺问罪矣。

---

① 台臣：宰辅重臣。
② 谳（yàn）问：审案。

六 部

六部，在三省枢密院之南。部之中堂名曰"论思献纳之堂"。吏部掌天官，依唐制，以文武有官人，分左右铨选名之：尚左、尚右、侍左、侍右、司封、司勋、考功凡七司，以掌文武注授到部推赏等事。户部，名为地官，又称民部。掌天下州郡财赋，得财用耗而复衍，仓廪虚而复实之事。礼部，谓之春官。掌礼仪，讨论典故，讲习典礼。大朝聘礼、庆贺朝仪、生辰圣节、元旦、冬至、朝会、郊祀、明堂、合祀、天地、祖宗、典策、秋享、祭祀、社稷、封赐、祀典、祠庙、功臣勋烈配享，及赐家庙祭器等事。兵部，谓之夏官。掌兵伍、厢军、武举、投试武艺、金吾街仗人司兵，及大将出征、告庙、破贼、露布、卤簿、字图，若番夷属户，授官封爵等事，及天下地图、堡寨、烽堠，番夷归服内附皆掌之。又称驾部，掌辇辂车乘、厩牧杂畜、乘具传驿之政。令辨其出入之数。再名库部，掌军器、仪仗、卤簿、法式、随军攻城什物，及供帐之事。是为四司主掌也。刑部，谓之秋官，掌邦典之重轻，民讼之疑惑，重刑之出入，官僚之宪谳，皆主之。盖民不问大小生死事体，所系四方讼刑，得其平直，发于天庭，以称其职。唐制刑部分为四司：曰刑部，曰都官，曰比部，曰司门是也。工部，谓之冬官，掌工役程式，及天下屯田、文武官职田、京都衢关苑囿、山泽草木、畋猎渔捕、运漕碾硙[1]之事。唐制名为四司：曰工部，曰屯田，曰虞部，曰水部，一皆所总也。

---

[1] 碾硙（wèi）：利用水力启动的石磨。

六部监门

六部监门,在六部大门之左,凡所掌之事,隶于六部,部门受其出入之时,以听上稽访。门之司存,盖至是而愈重矣。奉行列曹之命,以正胥吏之失,赞长贰之惩决,以遵长官之意耳。六部架阁,其库在天水院桥,掌六曹之文书,主二十四司之案牍,故官置库掌其架阁,皆无失误矣。

诸 寺

太常寺,在罗汉洞,掌奉常礼仪,讨论典故、祭器、太常、乐器等事。寺内有昭勋崇德阁,阁上绘像文武功勋大臣,自忠献赵韩王普以下二十五人于其上也。宗正寺玉牒所,在太庙南。玉牒建局,以宰臣提举从官兼修撰。宗正卿少以下,悉预修《宗藩庆系录》《仙源积庆图》等书。检讨官亦以他职兼耳。大理寺,在仁和县西,设卿、少丞、簿、评事、司直之官,及治狱都辖推吏等。家属皆居于寺内,以严出入之禁。掌朝廷刑棘廷尉之职,按法断刑,治狱推劾等事。司农寺在保民坊内。国制以户部掌国计,而司农列卿、少丞、簿赞之,如诸州府县道每年上供,及宰执百官军粮宣限米斛,皆委专官,吏卒下各路州县坐征,以应宣限支用也。太府寺,在保民坊内,系《周官》职。总局二十有四,如诸军诸司粮审四院,左藏二库,买务卖场及编奎两司,和剂惠民四局,祗候钞引院,皆属掌矣。

秘书省（国史敕令附）

秘书省在天井坊之左。东都建于禁中。绍兴间，以殿司寨基建。省有殿扁，曰"右文之殿"。秘阁在殿后，专奉御书制书画古器等，两庑列累朝制书，石刻。国史实录院在殿东，提举官阁在殿西。道山堂在阁后。东西二阁，监少之位；丞簿馆职阁，列于两廊堂之前。著作之庭，在堂后，有小轩，置石刻东坡画竹于中。西有四阁，著作、著佐之位，《国史》《日历》所在。著作庭东庑，有汗青轩，编纂《会要》所在。著所庭西庑：《日历》《会要》库，经史诸子书籍库，共七库，俱列于殿外。东西两庑书列库在著作庭之右。后圃有群玉堂，以东坡画竹真迹为屏。有蓬莱亭，前为凿池，度以石桥，池上叠石为山。又有亭者六，扁曰芸香、席珍、方壶、含章、茹芝、绎志。次有射圃矣。含章亭后，有浑仪基，乃太史推占星象之用也。敕令所在侍郎桥南，专为详定编修诸司敕令，盖谨法度，广贤才耳。

诸 监

国子监，在纪家桥太学之侧，设祭酒、司业、丞、簿等官，专掌天子之学校，训导生员之职。总掌国子太学事务，生员出入规矩，考课试遵训导，天子视学，皇太子齿胄，则讲议释奠等礼也。监厅绘《鲁国图》。东西为丞簿位，后有书库官位。中为堂，绘《三礼图》于壁。用至道故事。有圃亭，扁曰"芳润"，丞钱闻诗扁以隶古。书板库在中门内。将作监，在保民坊，设监、少丞、簿，掌计料监造，官司营房舍屋皆隶焉。盖汉制将作大匠，沿袭秦官，亦少皞氏以五雉为五工正，以利器用,唐虞共工,《周官·考工》之职也。军器监,在保民坊,监有长贰、丞簿之官。率属治与《唐六典》建官不殊,掌制造御前军器。别置提举、提辖等官莅其役。近年专委殿岩,而监制本监益以省也。

大宗正司

大宗正司,在天庆坊内,以魏宪惠王府旧址筑之,掌亲属宗庙之事,自汉、魏、隋、唐迄于宋,因而不改,以皇族官位高有德望者领之,又以本族尊属为判本司,又增同知以为之辅。宗司有阁,扁曰"属籍之阁",于以见宗属蕃衍盛大而已。

省　所

茶盐所、会子所、公田所、封桩安边所,并在三省大门内。职以都司官兼提领。旧有安边所,创于嘉定初,专充拘推簿录家产。更有市榷所、牙契所,后因吏胥蠹弊,走卒繁扰,遂废其名,拨入封桩所以并掌之。今又创市舶所,官府察见吏奸,亦行省罢矣。

六院四辖

登闻检院、鼓院,始建于和宁,继移于丽正左右阙庭("庭"作"亭")之南,左检院,右鼓院。按唐旧制,设四匦以通下情,名曰崇仁。司谏申明,招贤遵体,以使四方贤才,便其上达。都进奏院,在朝天门外,掌邦国传送之事,以钤辖诸道传递官兵,则《周官》行夫其职也。官告院,在部门之北。士大夫自一命以上,至于公卿王爵;军卒一资以上，至于节钺，告命皆隶院给之。如文则吏部，武则兵部。宗戚及命妇，司封属之；考校勋绩，司勋掌之。凡四司，皆集本部出诰耳。元丰改制，俱悉吏部行文武告命钞，而蕃官隶兵部。自后皆归吏部右选。文思院，在北桥东。京都旧制，监官分两界：曰上界，造金银珠玉；曰下界，造铜铁竹木杂料。然两界监官廨舍，毋得近本院邻墙并壁居，所以防弊欺也。但金银犀玉工巧之制，彩绘装钿之饰，若舆輋法物器具等皆隶焉。诸司诸军粮料院，在洋沙坑七官宅废屋。诸司诸军察计院，在保民坊内旧马军教场基置院。且如粮料院者，乃诸司诸军仰上之禄均也，尤不可不严，设官置吏，欲其专心致意，支拨无差失。审计院者，自宫禁朝廷百僚以下，至于内侍御士，及于诸军兵卒，凡赋禄者，以式法审其名数。而其辟召者，惟郊礼赐缗已。乃审禄有疑予，则诏以法。凡四方之计籍，上于大农，则逆其会。凡有司议调度会赋，出则谳焉。榷货务、都茶场，通在桥东。盖国初循唐制，旧以九路之漕，自达于淮，去则货茶，回则转盐。诸路留而庚之。官纳钞引，以便商贾。但钞引之法通行，则设官专职主之。课衍事繁，官曹之选，于斯重矣。杂买务、杂卖场，在榷货务内。唐制谓之"宫市"，宋初为"市买司"。太平兴国年，方更名杂买务。奉禁中买卖，而平其直。南渡后，合局于此。凡宫禁月料，朝省纸札，文思制造，和剂修合，封桩所积，编估以时其直，打套以籍其数，而就售焉。又置提辖，以总其务耳。左藏库，有东西二库，在清湖桥。又韩蕲王所献赐第基建库。东库则掌币帛绵绸①之属，西库则掌金银泉券彩纩之属。盖朝廷用度，多靡于赡兵。蜀、湖之饷，江、淮之赋，则归于四总。领饷诸屯军，则东西两库，岁入绢计者率百四十万，以缗计之率一千万，给遣

---

① 绵绸（shī chóu）：粗质丝织品。

大军,居什之七;宫禁百司禄赐裁三。有非泛浩繁之费,则请于朝,往往出内帑桩,以补其阙耳。封桩上库,在三省大门内。封桩下库,在左藏库中门。安边太平库,在下库南。盖封桩上库,肇于孝庙之时,以备缓急支拨。又徙户部钱物隶本所,则有上下库之别。上库窠名者曰折帛,总制增盐三分,盐袋增额,不排办人使。下库窠名者曰煮酒酒息、营田盐场、芦柴坍江、江沙田额、五厘关子,为数五夥。中因文移,缓弊罅多,诸郡纲额,亏数甚矣哉。

三　衙

殿前司,在凤凰山八盘岭中,置衙。有御书阁、凝香堂、整暇堂。山之上为月岩,有亭扁曰"延桂",最高处曰介亭。崖石嶙峋。亭之后为冲天楼,极高,江海湖山奇伟之观。侍卫马军司,移屯建康,以行司边帅兼领。元有帅衙在保民坊内,改为寺监公宇。侍卫步军司,在铁冶岭西。衙有御书阁、湖山堂、锦绣楼、相公井。

阁　职

阁门,在和宁门外,掌朝参、朝贺、上殿、到班、上官等仪范。有知阁、簿书、宣赞,及漠门祗候、寄班等官。四方客省馆,在东华门北。客省者,掌收接圣节建奉香及贺表,外国使人往来接伴①之礼。四方馆者,掌收接诸州府郡朔望正冬②贺表,及大礼贺表等事。御前忠佐

---

① 接伴:接待。
② 正冬:冬至。

军头引见司,在文思院后,有内等子营。以正厅知阁提点幕官,以大使臣为干办司官。

监当诸局

　　车辂院,在嘉会门外,置库安玉辂及平等车。制造御前军器所,在礼部贡院之西,改隶殿司所,管工役每季所制器纳内库。万全三指挥。东西作两营,在所之东北。编估打套局,在左藏库门内。惠民利剂局,在太府寺内之右,制药以给。惠民局,合暑腊药以备宣赐。太平惠民局,置五局,以藏熟药,价货以惠民也。南局在三省前,西局众安桥北,北局市西坊南,南外局浙江亭北,外二局以北郭税务兼领惠民药局收赎。草料场,在天水院桥西,有厫①十眼,受畿内所输稻麦豆,以给骐骥、御马二院,及宰执三衙之马。合同场,在过军桥之下,掌茶盐钞引合同。会子库,在榷货务,置隶都茶场,悉视川钱法行之。以务门兼职,以都司官提领。日以工匠二百有四人,以取于左帑,而印会归库矣。造会纸局,在赤山湖滨。先造于徽城,次成都,以"蜀纸"起解。后因路远而弗给,诏杭州置局于九曲池,遂徙。于今安溪亦有局,仍委都司官属提领。但工役经定额,见役者日以一千二百人耳。交引库,在太府寺门内。专印造茶盐钞引,遂请丞簿金押。法物库,在梅家桥北,掌祭祀法服、朝服、冠珮、带舄,及大礼明禋旗幡衫袍等。内侍领其职。度牒库,在油车巷。掌僧道二流承恩敕牒。市舶务,在保安门外瓶场河下。凡海商自外至杭,受其券而考验之。又有新务,在梅家桥北。司农排岸司,在前洋街。掌拘卸诸州郡宣限纲

---

① 厫(áo):库房。

运,检察搜空,而絷其不登数者。三省枢密院激赏钱库,在俞家园。激赏酒库,在钱塘县南。左右骐骥二院,在漾沙坑。两院以马二十四匹为额。每月朝参,各院以御马三匹,至和宁门立于南向,朝罢回院。象院,在嘉会门外。御马院养喂安南王贡至象三豢①。左右骑御直,在七官宅山上。左右教骑营,在丽正门左右。御马院使臣营,在嘉会门外。牛羊司,在榷货务后,掌御膳及祭之牲。有涤宫,在六和塔之南。

诸　仓

省仓上界,在天水院桥北,其廒有八眼,受纳浙右米,以充上贡及宰执百官亲王宗室内侍。仍支给王城班直省部职员。省仓中界,在东青门外菜市塘,有廒三十七眼,皆受纳浙右苗纲经常和籴公田桩积等米,以供朝家科支、农寺宣ús。凡诸军、诸司、三学,及百司、顾券、诸局工役等人皆给焉。省仓下界,在东仓铺。创于旧址,极广袤。朝家更修,乃折三之二,建廒厅八十眼。丰储仓,在仁和县侧仓桥东,以公田浩瀚,诸仓不足以受纳,以丰储增创,成廒百眼。丰储西仓,在余坑门外佐家桥北,其廒五十九眼。端平仓,在余杭门外德胜桥东。元储漕籴,后归农寺,苴以京局官而领之。咸淳重修,有木榭,扁曰"介然",盖取太仓箴语,而并箴刻于石。有廒五十六眼。淳祐仓,在余杭门内斜桥南。元创以储米籴于帅司,其后朝家拨支赈粜百姓,自后付农寺以给诸军诸司。有廒一百眼。平粜仓,在仙林寺东,创以储临安米,今农米皆入焉。咸淳仓,在东青门内后军寨北。议增建廪,以储

---

① 象三豢(juàn):三头象。

公田岁入之米。买琼华废圃,及以内酒库柴炭屋掌于帅司,建仓廒一百眼,岁贮公田米六百余万石。凡诸仓支纳下卸,自有下卸指挥兵士,遇月分支遣,皆至祗役。叉袋①自有赁者应办。如遇支界日,仓前成市,水陆壅塞。诸军校给打诸粮,不许顾人搬担,须亲于廒中肩出仓外。此祖宗立法如此。

内司官

内侍省:知省、都知、御带、御药、苑使、门司、殿长、濩长、内辖、内监丞、受随都知、下都监、仪令、上名、扶持直掌、权苑提举、提辖、御前诸宫观提点、皇城司、御辇马、御马院兼提举、诸内司、库藏司所等处。更有听唤一百员,团练四员,两攒宫宫使、随父指教小直殿一百员。内宫散祗候,不记多数,各有所辖职名、主管事务。

内诸司(奉安)

皇城司:禁卫所、符宝所、主管大内钥匙库、御药院、内东门司、内通进司、御前军器库、睿思殿库、内藏库、奉宸库、内军器库、南廊库、安放库、生料库、果子库、香药库、进奉库。殿中省:后苑、御膳所、御厨、六尚局、翰林司、仪鸾司、八作司、修内司、御前内辖司、东西库、南北库、甲仗库、法物库、蜜煎库、内司纲房、青器窑、内司备内库、御前应奉所、万寿香(一作"宫")所、御服所、裹御所、丝帛所、腰带所、八作司、意思房、灯局、御马院、教乐所、天章阁、乐器库、翰林书艺局、道场

---

① 叉袋:袋口成叉角的麻袋或布袋。

库、祗候库、御醋库、主管往来国信所。东库：御辇院、车辂院、皇城辇宫营、骐骥院、教骏营、骑从马院、象院、大辇院、内辖司、濠寨司、织染所、奉安所、御酒库、主管翰林医官局、太医局、合同凭由司、良马院、使臣院、快行营、黄院子营、皂院子营、轻鞚库。外库：御前诸宫观官、太庙营、景灵万寿宫、老儿营、慈元殿库、皇后殿库、吴益国位库、淑妃昭容修仪美人才人诸位库。以上并是内侍官兼职提点、提举等职。外有皇城司、御马院、象院，系知澩御带环卫官兼领干办之职。其余外库院干办之官，系右选官领其职也。

梦梁录卷十

诸官舍

左右丞相、参政、知枢密院使签书府，俱在南仓前大渠口。侍从宅，在都亭驿。东台官宅，在油车巷。省府官属宅，在开元宫对墙。卿监郎官宅，在俞家园。七官宅，在郭婆井。五官宅，在仁美坊。三官宅，在潘阆巷。十官宅，在旧睦亲坊。六房院，即后省官所居处，在涌金门东如意桥北。五房院，即枢密院诸承旨所居处，在杨和王府西也。

府　治

临安府治，在流福坊桥右，州桥左首。亭扁曰"奉诏亭"，右首亭扁曰"迎春"，左入近民坊巷。节推、察判二厅。次则左司理院，出街右首则右司理院、府院及都总辖房。入府治大门，左首军资库与监官廨，右首帐前统制司。次则客将客司房，转南入签厅。都门系临安府及安抚司金厅，有设厅在内。金厅外两侧是节度库、盐事所、给关局、财赋司、牙契局、户房、将官房、提举房。投南教场门侧曰香远阁，阁后会茶亭,阁之左是见钱库、分使库、搭材、亲兵、使马等房。再出金厅都门外,投西正衙门俱廊,俱是两司点检所、都吏职级平分点检等房。正厅例,帅臣不曾坐,盖因皇太子出判于此,臣下不敢正衙坐。正厅后有堂者三,扁曰"简乐""清平""见廉"。堂后口听雨亭。左首诵读书院。正衙门外左首曰东厅,每日早晚帅臣坐衙,在此治事。厅后有堂者四,扁曰"恕堂""清暑""有美""三桂"。东厅侧曰常直司,曰点检所,曰安抚司,曰竹山阁,曰都钱、激赏、公使三库。库后有轩,扁曰"竹林"。轩之后室,扁曰"爱民""承化""讲易"三堂,堂后曰牡丹亭。东厅右首曰客位,左首曰六局房,祗候、书表司、亲事官、虞候、授事等房而已。府治外流福井,对及仁美坊,三通判、安抚司官属衙居焉。府治前市井亦盈,铺席甚多。盖经讼之人,往来骈集,买卖要闹处也。

运司衙

西浙运司衙,旧在双门北,为南北二厅,今迁丰豫门南渡子桥西普安桥,为东西二衙:曰东衙,有宽民堂、福星楼、节爱堂、振襟堂;堂侧建别榭曰西衙,有周咨堂、公生明堂、绣春堂、仁惠堂。堂后栽修竹而围之。运司金厅、提领犒赏酒库所,俱在运司衙门。主管文字、干办公事,在俞家园。主管帐司厅,在戒子桥之北。

后戚府

昭慈圣献孟太后宅,在后市街。显仁韦太后宅,在荐桥东。宪节邢皇后宅,在荐桥南。宪圣慈烈吴太后宅,在州桥东。成穆郭皇后宅，在佐圣观后。成恭夏皇后宅，在丰乐桥北。成肃谢皇后宅，在丰禾坊南。慈懿李皇后宅，在后市街。恭淑韩皇后宅，在军将桥。恭圣仁烈杨太后宅，在漾沙坑。寿和圣福谢太后宅，在龙翔宫侧。全皇后宅，在丰禾坊南。其后戚宅，元各赐家庙五室，及祭器仪物。每四孟祭享，官给以御厨兵治祭馔，太常寺差奉常官行赞相礼，仍差主管官影堂使臣及兵级守之，以子孙世领祠事。

诸王宫

吴王府，在后洋街。益王府，在新桥。秀安僖王府，在后洋街。汉王府，在西桥。庄文太子府，在井亭桥。沂靖惠王府，在清湖北。景献太子府，在铁冶岭。荣文恭王府，在佑圣观桥东。周汉国瑞孝长公主府，在左藏库西。各赐家庙祭器、岁时祭礼，及影堂使臣、主奉官兵级等，循戚宅例制行之矣。

家　庙

忠烈张循王府，在清河坊，赐庙祀。循王以上五世祖，颁祭器法式，听其自造，仍差主管一员、影堂使臣二员、兵级二十七名，以子孙带领祠事。忠武韩蕲王府，在前洋街，赐庙祀，颁祭器，惟赐铜爵勺各一，余竹木颁图式，听其自制，一应事仪如前制行。忠勇刘鄜王府，在明庆寺南，建庙赐祭器并如前式。忠烈杨和王府，在洪桥清河坊，赐家庙与祭器，下将作监造以赐，岁时行礼，官给厨兵，太常遣赞相以奉常，余皆如前制行。太傅平章魏国公贾秋壑，按旧典赐第及家庙，在葛岭集芳园，改建庙，奉五室同宇以飨，四孟月祭器，皆尚方所赐。凡点领官吏,洒扫兵士,与花果,月颁之。隶版曹及京兆府,如在京赐诸勋功庙仪式奏行。

馆　驿

樟亭驿,即浙江亭也,在跨浦桥南江岸。凡宰执辞免名,出居此驿待报矣。向有白乐天先生往驿访杨,旧曾赋诗曰:"往恨今愁应不殊,题诗梁下又踟蹰。羡君犹梦见兄弟,我到天明睡亦无。""夜半樟亭驿,愁人起望乡。月明何处见,潮水白茫茫!"北郭驿亭在余杭门外北郭税务之右,都亭驿在候潮门里泥路西侍从宅侧次,为馆伴①外国使人之地也。

本州仓场库务

镇城仓、常平仓、糯米仓,俱在余杭门外师姑桥。盐事所、都盐仓,在艮山门外。天宗盐仓,在天宗水门内,所辖诸盐场十有二:曰汤镇、仁和、许村、盐官、南路、茶槽、钱塘、新兴、蜀山、岩门、上管、下管等场。又新兴以下五场,西兴、钱清二场皆隶。交木场,在龙山。抽解竹木场,在浙江亭北。又三场在江涨桥南余杭、塘上、西溪三路也。城内外场共二十有一处,以便诸官厅及民庶排日发卖。铁场、炭场、船场、铸冶场,在东青门外北。瓶场、籴场,在余杭门外。卖酒局,在丰储仓边家渡之东。交钱局,在府治后。都钱库、激赏库、军资库、常平库、公使钱库、公使酒库、甲仗库、书版库、公使醋库,俱在州衙内。

---

① 馆伴:以馆伴的身份陪伴。

回易库，在荐桥北。外有公使醋子库。于城内外十有一库耳。或自沽卖，止日纳息钱于点检所。楼店务，在流福桥北，有官设吏令宅务合于人员，收检民户年纳白地赁钱。税务凡五处，名曰都税务、浙江税务、龙山税务、北郭税务、江涨税务。但州府虽有税务之名，则朝家多有除放，以便商贾。诸货壅于杭城。其都作院在白鱼池之侧，运司亦有木税场，在杭城外共八场也。船场与架阁库，俱在荐桥门外。提领犒赏酒库所，在楼店务之侧。

点检所酒库

点检所官酒库，各库有两监官，下有专吏酒匠掌其役。但新、煮两界，系本府关给工本，下库酝造，所解利息，听充本府赡军，激赏公支，则朝家无一毫取解耳。曰东库，清、煮俱为一，在崇新门里，有酒楼，名之曰"太和"，废之久矣。曰西库，又名金文正库：清界库，在三桥南惠迁桥侧；煮界库，在涌金门外，有酒楼，扁之曰"西楼"。南库，元名升阳宫：煮界库，在社坛南；新界库，在清河坊南，酒楼扁之曰"和乐"。北库：煮界库，在祥符桥东；清界库，在鹅鸭桥东，酒楼扁之曰"春风"。曰中库，在众乐坊北，造清界，有酒楼扁之曰"中和"；煮库，在井亭桥北。曰南上库，呼为银瓮子库：煮酒库，在东青门外；造清界库，在睦亲坊北，酒楼扁之曰"和丰"。南外库：造清界库，在便门外清水闸；造煮界库，在嘉会门外，名之曰雪醅库。北外库：造煮界库，在江涨桥南；清界库，在左家桥北，酒楼扁之曰"春融"。西溪库：清、煮两界俱在九里松大路，乃一门分两库耳。天宗库：造清界，在天宗水门里；煮界库，在余杭门外上闸东。赤山库：造清界库，在赤山教场；煎煮库，在左军教场侧。崇新库，清、煮两界俱在崇新门外。徐村库，在六和塔南徐村市中。其诸库皆有官名角妓,就库设法卖酒,此郡风流才子,欲买一笑,则径往库内点花牌,惟意所择,但恐酒家人隐庇推托,须是亲识妓面,及以微利啖之可也。又有九小库,如安溪、余杭、奉口、解城、盐官、长安、许村、临平、汤镇。史有碧香诸库。如钱塘门外上船亭南名为钱塘正库,有楼,扁曰"先得"。钱塘县前名钱塘前库。鹅鸭桥北曰北正库,正在醋坊巷口也。西桥东曰煮碧香库。礼部贡院对河桥西曰藩封栈库。外有藩封正库,在常州无锡县,并隶临安府点检酒所提领耳。

安抚司酒库

安抚司所管一道酒库,如余杭县闲林酒库,石濑步东西二酒库,临安县青山、桃源二酒库外,有安吉州德清县市名为德清正酒库,五林闹市处曰德清东西二酒库,安吉州归安县曰琏市东西二酒库,嘉兴府华亭县曰上海酒库。

厢禁军

临安居辇毂下,盖倚以为重,武备一日不可弛阙,而守帅所统,则建炎之旧制。至防隅一军,又必藉禁卫之士,别为部伍。三衙之兵,亦听帅臣节制,以倡率之。姑以兵制、军号,一一述之,使知兵卫各有所统耳。曰东南第三将,自太祖朝分隶驻札,寨在东青门内,元管十指挥。后拨威果二十八指挥、雄节九指挥于平江外,见存者威节第一、第四、第五、第六指挥,雄节第八、第十六指挥,全捷第二、第三指挥,共统八指挥军也。曰京畿第三将,元系东京畿县陈留、雍邱、尉氏、鄢陵、阳武屯驻兵，后刘俊统率来捕，陈留存留。驻札营在东青门里，所统武骑两指挥，勇广四指挥，广捷三指挥，忠节水军，骁猛、神威、雄勇、雄威各管一指挥，效忠三指挥，共统十七指挥军也。曰兵马钤辖司马兵，勇节、威果、全捷三指挥，宿州龙骑、归远二指挥，因讨睦寇留屯，隶钤辖司所管矣。曰厢军，崇节、捍江、修江、都作院、小作院、清湖闸、开湖司、北城堰、西河、广济、楼店务、长安、堰闸、秤斗务、北城、鼓角、匠横、江水军船务、牢城，各指挥兵士计一万五百八十七名之额。曰城东、城西、外沙、海外、管界、茶槽、南荡、东梓、上管、赭山、仁和、盐官、黄湾、硖石、奉口、许村巡检司十六寨，计兵卒一千三百四十四名之额。

防隅巡警

临安城郭广阔，户口繁夥，民居屋宇高森，接栋连担，寸尺无空，巷陌壅塞，街道陕小，不堪其行，多为风烛之患。官府坊巷，近二百余步，置一军巡铺，以兵卒三五人为一铺，遇夜巡警地方盗贼烟火，或有闹炒不律公事投铺，即与经厢察觉，解州陈讼。更有火下地分，遇夜在官舍第宅名望之家伏路，以防盗贼。盖官府以潜火为重，于诸坊界置立防隅官屋，屯驻军兵，及于森立望楼，朝夕轮差，兵卒卓望，如有烟焰处，以其帜指其方向为号，夜则易以灯。若朝天门内，以旗者三；朝天门外，以旗者二；城外以旗者一；则夜间以灯如旗分三等也。曰东隅，有望楼在柴垛桥都税务南；曰西隅，有望楼在白龟池；曰南隅，有望楼在吴山至德观后；曰北隅，有望楼在潘阆巷内；曰上隅，有望楼在大瓦子后三真君庙前；曰中隅，有望楼在下中沙巷蜡局桥东塽①;曰下隅,有望楼在修文坊内;曰府隅,有望楼在府治侧左院墙边;曰新隅,在长庆坊。曰新南隅,在候潮门里东;曰新北隅,在余杭门里;曰新上隅,在侍郎桥东皮场庙侧;曰西南隅,在寿域坊仁王寺前;曰南上隅,在丽正门侧仪鸾司相对;曰城西隅,在钱湖门外清化桥;曰城北上隅,在北郭税务桥;曰东北下隅,有望楼在北新桥北;曰钱塘隅,有望桥在水磨头放生亭后;曰新西隅,在九里松曲院路口;曰海内隅,在浙江亭南油局;曰外沙隅,在候潮门外外沙巡司;曰城东隅,在新门外城东巡司;曰茶槽隅,在东青门外茶槽巡司。如遇烟焰救扑,帅臣出于地分,带行府治内六队救扑,将佐军兵及帐前四队、亲兵队、搭材队,一并听号令救扑,并力扑灭,支给犒赏;若不竭力,定依军法治罪。

帅司节制军马

浙西安抚司节制殿步两司军校,虽系帅司节制,元无统属,遇有速欲调遣及救扑烟焰,须伺朝旨调遣,常不及事,遂请于朝省得旨,行下殿步两司,各差官兵千人,各委统制官二员带行,正任兵马钤辖都监,及添差兵马钤辖副都监职任,于城内四壁置隅,以备调遣。复请朝堂,欲再于殿步二司差军兵分任城外四壁防虞之责,遂行下各司再选精军三百人,各以统制官二员,仍带本州钤辖路分之职分任也。并照城内四壁约束,俱隶帅司节制。自后两浙运司申朝得旨,令分官城内外四壁军兵通行节制,以便救扑。且如防虞器具、桶索旗号、斧锯灯笼、火背心等器具,俱是官司给支官钱措置,一一俱备。遇有救扑,

---

① 东塽(tù):桥东。

百司官吏,俱整队伍,急行奔驰驻扎遗漏地方,听行调遣,不劳百姓余力,便可扑灭。如宰执帅漕殿步帅臣间到地面指挥救扑,百司官吏亦各诣所隶官司守局以备不测。其修内司搭材等兵级,亦同内侍分头救灭。或火势侵及官舍戚里之家,及焰烬畏威有伤百姓屋庐,内庭累令天使驭马,传宣诸司帅臣,速令将佐兵士扑灭,毋致违慢,如有违误,定行军法治之。帅漕二司遇行救扑,官舍钱买水浇灭,富室豪户亦喝钱助役。军士尽力扑灭,不致疏虞。若救火军卒重伤者,所司差官相视伤处,支给犒赏,差医胗①治。

---

① 胗:同"诊"。

梦粱录卷十一

诸山岩

大内坐山,名凤凰,即杭客山也。庙巷山名吴山,又曰胥山。上方多福寺,名七宝山。山前连者,谓之宝莲山。进奏院后,名石佛山。太庙后,名瑞石山。妙果尼寺前,名金地山。漾沙坑小山名茆山、浅山。宝月寺前名宝月山。八眼井前名峨眉山、草场山。御厨营山谓之宝山。孝仁坊名清平山。府治名竹园山,秀峰诸山一脉耳。丰乐桥南有狗儿山,此古老相传称之,而实无山迹。东太乙宫后圃内有小土山名虎林山,建亭在其上,扁曰"武林",即杭之主山也。城南冷水峪上名曰包山,有桃花关,多贵官园圃,春间桃花数里,艳色如锦,杭人游宴甚夥。嘉会门外洋泮桥南名龙山,又曰天龙山。山西名月轮、大慈二山,低处名马鞍、五云等山。铁井栏谓之定山、秦望山、浮山。范村北乡名排山。杨村名崛山。巫山头名庙山,又谓之禄山。水乐洞前名南高峰山。九里松名灵隐山、灵茆山、仙居山。灵隐寺后山名北高峰山,寺前名飞来峰、白猿峰、稽留峰、月桂峰、莲华峰、涟岩、巉岩。灵鹫寺右青林岩、理公岩。灵隐山南名葛坞、朱墅、女儿山、玉女岩、龙井山、云栖山。范村诸坞山。西湖堤上名孤山,乃林和靖先生隐居处，其山耸立，傍无联附，为湖山之绝胜也。钱塘界有粟山。县旧治南名巨石山、石甑山。寿星寺后巾子峰山。大佛寺名大佛石山。张真君行宫前名霍山。兴教寺后曰南屏山，其山怪石耸秀，中穿一洞，上有石壁如屏障，可爱，司马温公书《家人卦》刻之于石，见存其迹矣。净慈寺对山名雷峰寺山，后有慧日峰山、龙井山，侧名鸡笼山。高丽惠因寺前名赤山。更有一峰耸出，众山缭绕，古木列垂，森翠难描，谓之玉岑山也。报德寺有山名鸦鸡峰。无垢院有一峰如笔，卓然而立，故名卓笔峰。大麦岭后花家山，又名蛇山。放马场侧灵石山、东山，又名仙姑山。王家桥试院后名西观音山、秦亭山、石壁山。西溪：龙门山。长寿乡：大悲山坞。崇化乡：观山、黄社、茆涤、杨梅等山。城东北有：临平山、桐扣山、赤岸山、皋亭山、青龙山、母山、佛石山、石膏山、大婆山、白严山、方山、苎山、杨山、唐峰山、近山、大遮山、鸟尖山、饮马山、安乐山、石壁山、龙驹山、法华山。仁和县界东北有黄鹤山。永和等乡超山。亭市龙珠山、大旗山、南北南鲍山、玉峰山、洛山、峨眉山、乌头山、姥独山、赭石山、马嗥山。其余七县，山脉缭复，峰峦巍峨，周围数百里，难以尽述矣。虎头岩在钱塘门外，介于宝岩定业寺后山。葛澧《钱塘帝都赋》云："岩则虎头。"故老传云："此山旧有岩石突出，如虎头形，吴越钱王纳土后，奏有望气，云杭州西湖有虎头形胜，遂命匠凿去其形。"两赤县有名岩者，如连岩、青林岩、理公岩、玉女岩、象鼻岩、佛手岩。

岭

八蟠岭，在大内后。殿司衙山上万松岭，在和宁门外孝仁坊西岭上，夹道栽松，今第宅内官民居，高高下下，鳞次栉比，多居于上。白乐天《夜归赋诗》有"万株松树青山上,十里沙堤明月中"之句。又东坡《腊梅》诗有"万松岭下黄千叶"之句。铁冶岭,在步司衙左虎翼营东。紫坊岭,在漾沙坑七官宅之侧。骆驼岭,在三茆观之麓。灌肺岭,在大街清河坊北。狗儿岭,在教睦坊内。此二岭旧有坡阜,今夷为坦路,而名存焉。慈云岭,西在方家峪,东往郊坛路,有后唐石刻。凤篁岭,在钱塘门外放马场西,路通龙井,其岭最高峻,岭上有亭,名曰过溪,又曰二老,东坡赋诗纪之,又《探梅》诗有"问讯风篁岭下梅",又有《界亭诗》"丹青明灭风篁岭"之句。分金岭,在钱塘旧治。西狗头岭,在旧治北。梯子岭,在方家峪南。钱粮司岭,在城西巡司前。五子岭,在龙山之北。白塔岭,在龙山之东。徐村岭,俗呼姜擦子岭。雷岭、牛马头岭,俱在钱塘定山北乡。牌山岭,在定山南乡。五云山岭,在徐村及云栖山,俱可往来。大麦岭、小麦岭,今在高丽寺西,与步司右军相连,路通坊马场岭,岭有观音阁,对山有东坡同王渝、杨杰、张铸元祐五年三月三日游三竺过麦岭题名石刻存焉。南高峰下烟霞岭、葛岭,在西湖之西,葛仙翁①炼丹于此,有初阳台,高庙即其地创集芳园,理庙以此园赐贾秋壑建第宅家庙,盖贾公元有别墅在焉。栖霞岭,又名剑门岭,亦名剑门关,在钱塘门外显明院之北,旧多栽桃花,开时烂然如霞,故名之。岭下岳鄂王墓。驰巘岭,在九里松东。胭脂岭,在九里松曲院路西。石人岭,又名冯公岭,在灵隐寺西去半里许。又有大青岭,在东墓岭南。郎当铃,在大青岭南。黄泥岭,在行春桥水竹坞步司前军寨南。胡家岭,在钱塘长寿乡,其岭极峻峭,有石井,旱不涸。歌樵岭,在慈山。大石姥岭,在仁和界。

---

① 葛仙翁:东晋名人葛洪。

诸　洞

杭城内有洞者三。青衣洞在三茅观之后。曰罗汉洞，在敕令所北，其洞废塞已久，今仍呼其名。曰金星洞，在凤凰山介亭下。太庙亦有洞，如其名也。城外有洞者凡一十有七。曰南高峰烟霞洞，下曰水乐洞，其洞前四望，林峦耸秀，岩石笋峙，洞虚窈渟①，涵如渊泉，味且清甜可掬，洞中水声，如金石之音，顷为杨和郡王别圃，凿石筑亭，最为幽雅，岁时都人游观集焉，历年多芜秽弗治，水乐音声几绝，贾秋壑以厚直得之，增葺其景，顾无水音，秋壑俯睨旁听，悠然有契，曰："谷虚而后能应，水激而后能有声，今水潴其中，土壅其外，欲振声，得乎？"亟命疏壅导潴，有声自洞间出，节奏自然，二百年胜概，于今如始也。杨村崐山慈严寺之后，名风水洞。郊台天真院有二洞，扁曰"登云"，曰"灵化"，东坡、和靖题名，刻于石。右赤山殿司左军寨尼庵侧有洞，名铁窗楞洞。天竺山有二洞：名"呼猿""龙泓"。烟霞石坞路大仁院有石屋洞，极高大，状如屋，周围镌刻诸佛菩萨、罗汉之像，其寺正为佛殿，朝香夕灯之供。乌坞山名烟霞洞。石屋寺侧曰栖霞洞。下竺寺内有洞，名"香林"。临平山有洞，名龙洞，尼庵后有洞，名蝙蝠洞、细砺洞。钱塘崇化坊有白龙洞，其洞有龙居焉，朝家曾祈雨旸有感，敕封侯爵，为显灵孚济美号，赐庙额曰"敏应"。扫帚坞护国仁王寺有洞，不载其名。仁和界超山有洞，名海云洞，倏时干湿，建黑龙王祠祀之。古柳林杨和王园内名白云洞，盖以坡陁②拥土成之，此夺天

---

① 窈渟（tíng）：幽深。
② 坡陁（zhì）：斜坡。

之奇巧也。

溪潭涧浦

　　杭郡系南渡驻跸于此,地倚山林,抱江湖,多有溪潭涧浦,缭绕郡境,实难描其佳处。自武林山之西,名曰西溪。顷者有郭祥正诗题咏曰:"西溪在湖外,一派濯残阳。游子托渔艇,却愁归路长。"九溪,在赤山烟霞岭西南,通徐村,出大江,北达龙井。安溪,在钱塘,去北关五十里。溪上有大遮山祠,龙山在上。古人相传:风雨之夕,龙现珠。有光凌溪,在钱塘长寿。奉口溪,在钱塘安溪之北十八里。潭者,宝月山宝月寺之西,曰黑龙潭,其潭莫测深浅,亢旱不竭,一名天井,山下有天井巷,晴则潭水碧色可爱,将雨则水黑,郡民于此候晴雨多验。唐守白乐天曾祭龙神,撰祝文曰:"惟龙其色元,其位坎,其神壬癸,与水通灵。日者①历祷四方,寂然无应,今故虔诚洁意,致命于黑龙。龙无水,顾何依?神无灵,将恐竭。泽能救物,我实有望于龙。物不自神,龙岂无求于我。若三日之内,雨一滂沛,是龙之灵,亦人之幸。礼无不报,神其听之。"仁和临平镇东湖曰白龙潭、渔浦潭。按今《舆地志》,在郡西南。龙游潭,在仁和皋亭山。钵盂潭,在南高峰及仁和大年乡石塘东。玉儿潭,在郡西五十里。浣纱潭,在仁和临平乡。羊铁潭,在艮山门外。西湖三潭,古人相传在湖中。□浦者,考凤凰山下有柳浦。《咸淳志》云:"《隋志》置郡。晋吴喜尝游军此地。参之诸文无考。"便门侧名铁幢浦,古人相传:吴越王射潮箭所止处,立铁幢。又闻钱王筑塘时,高下置铁幢凡三,以为镇压,潮水退则见其幢也。

---

① 日者:以占候卜筮为业的人。

淳祐戊申，帅司买民地，置亭其上。王荆公诗云："忆昨初为海上行，日斜来往看潮生。如今身是西归客，回首山川觉有情。"灵隐浦，自灵隐山南徂东，临浙江一派，谓之北浦，今资国院前是也，亦云灵隐步头。有诗咏曰："有灵何所隐？深浦老蒹葭。渔父一舟泊，却疑秋汉槎。"白石浦、鲜船渡浦、杨村浦，俱仁和临江乡。涧者，如合涧，在灵隐、天竺之间。十八涧，在龙井山之西步司左军寨后，路通六和塔寺。石门涧，参军陆羽《灵隐寺记》："旧有卧龙石横涧中。有诗咏曰：'启闭何人见，湍流一涧分。仙家无路入，空锁石楼云。'"金沙涧，在灵隐寺侧，自合涧桥，绕寺山一带。唐家同石桥，在军寨门内，至行春桥折入步司前军寨门，由曲院流入西湖。惠因涧，在赤山高丽惠因寺侧，秦少游游龙井，曾濯足于涧，题名记之云："并湖而行，出雷峰，度南屏，濯足于惠因涧，入灵石坞，得支径，上风篁岭，憩于龙井亭，酌泉投石而饮之。"呼猿涧，在灵隐山呼猿洞之左右也。

井　泉

杭城内外，民物阜蕃，列朝帅臣，常命工开撩井泉，以济邦民之汲，庶无枯涸之忧。吴山北大井曰吴山井，盖此井系吴越王时有韶国师始开为钱塘第一井，山脉融液，泉源所钟，不杂江潮之水，遇大旱不涸。天井巷旧有曰天井。旧志云：宝月山上亦有天井，后废之久矣。万松岭上沈婆井岭下有郭公井。铁冶岭北有郭婆井。青平山侧有郭儿井。寿域坊仁王院前上四眼井。长庆坊竹竿坊巷曰下四眼井。金地山步司寨前名白鳝井。青沙湾有鳗井。宝月山下上八眼井。秘书省相对下八眼井。后市街大眼井。六部前甜瓜井。四方馆北及南仓前各有大井。太学后及市西坊各名沈公井。祥符寺中，向吴越王于寺内开井九百九十眼，后改创军器所堙塞，仅存数井耳。荐桥北有义井，亦呼四眼井。道明桥双井。丰乐桥西长惠井。棚前亦有双井。梵天寺灵鳗井。钱王庙前乌龙井。六和塔南沙上曰沙井，上以铁井栏护之。西溪有井，名龟儿井、方井。净慈寺前四眼井。下竺藏院炼丹井。武林山烹茗井。清湖惠利井。铁冶岭相公井。甘泉坊相国井。安国罗汉寺名西井，又名成化井。三省激赏库名四井坊，俗呼四眼井。裴府前名小方井，俗呼小眼井。惠迁桥西有井一而三名，曰沈公井，曰金牛井，曰惠迁井。州治前流福坊名流福井。涌金门镊子井。自惠利而镊子计八井，于西湖置水口，引水归城，使民汲之。孤山有金沙井。风篁岭龙井，有名贤题咏甚多，秦少游题名石刻，丞相郑清之跋，东坡之记存焉。治平寺葛公双井。杨村路上观音井。小林莲华院莲华井。仁和皋亭冯氏井。泉者，以城外两赤县有冷泉、醴泉、温泉，并见武林山。玉泉，在钱塘九里松北净空院，齐末有灵悟大师云超开山说法，龙君来听，抚掌出泉，有小方池，深不及丈，水清彻可鉴，异鱼游泳其中，池侧立祠祀龙君，朝家封公爵，白乐天有诗云："湛湛玉泉色，悠悠浮云身。闲心对定水，清净两无尘。手把青藜杖，头戴白纶巾。兴尽下山去，知我是谁人？"真珠泉，在大慈崇教院，为张循王真珠园内也。灵泉，在寿星寺前，有亭；而广福院亦有之。金沙泉，在仁和永和乡，东坡诗有"细泉幽咽走金沙"之句。杯泉，详于寿星寺。卧犀泉，见于郑戬《灵隐天竺诗序》中。萧公泉，在灵隐寺后。岁寒泉，在龙井山崇因院。法华泉，在南山满觉寺。参寥泉，元祐年间，此僧住上智果寺，寺有泉，东坡以僧之名为泉名，盖东坡《应梦记》云："仆在黄州日，参寥自吴中来访，一日梦此僧赋诗，觉而记两句云：'寒食清明都过了，石泉槐火一时新。'后七年，仆出守钱塘，此僧始卜居西湖智果院，院有泉出石缝间。寒食之明日，仆与客泛湖，自孤山来谒，参寥子汲泉钻火，烹黄蘗茶，忽悟予梦诗兆于七年前，众客皆叹，遂书始末并题之，非虚语也。"颍川泉，在南高峰。观音泉者有三，法通、传灯、真如三寺也。喷月泉，在南山晴竹园广福院。定光泉，在西山长耳僧法相院西定光庵侧。白沙泉，在灵隐寺西普贤院方丈之西，其泉自白沙中出，有诗咏曰："不见泉来穴，沙平落细声。夜高寒月漾，银汉大分明。"周公泉，又名北闸泉，在湖州市下闸。甘泉，在城北童家巷南。惠泉，在钱塘长寿乡大遮山惠泉寺。冰谷泉，在临平山寂光庵侧。寒泉，旧名荐菊泉，在钱塘门外嘉泽庙。生绿泉，在南山福圣院。六一、仆夫泉，在孤山四圣太乙道馆园内。大悲泉，在上天竺。茯苓泉，在灵隐寺西无垢院。虎跑泉，在大慈山。持正泉，在六和开化寺。涌泉，在霍山行宫西清心院前山坡下，高庙日遣人汲泉入内瀹茗，寺中以朱栏护之，味极清甘，亢旱不竭。天泽泉，在曲院小隐寺前，有亭覆之。安平泉，在仁和安仁西乡安隐院，有池，扁曰"安平泉"，池边有亭，东坡诗曰："策杖徐徐步此山，拨云寻径兴飘然。凿开海眼知何代，种出菱花不记年；烹茗僧夸瓯泛雪，炼丹人化骨成仙。当年陆羽空收拾，遗却安平一片泉。"城内有瑞石泉，在料粮院北，瑞石山下。今太庙南有井亭青衣泉，在太庙后三茅观园内。武安泉，在皇城司营，水清甘，有石刻"武安泉"三字。俱按《咸淳志》所载而述之也。

池　塘

涌金池，在丰豫门里，引西湖水为池，吴越王元瓘大书"涌金池"三字，刻石识之，其旁书"清泰三年丙午之岁，建午之月，特开此池"。有前辈赋诗咏曰："涌金春色晚，吹落碧桃花。一片何人得？流经十万家。众沼皆涵碧,斯池独涌金。宝光终夜见,不是月华深。"圣母池,在吴山中兴观侧,以石栏护之,上建圣母庙。白龟池,在钱塘门里沿城。南金牛池,已废。仁和仓池,在仓南。明清池,在大理寺议厅,池畔有潘阆诗刻。白洋池,在梅家桥南。鸿雁池,在龙山北。龙母池,钱粮司岭。金鱼池,在开化寺后山涧,水底有金银鱼。放生亭池,在西湖德生堂。瑶池,在钱塘门外宝胜寺侧,今属吕氏园。有二饮马池:一在西溪饮马山下,一在菜市门外庙子湾。西水池,在长桥东钱湖门外。碧沼水池,在湖州市左。八郎庙巷池,广三亩,水清甘,人多汲饮,有扁曰"碧沼"。磨剑池,临平山下有片石,俗传钱王磨剑于此。宫城外护龙水池二十所,自候潮门里,南贴中军寨壁,宫城之东,直至便门里南水门北和宁门外,水池袤一百一十尺,自是近南居民去水绝远者,皆恃此防虞,以为安矣。城内外居民水远去处,官置防虞水池者二十有二,以便民之利。塘者,如艮山门外尉司衙侧名五里塘。艮山门外蔡官人塘、月塘,其地宜种瓜,有周姓者擅其利,上人呼"月塘周家箅筒瓜"是也。上塘,在殿司右军教场侧,又在团园头石塘北。沈塘,在北关门外,又名沈家湾。永和塘,在仁和永和乡,地接石鼎湖。白龙潭,俗谓之三里阴,水势涨溢,一遇卯风震荡,则数百顷瞬息湮没,乡民患之,后得邑士倡义捐财,以助修筑。塘成,岁无水患,邑宰范光命名曰永和堤。官河塘,在北新桥之北,接广运河大塘。又有一塘,曰西塘,袤一十八里,抵安溪,通四州驿路,淳祐并加筑治,至今无颓圮之患矣。

堰闸渡

清河堰,在余杭门外税务东。里沙河堰,在余杭门外仁和桥东。

澄水闸,在西湖长桥南,因钱湖门内诸山之水,分流为三道,一以钱湖门外北城下置海子口,流水省马院后为小渠,引水直至澄水闸入湖,又为三渠出于湖,皆有石桥,后渠为民居湮塞,然桥犹可记也。西闸,在赤山教场侧。龙山浑水闸、清水闸,在龙山。浙江清水、浑水二闸,在便门外。保安闸,在小堰门外。清湖上、中、下三闸,在余杭门外。石函桥闸,在钱塘门外水磨头,因湖水涨壅,开此泄水,出于下湖。安溪、化湾二斗门闸,在钱塘县北。浙江渡,在浙江亭江岸,对西兴。龙山渡,在六和塔开化寺山下,对渔浦。渔山渡,在大朱桥及盐仓前,两岸相望不远,江势可畏。浙东士夫,惮于渡渔浦者,多由此渡船。头渡,在通江桥北。周家渡,在城内漆木巷。司马渡,在油腊局桥。萧家渡,在下中沙巷。边家渡,在仁和仓东。睦家渡,在丰储仓西。时家渡,在德胜堰南。

梦粱录卷十二

西　湖

　　杭城之西,有湖曰西湖,旧名钱塘。湖周围三十余里,自古迄今,号为绝景。唐朝白乐天守杭时,再筑堤捍湖。宋庆历间,尽辟豪民僧寺规占之地,以广湖南。元祐时,苏东坡守杭,奏陈于上,谓"西湖如人之眉目,岂宜废之?"遂拨赐度牒,易钱米,募民开湖,以复唐朝之旧。绍兴间,辇毂驻跸,衣冠纷集,民物阜蕃,尤非昔比,郡臣汤鹏举申明西湖条画事宜于朝,增置开湖军兵,差委官吏管领,任责①盖造寨屋舟只,专一撩湖,无致湮塞,修湖六井阴窦水口,增置斗门水闸,量度水势,得其通流,无垢污之患。乾道年间,周安抚淙奏乞降指挥,禁止官民不得抛弃粪土、栽植荷菱等物。秽污填塞湖港,旧召募军兵专一撩湖,近来废阙,见存者止三十余名,乞再填刺补额,仍委尉司官并本府壕塞官带主管开湖职,专一管辖军兵开撩,无致人户包占。或有违戾,许人告捉,以违制论。自后时有禁约,方得开辟。淳祐丁未大旱,湖水尽涸,郡守赵节斋奉朝命开浚,自六井至钱塘、上船亭、西林

---

①　任责:负责。

桥、北山第一桥、苏堤、三塔、南新路、长桥、柳洲寺前等处,凡种菱荷茭荡,一切薙①去,方得湖水如旧。咸淳间,守臣潜皋墅亦申请于朝,乞行除拆湖中菱荷,毋得存留秽塞,侵占湖岸之间。有御史鲍度劾奏内臣陈敏贤、刘公正包占水池,盖造屋宇,濯秽洗马,无所不施,灌注湖水,一以酝酒,以祀天地、飨祖宗,不得蠲洁②而亏歆受③之福,次以一城黎元之生,俱饮污腻浊水而起疾疫之灾。奉旨降官罢职,令临安府日下拆毁屋宇,开辟水港,尽于湖中除拆荡岸,得以无秽污之患。官府除其年纳利租官钱,销灭其籍,绝其所莳④,本根勿复萌蘖⑤矣。且湖山之景,四时无穷,虽有画工,莫能摹写。如映波桥侧竹水院,涧松茂盛,密荫清漪,委可人意。西林桥即里湖内,俱是贵官园圃,凉堂画阁,高台危榭,花木奇秀,灿然可观。有集芳御园,理宗赐与贾秋壑为第宅家庙,往来游玩舟只,不敢仰视,祸福立见矣。西泠桥外孤山路,有琳宫者二,曰四圣延祥观,曰西太乙宫,御圃在观侧,乃林和靖隐居之地,内有六一泉、金沙井、闲泉、仆夫泉、香月亭。亭侧山椒,环植梅花。亭中大书"疏影横斜水清浅,暗香浮动月黄昏"之句于照屏之上云。又有堂扁曰"挹翠",盖挹西北诸山之胜耳。曰清新亭,面山而宅,其麓在"挹翠"之后。曰香莲亭,曰射圃,曰玛瑙坡,曰陈朝桧,皆列圃之左右。旧有东坡庵、四照阁、西阁、鉴堂、辟支塔,年深废久,而名不可废也。曰苏公堤,元祐年东坡守杭,奏开浚湖水,所积葑

---

① 薙(tì):除去。
② 蠲(juān)洁:清洁。
③ 歆(xīn)受:神灵享受。
④ 莳(shì):种植。
⑤ 萌蘖(niè):萌生。

草①,筑为长堤,故命此名,以表其德云耳。自西迤北,横截湖面,绵亘数里,夹道杂植花柳,置六桥,建九亭,以为游人玩赏驻足之地。咸淳间,朝家给钱,命守臣增筑堤路,沿堤亭榭再一新,补植花木。向东坡尝赋诗云:"六桥横接天汉上,北山始与南屏通。忽惊二十五万丈,老葑席卷苍烟空。"曰南山第一桥,名映波桥,西偏建堂,扁曰"先贤"。宝历年大资袁京尹歆请于朝,以杭居吴会,为列城冠,湖山清丽,瑞气扶舆②,人杰代生,踵武相望,祠祀未建,实为阙文,以公帑求售居民园屋,建堂奉忠臣孝子、善士名流、德行节义、学问功业,自陶唐至宋,本郡人物许箕公以下三十四人,及孝妇孙夫人等五氏,各立碑刻,表世旌哲而祀之。堂之外堤边,有桥名袁公桥,以表而出之。其地前挹平湖,四山环合,景象窈深,惟堂滨湖,入其门,一径萦纡,花木蔽翳,亭馆相望,来者由振衣,历古香,循清风,登山亭,憩流芳,而后至祠下,又徙玉晨道馆于祠之艮隅,以奉洒扫,易扁曰"旌德",且为门便其往来。直门为堂,扁曰"仰高"。第二桥名"锁澜",桥西建堂,扁曰"湖山"。咸淳间,洪帅焘买民地创建,栋宇雄杰,面势端闳,冈峦奔赴,水光滉漾③,四浮图矗四围,如武士相卫,回眸顾盼,由后而望,则芙蕖菰蒲,蔚然相扶,若有逊避其前之意。后二年,帅臣潜皋墅增建水阁六楹,又纵为堂四楹,以达于阁。环之栏槛,辟之户牖,盖迩延远挹,尽纳千山万景,卓然为西湖堂宇之冠,游者争趋焉。接第三桥,名"望山",桥侧有堂,扁曰"三贤",以奉白乐天、林和靖、苏东坡三先生之祠。袁大资请于朝,切惟三贤道德名节,震耀今古,而祠附于水仙庙

---

① 葑(fēng)草:湖泽中葑菱积聚处,年久腐化变为泥土,水涸成田,是谓"葑田",可以筑堤。葑,茭白根。
② 扶舆:盘旋升腾的样子。
③ 滉(huàng)漾:荡漾。

东庑,则何以崇教化、励风俗?遂买居民废址,改造堂宇,以奉三贤,实为尊礼名胜之所。正当苏堤之中,前挹湖山,气象清旷;背负长岗,林樾深窈;南北诸峰,岚翠环合,遂与苏堤贯联也。盖堂宇参错,亭馆临堤,种植花竹,以显清概。堂扁水西、云北、月香、水影、晴光、雨色。曰北山第二桥,名东浦桥,西建一小矮桥过水,名小新堤,于淳祐年间,赵节斋尹京之时,筑此堤至曲院,接灵隐三竺梵宫、游玩往来,两岸夹植花柳,至半堤,建四面堂,益以三亭于道左,为游人憩息之所,水绿山青,最堪观玩。咸淳再行高筑堤路,凡二百五十余丈,所费俱官给其券工也。曰北山第一桥,名涵碧桥,过桥出街,东有寺名广化,建竹阁,四面栽竹万竿,青翠森茂,阴晴朝暮,其景可爱,阁下奉乐天之祠焉。曰寿星寺,高山有堂,扁曰"江湖伟观",盖此堂外江内湖,一览目前。淳祐赵尹京重创广厦危栏,显敞虚旷,旁又为两亭,巍然立于山峰之顶。游人纵步往观,心目为之豁然。曰孤山桥,名宝祐,旧呼曰断桥,桥里有梵宫,以石刻大佛,金装,名曰"大佛头",正在秦皇缆舟石山上,游人争睹之。桥外东有森然亭,堂名放生,在石函桥西,昨于真庙朝天禧年间,平章王钦若出判杭州,请于朝建也。次年守臣王随记其事。元祐东坡请浚西湖,谓每岁四月八日,邦人数万,集于湖上,所活羽毛鳞介以百万数,皆西北向稽首祝万岁。绍兴以銮舆驻跸,尤宜涵养,以示渥泽,仍以西湖为放生池,禁勿采捕,遂建堂扁"德生"。有亭二:一以滨湖,为祝网纵鳞之所,亭扁"泳飞";一以枕山,凡名贤旧刻皆峙焉,又有奎书《戒烹宰文》刻石于堂上。曰玉莲,又名一清,在钱塘门外菩提寺南沿城,景定间尹京马光祖建,次年魏克愚徙郡治竹山阁改建于此,但堂宇爽闿①,花木森森,顾盼湖山,蔚然堪画。

---

① 爽闿(kǎi):明亮开阔。

曰丰豫门，外有酒楼，名丰乐，旧名耸翠楼，据西湖之会，千峰连环，一碧万顷，柳汀花坞，历历栏槛间，而游桡画舫，棹讴堤唱，往往会于楼下，为游览最。顾以官酤喧杂，楼亦临水，弗与景称。淳祐年，帅臣赵节斋再撤新创，瑰丽宏特，高接云霄，为湖山壮观，花木亭榭，映带参错，气象尤奇。缙绅士人，乡饮团拜，多集于此。更有钱塘门外望湖楼，又名看经楼。大佛头石山后名十三间楼，乃东坡守杭日多游此，今为相严院矣。丰豫门外有望湖亭三处，俱废之久，名贤遗迹，不可无传，故书之使后贤不失其名耳。曰湖边园圃，如钱塘玉壶、丰豫渔庄、清波聚景、长桥庆乐、大佛、雷峰塔下小湖斋宫、甘园、南山、南屏，皆台榭亭阁，花木奇石，影映湖山，兼之贵宅宦舍，列亭馆于水堤；梵刹琳宫，布殿阁于湖山，周围胜景，言之难尽。东坡诗云："若把西湖比西子，淡妆浓抹总相宜。"正谓是也。近者画家称湖山四时景色最奇者有十：曰苏堤春晓、曲院荷风、平湖秋月、断桥残雪、柳浪闻莺、花港观鱼、雷峰夕照、两峰插云、南屏晚钟、三潭映月。春则花柳争妍，夏则荷榴竞放，秋则桂子飘香，冬则梅花破玉，瑞雪飞瑶。四时之景不同，而赏心乐事者亦与之无穷矣。

下　湖

下湖，在钱塘门外，其源出于西湖，一自玉壶水口流出，九曲，沿城一带，至余杭门外；一自水磨头石函桥闸流出，策选锋教场、杨府云洞、北郭税务侧，合为一流，如环带形，自有二斗门潴泄之。淳祐年，西湖水涸，城内诸井亦竭，尹京赵节斋给官钱米，命工自钱塘尉廨北望湖亭下凿渠，引天目山水，自余杭河经张家渡河口达于溜水桥斗门，凡作数坝，用车运水经西湖，庶得流通，城中诸市民，赖其利也。

林和靖舣舟石函,因过下湖小墅,赋诗曰:"平湖望不极,云气远依依。及向扁舟泊,还寻下濑归。青山连石埭,春水入柴扉。多谢提壶鸟,留人到落晖。"钱塘定山南乡有名湖,刘道真《钱塘记》云:"明圣湖,在县南一百步。又仁和东十八里,亦有此湖之名。仁和县东北十八里有湖名曰'御息',故老相传,秦始皇东游,暂憩于此,故以名之。"县东长乐乡曰临平湖,前辈夜泛湖赋诗曰:"素彩皓通津,孤舟入清旷。已爱隔帘看,还宜卷帘望。隔帘卷帘当此时,惆怅思君君不知。""三月平湖草欲齐,绿杨分映入长堤。田家起处乌龙吠,酒客醒时谢豹啼。山槛正当莲叶渚,水塍新擘稻秧畦。人间漫说多歧路,咫尺神仙洞却迷。"仁和永和乡有湖者二:曰石桥湖,曰丁山湖。天宗门外曰泛洋湖。仁和长乐乡像光湖,唐时湖中现五色光,掘地得弥勒佛石像,乃建寺及湖,名俱曰像光。仁和桐扣山下名石鼓湖。

浙 江

浙江,在杭城东南,谓之钱塘江。内有浙江,正居江中,潮水投山下,曲折而行,有若反涛水势者。以钱塘、松江、浦阳为三,而不知浦阳在何地。今富阳即钱塘江,其江自古曰浙河,见于庄子书中,其为东南巨浸①昭昭也。按《吴越春秋·内传》云:"吴王赐子胥死,乃取其尸,盛以鸱夷之革②,浮之江中。子胥因随流扬波,依潮来往,荡激堤岸。"又按《越王外传》云:"越王赐大夫种死,葬于西山之下。一年,子胥从海上穿山胁而持种去,与之俱浮于海。故前潮水潘侯者,伍子胥

---

① 巨浸:大河。
② 鸱(chī)夷之革:皮革做的口袋。

也;后重水者,大夫种也。"恐此说荒诞无稽,不敢信。以《忠清庙记》言之,非诞也。然诸家所说甚多,或谓天河激涌,亦云地机翕张。又以日激水而潮生,月周天而潮应。或以挺空入汉,山涌而涛随;析木①大梁②,月行而水大。源殊派异,无所适从,索隐探微,宜伸确论。大率元气嘘吸,天随气而张敛;溟渤往来,潮随天而进退者也。盖日者重阳之母,阴生于阳,故潮附之于日也;月者,太阴之精,水属阴,故潮依之于月也。是故随日而应月,依阴而附阳,盈于朔望,消于朏魄③,虚于上下弦,息于辉朒,故潮有大小焉。但月朔夜半子,昼则午刻,潮平于地。次日潮信稍迟一二刻。至望日,则潮亦如月朔信,复会于子午位。若以每月初五、二十日,此四日则下岸,其潮自此日则渐渐小矣。以初十、二十五日,其潮交泽起水,则潮渐渐大矣。初一至初三、十五至十八,六日之潮最大,银涛沃日,雪浪吞天,声若雷霆,势不可御。进退盈虚,终不失期。且海门在江之东北,有山曰赭山,与龛山对峙,潮水出其间也。卢肇《潮论》所谓"夹群山而远入,射一带以中投"者是也。若言狭逼,则东自定海吞余姚、奉化二江,侔之浙江,尤甚逼狭,潮来闻其声。北望嘉兴、太湖水阔二百余里,故商舶船只怖于上潬④。惟泛余姚小江,易舟而浮运河,达于杭、越。盖以下有沙潬,南北之隔碍洪波,蹙遏潮势矣。

---

① 析木:星名。与十二辰相配为寅,与二十八宿相配为尾、箕两宿。
② 大梁:星名。在十二支中为酉,在二十八宿为胃、昴、毕三星。
③ 朏(fěi)魄:农历初三。
④ 潬:同"滩"。

城内外河

茅山河，东自保安水门向西，过榷货务桥转北，过通江桥，一直至梅家桥旧德寿宫之东，今宗阳宫，有茅山河，因展拓宫基填塞，及民户包占，虽存去水大渠，流至蒲桥后，被修内司营填塞所不及，故道今废之久矣。盐桥运河，南自碧波亭州桥，与保安水门里横河合。过望仙桥，直北至梅家桥，出天宗水门；一派自仁和仓后葛家桥天水院桥淳祐仓前出余杭水门水道。市河，欲呼小河，东自清泠桥西，流至南瓦横河转北，由金波桥直北至仁和仓桥转东，合天水院桥转北，过便桥出余杭水门。清湖河，西自府治前净因桥，过闸转北，由楼店务桥至转运司桥转东，由渡子桥合涌金池水流至金文库，与三桥水相合，南至五显庙后，普济桥水相合，直北由军将桥至清湖桥投北，由石灰桥至众安桥，又投北与市河相合，入鹅鸭桥转西；一派自洗麸桥至纪家桥转北，由车桥至便桥，出余杭水门。城外运河，南自浙江跨浦桥，北自浑水闸、萧公桥、清水闸、众惠桥、椤木桥、诸家桥转西，由保安寨至保安水门入城。土人呼城河曰贴沙河，一名里沙河。龙山河，南自龙山浑山闸，由朱桥至南水门，淤塞年深，不通舟楫。外沙河，南自行车门北去绕城，东过红亭税务前（务已废圮）螺蛳桥，东至蔡湖桥，与殿司前军寨内河相合，转西过游弈寨前军寨桥，至无星桥坝子桥河相合，入艮山河，沿城至泛洋湖水，转北至德胜桥，与运河相合。菜市河，南自新门外，北沿城景隆观后，至章家桥菜市塘坝子桥，入泛洋湖转北，至德胜桥，与运河合流。下塘，自河南天宗水门，接沿桥运河余杭水门，接城中小河、清湖河，两河合于北郭税务前，由清湖堰闸至德胜桥，与城东外沙河、菜市河、泛洋湖相合，分为两派：一由东北上塘过东仓新桥,入大运河,至长安闸,入嘉兴路运河;一由西北过德胜桥,上北城堰,过江涨桥、喻家桥、北新桥以北,入安吉州界下塘河。新开运河,在余杭门外北新桥北,通苏、湖、常、秀、润等河。凡诸路纲运及贩米客舟,皆由此达于杭都。下湖河,在溜水桥柴场北,自策选马军寨墙、八字桥,沿东西马塍、羊角埂、上泥、下泥桥,直抵步司中军寨墙北;一派自打水楼南折入左家桥河,入江涨桥河;一派自八字桥、西策选军寨、神勇寨、步人桥,至石塘桥下,折入余杭塘河;一派自西堰桥、西溪山一带至饮马山,亦折入余杭塘河。子塘河,自北郭税务驿亭下直抵左家桥,系下湖泄水去处。余杭塘河,在余杭门外江涨桥,投西路至余杭县。奉口河,自北新桥至奉口大溪。前沙河,在菜市门外太平桥外沙河北水陆寺前入港,可通汤镇赭山岩门盐场。东坡尝雨中督役开汤村运盐河,赋诗曰:"居官不任事,萧散羡长卿。胡不归去来,滞留愧渊明。盐事星火急,谁能恤农耕。鼛鼛晓鼓动,万指罗沟坑。天雨助官政,泫然淋衣缨。人如鸭与猪,投泥相溅惊。下马荒堤上,四顾但湖泓。线路不容足,又与牛羊争。归田虽贱辱,岂失泥中行。寄语故山友,切勿厌藜羹。"后沙河,在艮山门外坝子桥北。官塘河,在余杭门外板桥西。蔡官人塘河,在艮山门外九里松塘姚斗门,通河衢店、汤镇、赭山。施何村河,在桐扣山水泆堰东,自运河入,通里外沙河。赤岸河,在赤岸,自运河入,通高塘、横塘诸河。方兴河,在临平镇东,自运河入,通像光湖、赭山、汤镇。

湖 船

杭州左江右湖,最为奇特,湖中大小船只,不下数百舫。有一千料者,约长二十余丈,可容百人。五百料者,约长十余丈,亦可容三五十人。亦有二三百料者,亦长数丈,可容三二十人。皆精巧创造,雕栏画栱①,行如平地。各有其名,曰百花、十样锦、七宝、戗金、金狮子、何船、劣马儿、罗船、金胜、黄船、董船、刘船,其名甚多,姑言一二。更有贾秋壑府车船,船棚上无人撑驾,但用车轮脚踏而行,其速如飞。又有御舟,安顿小湖园水次,其船皆是精巧雕刻创造,俱有香楠木为之。只是周汉国公主游玩,曾一用耳。灵芝寺前水次,有赵节斋所造湖舫,名曰乌龙,凡遇撑驾,即风波大作,坐者不安,多不敢撑出,以为弃物。湖中南北搬载小船甚夥,如撑船卖买羹汤、时果;掇酒瓶,如青碧香、思堂春、宣赐、小思、龙游新煮酒俱有。及供菜蔬、水果、船扑、时花带朵、糖狮儿、诸色千儿、小段儿、糖小儿、家事儿等船。更有卖鸡儿、湖澶、海蜇、螺头,及点茶、供茶果、婆嫂船、点花茶、拨糊盆、泼水棍小船,渔庄岸小钓鱼船。湖中有撒网鸣榔打鱼船,湖中有放生龟鳖螺蚌船,并是瓜皮船也。又有小脚船,专载贾客妓女、荒鼓板、烧香婆嫂、扑青器、唱耍令缠曲,及投壶打弹百艺等船,多不呼而自来,须是出著发放支犒,不被哂笑。若四时游玩,大小船支,雇价无虚日。遇大雪亦有富家玩雪船。如二月八及寒食清明,须先指挥船户,雇定船只。若此日分舫船,非二三百券不可雇赁。至日,虽小脚船亦无空闲者。船中动用器具,不必带往,但指挥船主一一周备。盖早出登舟,不劳为力,惟支犒钱耳。更有豪家富宅,自造船支游嬉,及贵官内侍,多造采莲船,用青布幕撑起,容一二客坐,装饰尤其精致。

---

① 栱(gǒng):在立柱与横梁交接处向外伸出成弓形的承重结构。

江海船舰

　　浙江乃通江渡海之津道,且如海商之舰,大小不等,大者五千料,可载五六百人;中等二千料至一千料,亦可载二三百人;余者谓之"钻风",大小八橹或六橹,每船可载百余人。此网鱼买卖,亦有名"三板船"。不论此等船,且论舶商之船。自入海门,便是海洋,茫无畔岸,其势诚险。盖神龙怪蜃之所宅,风雨晦冥时,惟凭针盘而行,乃火长掌之,毫厘不敢差误,盖一舟人命所系也。愚屡见大商贾人,言此甚详悉。若欲船泛外国买卖,则是泉州便可出洋,迤逦①过七洲洋,舟中测水,约有七十余丈。若经昆仑、沙漠、蛇龙、乌猪等洋,神物多于此中行雨,上略起朵云,便见龙现全身,目光如电,爪角宛然,独不见尾耳。顷刻大雨如注,风浪掀天,可畏尤甚。但海洋近山礁则水浅,撞礁必坏船。全凭南针,或有少差,即葬鱼腹。自古舟人云:"去怕七洲,回怕昆仑。"亦深五十余丈。又论舟师观海洋中日出日入,则知阴阳;验云气则知风色顺逆,毫发无差。远见浪花,则知风自彼来;见巨涛拍岸,则知次日当起南风;风电光则云夏风对闪。如此之类,略无少差。相水之清浑,便知山之近远。大洋之水,碧黑如淀;有山之水,碧而绿;傍山之水,浑而白矣。有鱼所聚,必多礁石,盖石中多澡苔,则鱼所依耳。每月十四、二十八日,谓之"大等日分",此两日若风雨不当,则知一旬之内,多有风雨。凡测水之时,必视其底,知是何等沙泥,所以知近山有港。若商贾止到台、温、泉、福买卖,未尝过七洲、昆仑等大洋。若有出洋,即从泉州港口至岱屿门,便可放洋过海,泛往

---

① 迤逦:同"迤逦"。迤逦,缓缓行进的样子。

外国也。其浙江船只，虽海舶多有往来，则严、婺、衢、徽等船，多尝通津买卖往来，谓之"长船等只"，如杭城柴炭、木植、柑橘、干湿果子等物，多产于此数州耳。明、越、温、台海鲜鱼蟹鲞腊①等货，亦上滩通于江、浙。但往来严、婺、衢、徽州诸船，下则易，上则难，盖滩高水逆故也。江岸之船甚夥，初非一色：海舶、大舰、网艇、大小船只、公私浙江渔捕等渡船、买卖客船，皆泊于江岸。盖杭城众大之区，客贩最多，兼仕宦往来，皆聚于此耳。

河　舟

　　杭州里河船只，皆是落脚头船，为载往来土贾诸色等人，及搬载香货杂色物件等。又有大滩船，系湖州市搬载诸铺米及跨浦桥柴炭、下塘砖瓦灰泥等物，及运盐袋船只。盖水路皆便，多用船只。如无水路，以人力运之。向者汴京用车乘驾运物。盖杭城皆石版街道，非泥沙比，车轮难行，所以用舟只及人力耳。若士庶欲往苏、湖、常、秀、江、淮等州，多雇舢船、舫船、航船、飞篷船等。或宅舍府第庄舍，亦自创造船只，从便撑驾往来，则无官府捉拿差拨之患。若州县欲差船只，多给官钱和雇，以应用度。杭城乃辇毂之地，有上供米斛，皆办于浙右诸郡县，隶司农寺所辖。本寺所委官吏，专率督催米斛，解发朝廷，以应上供支用。搬运自有纲船②装载，纲头管领所载之船，不下运千余石或六七百石。官司亦支耗券雇稍船米与之。到岸则有农寺排岸司掌拘卸、检察、搜空。又有下塘等处，及诸郡米客船只，多是铁头

---

①　鲞(xiǎng)腊：腌制或风干的鱼肉食品。
②　纲船：成批载运货物的船队。

舟,亦可载五六百石者,大小不同。其老小悉居船中,往来兴贩耳。寺观庵舍船只,皆用红油舠滩,大小船只往来河中,搬运斋粮柴薪。更有载垃圾粪土之船,成群搬运而去。北新桥外赵十四相公府侧,有殿前司红坐船,于水次管船。军士专造红酝,在船私沽。官司宽大,并无捉捕之忧。论之杭城辐辏之地,下塘、官塘、中塘三处船只,及航船鱼舟钓艇之类,每日往返,曾无虚日。缘此是行都士贵官员往来,商贾买卖骈集,公私船只,泊于城北者夥矣。

梦梁录卷十三

两赤县市镇

杭州有县者九,独钱塘、仁和附郭①,名曰赤县②,而赤县所管镇市者一十有五,且如嘉会门外名浙江市,北关门外名北郭市、江涨东市、湖州市、江涨西市、半道红市,西溪谓之西溪市,惠因寺北教场南曰赤山市,江儿头名龙山市,安溪镇前曰安溪市,艮山门外名范浦镇市,汤村曰汤村镇市,临平镇名临平市,城东崇新门外名南土门市,东青门外北土门市。今诸镇市,盖因南渡以来,杭为行都③二百余年,户口蕃盛,商贾买卖者十倍于昔,往来辐辏,非他郡比也。

都市钱会

铜钱乃历代所用之宝,汉唐以来,天下通行。宋朝开宝中,其钱

---

① 附郭:属县。
② 赤县:京城所治的县。
③ 行都:在首都之外另设的一个都城,以备朝廷暂驻,称为"行都"。南宋时以汴梁为首都,故称临安为行都。

文曰"宋通元宝",至宝元间则曰"皇宋通宝",近世钱文皆著年号,景定年铸文曰"景定元宝"。朝省①因钱法不通,杭城增造镴牌②,以便行用。元都市钱陌③用七十七陌,近来民间减作五十陌行市通使。官司又印造"会关子④",自十五界⑤至十八界行使。至咸淳年间,贾秋壑为相日,变法增造金银关子,以十八界三贯准一贯关子,天下通行。自因颁行之后,诸行百市,物货涌贵,钱陌消折矣。

团　行

市肆谓之"团行"者,盖因官府回买而立此名,不以物之大小,皆置为团行,虽医卜工役,亦有差使,则与当行同也。然虽差役,如官司和雇支给钱米,反胜于民间雇倩工钱,而工役之辈,则欢乐而往也。其中亦有不当行者,如酒行、食饭行,而借此名。有名为"团"者,如城西花团、泥路青果团、后市街柑子团、浑水闸鳌团。又有名为"行"者,如官巷方梳行、销金行、冠子行、城北鱼行、城东蟹行、姜行、菱行、北猪行、候潮门外南猪行、南土北土门菜行、坝子桥鲜鱼行、横河头布行、鸡鹅行。更有名为"市"者,如炭桥药市、官巷花市、融和市、南坊珠子市、修义坊肉市、城北米市。且如橘园亭书房、盐桥生帛、五间楼泉福糖蜜,及荔枝圆眼汤等物。其他工役之人,或名为"作分"者,如碾玉作、钻卷作、篦刀作、腰带作、金银打钑作、裹贴作、铺翠作、裱褙

---

① 朝省:朝廷。
② 镴(là)牌:锡铅合金制作的牌子。
③ 钱陌:钱的计量单位。
④ 会关子:宋代纸币会子、关子的并称。
⑤ 界:指宋代发行纸币"交子"三年一换的期限。每次发行交子有一定限额,以铁钱为现金准备,三年兑现一次,换发新交子,称为一界。

作、装銮作、油作、木作、砖瓦作、泥水作、石作、竹作、漆作、钉铰作、箍桶作、裁缝作、修香浇烛作、打纸作、冥器等作分。又有异名"行"者，如买卖七宝者谓之骨董行、钻珠子者名曰散儿行、做靴鞋者名双线行、开浴堂者名香水行。大抵杭城是行都之处，万物所聚，诸行百市，自和宁门杈子外至观桥下，无一家不买卖者，行分最多，且言其一二，最是官巷花作，所聚奇异飞鸾走凤，七宝珠翠，首饰花朵，冠梳及锦绣罗帛，销金衣裙，描画领抹，极其工巧，前所罕有者悉皆有之。更有儿童戏耍物件，亦有上行之所，每日街市，不知货几何也。

铺　席

　　杭州大街，自和宁门杈子外，一直至朝天门外清和坊，南至南瓦子北，谓之"界北"。中瓦子前，谓之"五花儿中心"。自五间楼北，至官巷南街，两行多是金银盐钞引交易，铺前列金银器皿及现钱，谓之"看垛钱"，此钱备准榷货务算清盐钞引，并诸作分打钑炉鞴，纷纭无数。自融和坊北，至市南坊，谓之"珠子市"，如遇买卖，动以万数。又有府第富豪之家质库①，城内外不下数十处，收解以千万计。向者杭城市肆名家有名者，如中瓦前皂儿水、杂货场前甘豆汤、戈家蜜枣儿、官巷口光家羹、大瓦子水果子、寿慈宫前熟肉、钱塘门外宋五嫂鱼羹、涌金门灌肺、中瓦前职家羊饭、彭家油靴、南瓦子宣家台衣、张家元子、候潮门顾四笛、大瓦子邱家筚篥。自淳祐年有名相传者，如猫儿桥魏大刀熟肉、潘节干熟药铺、坝头榜亭安抚司惠民坊熟药局，市西坊南和剂惠民药局，局前沈家、张家金银交引铺，刘家、吕家、陈家彩

---

① 质库：当铺。

帛铺,舒家纸札铺,五间楼前周五郎蜜煎铺、童家柏烛铺、张家生药铺,狮子巷口徐家纸札铺、凌家刷牙铺、观复丹室,保佑坊前孔家头巾铺、张卖食面店、张官人诸史子文籍铺、讷庵丹砂熟药铺、俞家七宝铺、张家元子铺,中瓦子前徐茂之家扇子铺、陈直翁药铺、梁道实药铺、张家豆儿水、钱家干果铺,金子巷口陈花脚面食店、傅官人刷牙铺、杨将领药铺,市南坊沈家白衣铺、徐官人幞头铺、钮家腰带铺,市西坊北钮家彩帛铺、张家铁器铺、修义坊北张古老胭脂铺,水巷口戚百乙郎颜色铺、徐家绒线铺、阮家京果铺、俞家冠子铺,官巷前仁爱堂熟药铺,修义坊三不欺药铺,官巷北金药臼楼太丞药铺,胡家、冯家粉心铺、染红王家胭脂铺、淮岭倾锡铺,清河坊顾家彩帛铺、蒋检阅茶汤铺,升阳宫前仲家光牌铺、季家云梯丝鞋铺、太平坊南倪没门面食店、南瓦子北卓道王卖面店,腰棚前菜面店,熙春楼下双条儿划子店,太平坊大街东南角虾蟆眼酒店,漆器墙下李官人双行解毒丸,抱剑营街吴家、夏家、马家香烛裹头铺、李家丝鞋铺、许家槐简铺,沙皮巷孔八郎头巾铺、陈家绦结铺,朝天门戴家鹰肉铺,外沙皮巷口双葫芦眼药铺,朝天门里大石版朱家褾褙铺、朱家元子糖蜜糕铺,太庙前尹家文字铺、陈妈妈泥面具风药铺,大佛寺疳药铺、保和大师乌梅药铺,三桥街毛家生药铺、柴家绒线铺、姚家海鲜铺,坝桥榜亭侧朱家馒头铺,石榴园倪家犯鲊铺、张省干金马勺小儿药铺,三桥河下杨三郎头巾铺、清湖河下戚家犀皮铺,里仁坊口游家漆铺,李博士桥邓家金银铺、汪家金纸铺,炭桥河下青篦扇子铺、水巷桥河下针铺、彭家温州漆器铺、沿桥下生帛铺、郭医产药铺,住大树下橘园亭文籍书房,平津桥沿河布铺,黄草铺温州漆器、青白磁器、铁线巷笼子铺、生绢一红铺,荐桥新开巷元子铺,官巷内飞家牙梳铺、齐家、归家花朵铺、盛家珠子铺、刘家翠铺,马家、宋家领抹销金铺、沈家枕冠铺,小市里舒家体真头面铺,周家折揲扇铺、陈家画团扇铺。自大街及诸坊巷,大小铺席,连门俱是,即无虚空之屋。每日清晨,两街巷门,浮铺①上行②,百市买卖,热闹至饭前,市罢而收。盖杭城乃四方辐辏之地,即与外郡不同。所以客贩往来,旁午③于道,曾无虚日。至于故楮羽毛,皆有铺席发客,其他铺可知矣。其余坊巷桥道,院落纵横,城内外数十万户口,莫知其数。处处各有茶坊、酒肆、面店、果子、彩帛、绒线、香烛、油酱、食米、下饭鱼肉鲞腊等铺。盖经纪④市井之家,往往多于店舍,旋买见成饮食,此为快便耳。

天晓诸人出市

每日交四更,诸山寺观已鸣钟,庵舍行者头陀,打铁板儿或木鱼儿沿街报晓,各分地方。若晴则曰"天色晴明",或报"大参",或报"四参",或报"常朝",或言"后殿坐";阴则曰"天色阴晦";雨则言"雨"。盖报令诸百官听公上番虞候上名衙兵等人,及诸司上番人知之,赶趁往诸处服役耳。虽风雨霜雪,不敢缺此。每月朔望及遇节序,则沿门求乞斋粮。最是大街一两处面食店及市西坊西食面店,通宵买卖,交晓不绝。缘金吾不禁,公私营干,夜食于此故也。御街铺店,闻钟而起,卖早市点心,如煎白肠、羊鹅事件⑤、糕、粥、血脏羹、羊血、粉羹之类。冬天卖五味肉粥、七宝素粥,夏月卖义粥、馓子、豆子粥。又有浴堂门卖面汤者,有浮铺早卖汤药二陈汤,及调气降气并丸剂安养元气

---

① 浮铺:不定点的铺子。
② 上行:上市进货。
③ 旁午:交错。
④ 经纪:经营买卖。
⑤ 事件:内脏。

者。有卖烧饼、蒸饼、糍糕、雪糕等点心者,以赶早市,直至饭前方罢。及诸行铺席,皆往都处,侵晨行贩。和宁门红杈子前买卖细色异品菜蔬,诸般嗄饭①,及酒醋时新果子,进纳海鲜品件等物,填塞街市,吟叫百端,如汴京气象,殊可人意。孝仁坊口,水晶红白烧酒,曾经宣唤,其味香软,入口便消。六部前丁香馄饨,此味精细尤佳。早市供膳诸色物件甚多,不能尽举。自内后门至观桥下,大街小巷,在在有之,不论晴雨霜雪皆然也。

夜　市

杭城大街,买卖昼夜不绝,夜交三四鼓,游人始稀;五鼓钟鸣,卖早市者又开店矣。大街关扑,如糖蜜糕、灌藕、时新果子、像生花果、鱼鲜、猪羊蹄肉,及细画绢扇、细色纸扇、漏尘扇柄、异色影花扇、销金裙、段背心、段小儿、销金帽儿、逍遥巾、四时玩具、沙戏儿。春冬扑卖玉栅小球灯、奇巧玉栅屏风、捧灯球、快行胡女儿沙戏、走马灯、闹蛾儿、玉梅花、元子槌拍、金橘数珠、糖水、鱼龙船儿、梭球、香鼓儿等物。夏秋多扑青纱、黄草帐子、挑金纱、异巧香袋儿、木犀香数珠、梧桐数珠、藏香、细扇、茉莉盛盆儿、带朵茉莉花朵、挑纱荷花、满池娇、背心儿、细巧笼仗、促织笼儿、金桃、陈公梨、炒栗子、诸般果子及四时景物,预行扑卖,以为赏心乐事之需耳。衣市有李济卖酸文,崔官人相字摊,梅竹扇面儿,张人画山水扇。并在五间楼前大街坐铺中瓦前,有带三朵花点茶婆婆,敲响盏,掇头儿拍板,大街游玩人看了,无不哂笑。又有虾须卖糖,福公个背张婆卖糖,洪进唱曲儿卖糖。又有担水斛儿,内鱼龟顶傀儡面儿舞卖糖。有白须老儿看亲箭撒闹盘卖糖。

---

① 嗄(xià)饭:下饭的菜肴。

有标竿十样卖糖,效学京师古本十般糖。赏新楼前仙姑卖食药。又有经纪人担瑜石钉铰金装架儿,共十架,在孝仁坊红权子卖皂儿膏、澄沙团子、乳糖浇。寿安坊卖十色沙团。众安桥卖澄沙膏、十色花花糖。市西坊卖鲍螺滴酥,观桥大街卖豆儿糕(一作"膏")、轻饧。太平坊卖麝香糖、蜜糕、金铤裹蒸儿。庙巷口卖杨梅糖、杏仁膏、薄荷膏、十般膏子糖。内前权子里卖五色法豆,使五色纸袋儿盛之。通江桥卖雪泡豆儿、水荔枝膏。中瓦子前卖十色糖。更有瑜石车子卖糖糜乳糕浇,亦俱曾经宣唤,皆效京师叫声。日市亦买卖。又有夜市物件,中瓦前车子卖香茶异汤,狮子巷口爊耍鱼,罐里爊鸡丝粉,七宝科头,中瓦子武林园前煎白肠、焐肠、灌肺岭卖轻饧,五间楼前卖余甘子、新荔枝,木担市西坊卖焦酸馅、千层儿,又有沿街头盘叫卖姜豉、膘皮朘子、炙椒、酸犯儿、羊脂韭饼、糟羊蹄、糟蟹,又有担架子卖香辣罐肺、香辣素粉羹、腊肉、细粉科头、姜虾、海蜇鲊、清汁田螺羹、羊血汤、胡瀣、海蜇、螺头瀣、馉饳儿、瀣面等,各有叫声。大街更有夜市卖卦:蒋星堂、玉莲相、花字青、霄三命、玉壶五星、草窗五星、沈南天五星、简堂石鼓、野庵五星、泰来心、鉴三命。中瓦子浮铺有西山神女卖卦,灌肺岭曹德明易课。又有盘街卖卦人,如心鉴及甘罗次、北算子者。更有叫"时运来时,买庄田,取老婆"卖卦者。有在新街融和坊卖卦,名"桃花三月放"者。其余桥道坊巷,亦有夜市扑卖果子糖等物,亦有卖卦人盘街叫卖,如顶盘担架卖市食,至三更不绝。冬月虽大雨雪,亦有夜市盘卖。至三更后,方有提瓶卖茶。冬闲,担架子卖茶,徹子慈茶始过。盖都人公私营干,深夜方归故也。

诸色杂货

凡宅舍养马,则每日有人供草料;养犬,则供饧糠;养猫,则供鱼鳅;养鱼,则供蚬虾儿。若欲唤锢路钉铰、修补锅铫、箍桶、修鞋、修幞头帽子、补修鈌冠、接梳儿、染红绿牙梳、穿结珠子、修洗鹿胎冠子、修磨刀剪、磨镜,时时有盘街者,便可唤之。且如供香印盘者,各管定铺席人家,每日印香而去,遇月支请香钱而已。供人家食用水者,各有主顾供之。亦有每日扫街盘垃圾者,每支钱犒之。其巷陌街市,常有使漆修旧人,荷大斧斫柴间,早修扇子,打鑮器,修灶,提漏,供香饼炭墼,并挑担卖油、卖油苕、扫帚、竹帚、笔帚、鸡笼担、圣堂拂子、竹柴、茹纸、生姜、姜芽、新姜、瓜、茄、菜蔬等物,卖泥风炉、小缸灶儿、天窗砧头、马勺,铜铁器如铜铫、汤饼、铜罐、熨斗、火锹、火箸、火夹、铁物、漏勺、铜沙锣、铜匙箸、铜瓶、香炉、铜火炉、帘钩、鑮器如樽榼、果盆、果盒、酒盏、注子、偏提、盘、盂、勺,酒市急须马盂、屈卮、滓斗、箸瓶,家生动事①如桌、凳、凉床、交椅、兀子、长桃、绳床、竹椅、栿筓、裙厨、衣架、棋盘、面桶、项桶、脚桶、浴桶、大小提桶、马子、桶架、木勺、研槌、食托、青白瓷器、瓯、碗、碟、茶盏、菜盆、油杆杖、榾辘、鞋楦、棒槌、烘盘、鸡笼、虫蚁笼、竹笐篱、蒸笼、坒箕、甑箪、红帘、斑竹帘、酒络、酒笼、筲箕、瓷甏、炒锌、砂盆、水缸、乌盆、三脚罐、枕头、豆袋、竹夫人、懒架、凉簟、藁荐、蒲合、席子。及文具物件如砚子、笔、墨、书架、书攀、裁刀、书剪、簿子、连纸、又有饶子、木梳、笼子、刷子、刷牙子、减装、墨洗、漱盂子、冠梳、领抹、针线,与各色麻线、鞋面、领子、脚带、粉心、合粉、胭脂、胶煤、托叶、坠纸等物,又有挑担抬盘架,买卖江鱼、石首、鮆鱼、时鱼、鲳鱼、鳗鱼、鲚鱼、鲫鱼、白鳡鱼、白蟹、河蟹、河虾、田鸡等物,及生熟猪羊肉、鸡、鹅、鸭,及下饭海腊、鮺膘、鸭子、炙鳅、糟藏大鱼鲊、干菜、干萝卜、菜蔬、葱姜等物,又有早间卖煎二陈汤,饭了

---

① 动事:日常应用器具。

提瓶点茶,饭前有卖馓子、小蒸糕,日午卖糖粥、烧饼、炙焦馒头、炊饼、辣菜饼、春饼、点心之属。四时有扑带朵花,亦有卖成窠时花,插瓶把花、柏桂、罗汉叶,春扑带朵桃花、四香、瑞香、木香等花,夏扑金灯花、茉莉、葵花、榴花、栀子花,秋则扑茉莉、兰花、木樨、秋茶花,冬则扑木春花、梅花、瑞香、兰花、水仙花、腊梅花,更有罗帛脱蜡像生四时小枝花朵,沿街市吟叫扑卖。及买卖品物最多,不能尽述。及小儿戏耍家事儿,如戏剧糖果之类:行娇惜、宜娘子、秋千稠糖葫芦、火斋郎果子、吹糖麻婆子孩儿等,糕粉孩儿鸟兽、像生花朵、风糖饼、十般糖、花花糖、荔枝膏、缩砂糖、五色糖、线天戏耍孩儿,鸡头担儿、罐儿、碟儿、镶小酒器、鼓儿、板儿、锣儿、刀儿、枪儿、旗儿、马儿、闹竿儿、花篮、龙船、黄胖儿、麻婆子、桥儿、棒槌儿,及影戏线索、傀儡儿、狮子、猫儿。又沿街叫卖小儿诸般食件:麻糖、锤子糖、鼓儿饧、铁麻糖、芝麻糖、小麻糖、破麻酥、沙团、箕豆、法豆、山黄、褐青豆、盐豆儿、豆儿黄糖、杨梅糖、荆芥糖、榅子、蒸梨儿、枣儿、米食羊儿、狗儿、蹄儿、茧儿、栗粽、豆团、糍糕、麻团、汤团、水团、汤丸、馉饳儿、炊饼、槌栗、炒槌、山里枣、山里果子、莲肉、数珠、苦槌、荻蔗、甘蔗、茅洋、跳山婆、栗茅、蜜屈律等物,并于小街后巷叫卖。遇新春,街道巷陌,官府差顾淘渠人沿门通渠;道路污泥,差顾船只搬载乡落空闲处。人家有泔浆,自有日掠者来讨去。杭城户口繁夥,街巷小民之家,多无坑厕,只用马桶,每日自有出粪人溅①去,谓之"倾脚头",各有主顾,不敢侵夺,或有侵夺,粪主必与之争,甚者经府大讼,胜而后已。

---

① 溅(jiǎn):倾倒。

梦粱录卷十四

祠　祭

天子祭天地,诸侯祭社稷,大夫祭五祀①,上得以兼下,下不得以僭上,古之制也。宋朝自郊祀宗庙社稷,与大、中、小三祠,及土域山海江湖之神,先贤名哲道德之士,御灾捍患以死勤事功烈之臣,皆宠以爵命,列于祀典,奉常有司岁时荐飨焉。郊祀在嘉会门外三里净明院左右,春首、上辛、祈谷、四月、夏雩、冬至、冬报,皆郊坛行礼,惟九月秋飨,不坛而屋,设位于净明斋宫。春夏冬遇雨,亦望祭于斋宫,差宰执充献官行事。明堂郊祀,岁则不重,举飨报之礼也。正月上辛,祀感生帝于宗阳宫斋殿。四立②日,祀十神太乙祀于东西太乙宫。惠昭、昭庆斋宫,在净慈寺。对惠昭有坛殿及燎坛。夏至日,祭后土皇地祇。立夏日,祭荧惑③。立秋日,祭白帝④。昭庆有望祭殿,立夏祭

---

① 五祀:祭祀住宅内外门、行、户、灶、中溜五种神。《朱子语类》卷三:"大夫祭五祀,定是有个门、行、户、灶、中溜。"
② 四立:立春、立夏、立秋、立冬四个节气的合称。
③ 荧惑:火神名。
④ 白帝:古神话中五天帝之一,主西方之神。

南方岳渎,立秋祭西方岳渎。大社大稷坛在观桥东,以春秋二仲、腊前一日祭皇地祇。九宫贵神坛,在东青门外,以春秋二仲坛祭感生帝及九宫贵神。北太乙西南,摄提正东,轩辕东南,招摇中央,天符西北,青龙正东,咸池东北,太阴正南,天一之版位也。藉田先农坛,在玉津园南,祀神农氏,配以后稷氏,以岁时祀之。高禖①坛,在郊坛东。坛祭,设青帝神位于坛上,南向,配伏羲帝、高辛帝于西,向北,又设从祀简狄、姜嫄②位于坛下卯陛南西,向北。每岁春分日,遣官致祭毕,收彻二从祀馔弓韣弓矢入禁中,后妃以次行礼。海神坛,在东青门外太平桥东,祭江海神,为太祀,以春秋二仲遣从官行望祭礼。太学,春秋二仲上丁日,祭先圣文宣王,配先贤兖国公、邹国公、沂国公、郕国公及十哲先贤,从祀七十二贤、历代贤哲忠孝公卿。武学祀昭烈武成王,配留侯、历代忠烈臣子。

山川神

城隍庙,在吴山,赐额永固。岁之丰凶水旱,民之疾病祸福,祈而必应,朝廷累加美号,曰"辅正康济明德广圣王"。昭济庙,在候潮门外浑水闸西,相传为吴王夫差庙,加封曰"善应安济孚祐显卫侯"。忠清庙,在吴山,其神姓伍,名员,乃楚大夫奢之子,自唐立祠,至宋亦祀之,每岁海潮大溢,冲激州城,春秋醮祭,诏命学士院撰青词以祈国泰民安,累赐美号曰"忠武英烈显圣福安王"。有行祠在仁和县治东南隅。吴越钱武肃王庙,在方家峪宝藏寺及龙山武功堂,为钱文穆王

---

① 高禖:指媒神。高,通"郊"。
② 姜嫄:亦作"姜原"。周人始祖后稷之母。帝喾之妻。传说她于郊野践巨人足迹怀孕生后稷。

庙，五王俱祀焉。平济王庙，在浙江广子湾，累封曰"显烈广顺王"。顺济庙，元浙江里人冯氏，自侯加至王爵，曰"英烈王"。王封助灵佐顺侯，英显于通应公庙，即庙子头杨村龙王庙是也。平波祠，赐额善顺庙；钱塘顺济龙王，赐额昭应庙，并在白塔岭之原。孚应庙，在磨刀坑。广顺庙，在龙山。惠顺庙，在江塘。顺济龙王庙，在杨村顺济宫，三侯加王爵美号，曰广泽灵应，曰顺泽昭应，曰敷泽嘉应。自平济至顺济十庙，俱司江涛神也。嘉泽庙，在钱塘门外二里，钱武肃曾封王爵，今改封曰"渊灵普济侯"。水仙王庙，在西湖第三桥。会灵庙，在柳洲。五龙王庙，在涌金门外上船亭。龙井惠济庙，在凤篁岭，美号王爵曰"嘉应广济孚惠王"。南高峰龙王祠，在荣国寺后钵盂潭，累封曰"孚应昭顺侯"。玉泉龙王祠，在青芝坞净空寺内，其神加封美号曰"嘉应普泽公"。

忠节祠

旌忠庙，在丰乐桥，元在德寿宫基，因建宫徙于此，俗呼三圣庙。按神姓高，名永能，绥州人；姓景名崇仪，字思谊，晋州人；姓程名阁使，字博古，河南人。元丰年间，因统军战殁，庙食于凤翔府和尚原。后方腊寇睦，祷于神，凯奏而还，始封侯爵，后屡有功，赐庙额，加号王爵，曰"忠显灵应孚泽昭祐王""忠显昭应孚济广祐王""忠惠顺应孚佑善利王"，以旌忠观洒净主其朝夕香灯之供。祚德庙，在车桥西青莲寺南，其神忠义，有祠墓俱在绛州太平县赵村，因以本州沦陷之久，庙庭存废不可知，降旨就杭建庙，赐额加美号，升三侯为王爵，以表忠节：程婴封"忠济王"，杵臼封"忠祐王"，韩厥封"忠利王"。灵卫庙，在钱塘门侧，其神因完颜宗弼犯境，守臣退保赭山，钱塘县令朱跸领卫司十将金胜、祝威，率民兵战击，以寡制众，殁于王事，乡民感其忠义，葬于近郊，立祠以表死节。乡民陈于朝省，赐庙额各加侯爵，曰朱宰，封"显忠侯"；金胜，封"忠佐侯"；祝威，封"忠祐侯"，以旌忠烈之士。忠勇庙，在行春桥寨中，其神姓张名玘，系亲卫大夫果州团练使、御营宿卫前军统制，因解海州围，战殁于阵中，得旨赠容州观察使，建庙赐额，海州仍立庙本寨。昭节庙，在保民坊庙巷东三班营。按二神：一姓禾，名元，字伯仁；一姓陆，名轨，字仲模，皆襄汉人，在周时同为殿侍。初宋太祖受禅，驾自宣祐门入，守关者施弓箭相向弗纳，移步趋他门而入，既受朝贺毕，顾近侍曰："适移门守者何人？"奏曰："散直班。"传旨降充下班。又问"宣祐守者何人？"答奏曰："东三班。"传旨令宣引。时本班之众，知天命所归，皆引义自殒。太祖大惊，趣驾临幸慰问，仍命排阵使党彦进前往救数十人，问得二人不死者，即乔、陆二神，召诘其故，答曰："臣止事一主，所以乞死。"上尉劳再四，谓："汝等忠孝，其班不废。"且赐名曰"长入祗候"。从其请，所幸临为前引，仍赐青红二色帛为帽饰，满三年，授保义郎之职。二神既受誓而退，寻复效死。上悯其忠节，厚加赗恤，听本班庙祀。南渡初，吴山居民，不戒于火，扬殿岩观绯绿二旗现于空中，隐隐见乔、陆二字，其火遂熄，皆神之力也。孝庙曾观本班宿房，以黄罗扑门概，遂宣问何所始？左右备奏始末，上嘉叹忠孝节义如此。乙卯岁，赐庙额。庚申岁，封侯爵。甲子岁，加大字号曰：乔封"忠义威福英惠侯"，陆封"忠烈威德英祐侯"。显功庙，在保叔塔下，神姓岳，名仲琚，世居霍山，为临安府吏，因兀术犯境，输家资募勇士，推尉司金、祝二十将充首将，领兵迎敌，战死，合境怀其忠义，祠于延祥四圣观，号为保稷山王。乡民申明于朝，赐庙额，显功封爵曰"忠翊侯"，以褒忠节。

仕贤祠

灵惠庙，在江涨桥化度寺。按，神姓陈名项，字行嵩，会稽人，仕于东晋，使虏留三年，仗节不屈，拔剑斫羁脔，复命于朝，历四州刺史，食邑钱塘、海盐、盐官三县之禄，死葬于皋亭山。梁朝封王爵，号"崇善"。宋朝赐庙额，以祷雨而应，初封侯爵，累加美号，进王爵曰"慈佑福善昭应王"。且神生则忠于国，死则佑于民，正谓之武功忠孝，节义昭著，有行祠凡四十余处矣。嘉泽庙，在涌金门西井城下，其神姓李名泌，字长源，唐朝相国邺侯，曾守杭，有风绩。郡城苦于海汲，民食咸水，侯凿六井，引西湖清水入城中，郡民始得饮清水，郡人德之，立祠，奉有香火。宋朝赐庙额，以褒其德。又三贤堂，在西湖苏堤，奉白乐天、林和靖、苏东坡三先生之祠。显庆庙，在龙井衍庆寺侧，神姓胡名则，婺之永康人，两曾尹杭，有惠政，在郡无江潮之患疾，告于朝，以兵部侍郎致仕，葬龙井山，其本里方岩山有方寇聚众，夜梦紫袍金带神人现赤帜于空中，随即剿灭，朝省褒嘉建庙，赐额封爵"显灵侯"，仍赐坟额"显应"。神之赫灵，乡民著于方岩矣。昭贶庙，在浑水闸东江塘上，神姓张，名夏，雍邱人，宋授司封郎官，为浙漕时，因江潮为患，故堤累行修筑，不过三年辄损，重劳民力，遂作石堤，得以无虞，民感其功，立祠于江塘上，朝省褒赠太常少卿，累封公侯之爵，次锡以王爵，加美号曰"灵济显佑威烈安顺王"。祠之左右，奉十潮神。又有行祠在马婆巷，名安济庙。先贤堂，在西湖苏堤南山第一桥，奉陶唐许箕公、汉严先生、吴将军凌公、晋文正范公、中尉褚公、宋龙骧将军卜庄侯、范先生、齐褚先生、顾先生、杜先生、梁太中大夫范公、范先生、记室褚公、唐太常卿康公、太尉褚公、礼部尚书褚文公、荆州大都督许公、张先生、后梁吴越武肃钱王、给事中罗公、宋秦王忠懿钱公、吏部侍郎郎公知制诰谢公、谏院钱公、和靖先生林公、翰林学士沈公、大中大夫钱公、龙图学士陆、虞三先生、秘阁吴公、八行崔先生、太师崇国张文忠公、孝节妇定夫人孙氏、夫人虞氏、孝女冯氏、节妇何氏、孝妇盛氏。祠侧以道馆扁"旌德"，专奉洒扫。潘逍遥祠，在潘阆巷，以宅基建祠祀之。

古神祠

夏禹王庙，在钱湖门城侧。汉留侯祠，在吴山灵护庙门。汉萧相国祠，在定民坊艮山门外。显忠庙，在长生老人桥，俗呼霍使君庙，加封美号曰"忠烈顺济昭应王"。周赧王庙，在钱塘崇化观山。防风氏庙，在廉德朱奥。申将军庙，在临平斗门桥北。周绛侯庙，即绛侯周勃也，祠在临平镇。福德行庆真君庙，在肇元升平里，吴下世传吴吕蒙也。曹王庙，在长乐像光湖南金奥村，相传曹子建也。

土俗祠

显应庙，在临安府治，即净因尼寺土地，赐庙额封爵曰"正佑安福使"。翼灵庙，在府治，相传为"永福镇安王"。旌忠庙，在天庆坊，其神姓赵，名延翰；姓马，名仁禹，并殿前指挥使左右班，艺祖开基，翊卫有功，授节钺，赠侍中，莫知庙食于杭自何而始。金华将军庙，在涌金门里水池上，神姓曹，名杲，真定人，后唐为金华令，仕于钱王，尝于城隅浚三池，建门名涌金，邦人德之，为立祠。广福庙，在盐桥，神姓蒋，世为杭人，乐于赈施，每岁秋成之际，籴谷如春夏价增时，以谷如元价出粜，不图利源，如岁歉，则捐谷以予饥者，神死之日，嘱其二弟曰：

"须存仁心,力行好事。"二弟谨遵兄训,恪守不违,里人立祠表其德,凡朝家祈祷,无不感应,遂赐庙额封爵,及其二弟并进侯位,曰"孚顺""孚惠""孚祐"之美号也。三将军庙,在潘阆巷。嘉应公祠,在秀义坊。通应侯庙,在开道坊。护国天王庙、白马神祠,在寿域坊,今迁粮料院巷口,故基。玉仙堂,在大隐坊内。石姥祠,在芳林乡。吴客三真君庙,在石榴园巷。义勇武安王及清源真君庙,在西溪法华山,一在半道红街。华严菩萨庙,在潭半逻。老人庙,在县东。北霸王庙,在芳林乡。会灵护国祠,在端平桥东土塘上。灵休庙,在城南厢江岸。真圣庙,在白塔岭半山。七娘子庙,在皋亭山,旧传崇善王妹也。苏将军庙,其神东晋骠骑将军。灵应庙,按神称杨都督,并崇善王位下神也。义桥崔总管庙、尚将军庙,四庙俱在肇元乡。秦王庙,在天云乡,故老相传晋毛宝庙也。济惠、福济二王庙,在象光湖西。济惠义祠,在北葛沈村。白龙王庙,在临平东山之中。又有龙祠,在洞侧。通灵庙,即黑龙王祠,在超山,赵忠献为邑宰时,祷雨有感,累申朝省封加美号曰"通灵惠应宣济昭惠侯"。

东都随朝祠

　　惠应庙,即东都皮场庙,自南渡时,有直庙人商立者,携其神像随朝至杭,遂于吴山至德观右立祖庙,又于万松岭侍郎桥巷元贞桥立行祠者三。按《会要》云:"神在东京显仁坊,名曰'皮场土地祠'。政和年间赐庙额,封王爵。中兴,随朝到杭,累加号曰'明灵昭惠慈佑王',神妃封曰'灵婉嘉德夫人''灵淑嘉靖夫人'。"按庙刻云:"其神乃古神农,于三王时都曲阜,世人食腥膻者,率致物故①,因集天下孝义勇烈

---

① 物故:死亡。

之士二十四人，分十二分野，播种采药，至今于世极有神功，两虎奉二十四仙医使者是也。自汉唐至今，奸寇助顺，其有圣迹，不可殚纪。"二郎神，即清源真君，在官巷，绍兴建祠。旧志云："东京有祠，随朝立之。"

外郡行祠

东岳行宫有五：曰吴山，曰西溪法华山，曰临平景星观，曰汤镇顺济宫，曰杨村崛山梵刹，俱奉东岳天齐仁圣帝香火。广惠行宫有三：曰钱塘门外霍山，曰在城金地山，曰千顷寺。按《会要》："真君姓张名渤，血食广德军之祠山，始封灵济王，累加美号曰'昭烈大帝'，后改封'昌福真君'，今加宝号曰'正佑圣烈昭德昌福崇仁真君'，自祖父祖母以下，若圣妃、若诸弟、诸子、诸妇及女，俱锡宋朝上爵封之，然都人士庶奉祀者，有祷必应，如响斯答。"仰山二王庙，在观桥东马军司西营。按《宜春志》："二神俱姓萧，自汉显灵，世该祀典。至宋功烈尤著，锡以王爵。王之祖父母、若妻、若子、若妇，皆赐爵号。开庆衡潭有变，临瑞至太平皆不能前，神之阴相默助居多，陈于朝，褒其功，改赐号曰'显德仁圣忠佑灵济王''福德仁圣忠卫康济王'，其王祖父母以下及左右佐神，并泐、仰二祖师，凡列祠者，咸加赉焉。"显佑庙，在仁和百万新仓西。按神姓陈，名仁果，常之晋陵人也，仕于隋，历司徒，有叛臣沈法兴谋叛，忌司徒威声，以食毒之而毙，其神忠愤赫灵，以神矢中法兴死之。唐武德嘉其功，庙祀焉，封爵忠烈公。梁加封"福顺忠烈王"。至后周封帝号。宋政和赐庙，常州以帝号非礼，易以王爵，曰"福顺武烈显应昭德王"，仍奉诏书驰驿赐显佑庙，傅以帛版，而别为文告于行祠。因咸淳二年十二月，将郊祀天地，命京尹潜皋墅祈雪，祥祷于庙,即降大雪。葳事①之际,明星有烂,三灵顾歆,由是岁丰,四方无虞。皋墅识于行祠壁,以昭灵贶,申朝赐爵,遣使缄词驰送忠佑庙,及别告于显佑行祠,以表大神之显灵也如此。灵顺庙,即徽州婺源灵祠,余杭立行祠②者七:一在南高峰顶荣国寺,有华光楼,傍为射亭,有角抵台,又辟山径而夷之,以便登陟;一在北高峰,为景德灵隐寺后山塔庙;一在钱塘门外九曲城下;一在钱塘县调露乡灵感寺;一在候潮门外瓶场湾;一在候潮门外普济桥东樱木教场侧普济寺;一在钱塘县六合塔寺南徐村新石塘。宋朝赐五王美号曰"显聪昭圣孚仁福善王""显明昭圣孚义福顺王""显正昭圣孚智福应王""显直昭圣孚信福佑王""显德昭圣孚爱福惠王"。每岁都入瓣香致敬者,纷纷咸趋焉。顺济圣妃庙,在艮山门外,又行祠在城南萧公桥及候潮门外瓶场河下市舶司侧。按庙记:"妃姓林,莆田人氏,素著灵异,立祠莆之圣堆。宣和赐庙额,累加夫人美号,后封妃,加号曰'灵惠协应嘉顺善庆圣妃'。其妃之灵著,多于海洋之中,佑护船舶,其功甚大,民之疾苦,悉赖姘幪③。"广灵庙,在石塘坝,奉"东岳温将军",请于朝,赐庙额封爵,自温将军以下九神皆锡侯爵,曰温封"正佑",李封"孚佑",钱封"灵佑",刘封"显佑",杨封"顺佑",康封"安佑",张封"广佑",岳封"协佑",孟封"昭佑",韦封"威佑"。梓潼帝君庙,在吴山承天观,此蜀中神,专掌注禄籍,凡四方士子求名赴选者悉祷之,封王爵曰"惠文忠武孝德仁圣王",王之父母及妃,及弟、若子、若孙、若妇、若女,俱褒赐显爵美号,建嘉庆楼,奉香灯。

---

① 葳(chǎn)事:谓事情办理完成。
② 行祠:临时的祠堂。
③ 姘幪(píng méng):庇护。

梦梁录卷十五

学　校

　　古者天子有学,谓之"成均",又谓之"上庠",亦谓之"璧水",所以养育作成天下之士类,非州县学比也。高宗南渡以来,复建太、武、宗三学于杭都:太学在纪家桥东,以岳鄂王第为之,规模宏阔,舍宇壮丽,学之西偏建大成殿,殿门外立二十四戟,大成殿以奉至圣文宣王,十哲配享,两庑彩画七十二贤,前朝贤士公卿诸像皆从祀,每岁春秋二丁,行释奠礼,命太常乐工数辈用宫架乐歌《宣圣御赞》,赞曰:"大哉宣圣,斯文在兹。帝王之式,今古之师。志则《春秋》,道由忠恕。贤于尧舜,日月共誉。惟时载雍,戡此武功。肃昭盛仪,海宇聿崇。"置学官,自祭酒、司业、丞、簿、正、录等共十四五员。学有崇化堂、首善阁、光尧石经之阁,奉高、孝二帝宸书御制札,石刻于阁下,以墨本置于上堂之后。东西为学官位。主上登极,则临幸学宫,奠谒宣圣,及赐诸生束帛。学官斋长,谕俱沾恩霈。高宗朝幸学之时,曾幸"养正""持志"二斋,两斋长谕:已免解人,特与免省;未免解人,与免解。恩例:其两斋生,并免将来文解一次。太学有二十斋:扁曰"服膺""徙身""习是""守约""存心""允蹈""养正""持志""节性""率履""明善"

"经德""循理""时中""笃信""果行""务本""贯道""观化""立礼"十七斋扁,俱米友仁书;余"节性""经德""立礼"斋扁,张孝祥书。各斋有楼,揭题名于东西壁。厅之左右,为东西序,对列位。后为炉亭,又有亭宇,揭以嘉名甚夥。绍兴年间,太学生员额三百人,后增置一千员,今为额一千七百一十有六员,以上舍额三十人,内舍额二百单六人,外舍额一千四百人,国子生员八十人,诸生衫帽出入,规矩森严,朝家所给学廪,动以万计,日供饮膳,为礼甚丰。月书季考,由外舍而升内舍,由内舍而升上舍,或释褐及第,或过省赴殿,恩例最优,于此见朝廷待士之厚,而平日教养之功,所以为他日大用之地也。太学内东南隅,设庙廷,奉后土神祇,即土地神,朝家敕封号曰"正显昭德孚忠英济侯"。按赞书,相传为中兴名将,其英灵未泯,而应响甚著,盖其故居也。理或然与?自是遂明指为岳忠武鄂王,况鄂国已极于隆名,宜庙食增崇于命祀,谨疏侯爵,未正王封,仍改庙额曰"忠显"。神之父母妻子,下逮将佐,皆有命秩,华以徽号。宗学,在睦亲坊。按国朝宗子分为六宅,宅各有学,学各有训导之官。中兴后,惟睦亲一宅,置诸王宫大小学教授,专以训迪南班子弟。嘉定岁,始改宫学为宗学,凡有籍者,宗子以三载一试,补入为生员,如太学法。置教授、博士、宗谕、立讲课,隶宗正寺掌之。学立大成殿、御书阁、明伦堂、立教堂、汲古堂。斋舍有六,扁曰"贵仁""立爱""大雅""明贤""怀德""升俊"。武学,在太学之侧前洋街。建武成殿,祀太公,曰"昭烈武成王",以留侯张良、武侯诸葛亮配,累朝诸名将从祀。学规依太学例试补,月考课升名。然教养之法未备,下礼兵部措置,立养士额,置武博、武谕各一员。淳熙、嘉泰,主上临幸武学,谒武成王,行肃揖礼。学建立成堂。斋舍有六,扁曰"受成""贵谋""辅文""中吉""经远""阅礼"。宗武学,俱有学廪、膳供、舍选、释褐,一如太学例。杭州府学,在凌家桥西。士夫嫌其湫隘①,故帅臣累增辟规模,广其斋舍,总为十斋,扁曰"进德""兴能""登俊""宾贤""持正""崇礼""致道""尚志""率性""养心"。又有小学斋舍,在"登俊"后。以东西二教掌其教训之职。次有前廊,录正等生员。各斋有长谕。月书季考,供膳亦厚,学廪不下数千,出纳、学正领其职。仁和、钱塘二县学,在县左,建庙学养士。仁和学有斋舍四,扁曰"教文""教行""教忠""教信"。钱塘学有斋舍六,曰"友善""辨志""教行""教信""教文""教忠"。诸县学亦如之。各县有学官,次有学职。生员日供饮膳,月修课考,悉如州学。州学廪,各县学不下数百,以为养士之供。医学,在通江桥北,又名太医局,建殿扁曰"神应",奉医师神应王,以岐伯善济公配祀。讲堂扁曰"正纪"。朝家以御诊长听充判局职。本学以医官充教授四员,领斋生二百五十人。月季教课,出入冠带,如上学礼。学廪饮膳,丰厚不苟,大约视学校规式严肃。局有斋舍者八,扁曰"守一""全冲""精微""立本""慈用""致用""深明""稽疾"。

贡　院

礼部贡院,在观桥西。中兴纪年,诸郡贡生,类试于各路转运所在州府就试。绍兴十年,诸州依条发解,将省殿试展一年。向后科场,自十二年省试为准。至十四年,诸州发解如故,三年一次,降诏自是为定制。贡院置大中门。大门里置弥封誊录所及诸司官,中门内两廊各千余间廊屋,为士子试处。厅之两厢,列进士题名石刻,堂上列省试赐知贡举御札,及殿试赐详定官御札,并闻喜宴赐进士御诗石

① 湫(jiǎo)隘:低下狭小。

刻。别试院在大理寺之西,专以待贡士之避亲嫌者。本州贡院,在钱塘门外王家桥,以待本州九县士人发解之处。两浙漕司贡院,在北关门外沈家桥,以待两浙路寓士及有官人宗女夫等发解之处。

城内外诸宫观

释老之教遍天下,而杭郡为甚。然二教之中,莫盛于释,故老氏之庐,十不及一。但老氏之教,有君臣之分,尊严难犯,报应甚捷,故奉老氏者,倍加恭敬,不敢亵渎,此释氏之所不如也。且在城宫观,则以太乙、万寿为首,余杭、洞霄次之。其他外郡,如醴泉、佑神、集禧、崇禧等观又次焉。此朝廷以待老臣执政闲居、侍从卿监,除提举主事之职,优宠也。今摅宫观在杭者,除御前十宫观外,编次于后。天庆观,在天庆坊,以奉圣祖保生天尊大帝香火。郡家官僚,朔望到任,俱朝谒于此。报恩观,在观桥南报恩坊。元贞观,在贡院西巷。旌忠观,在丰乐桥东北,以奉凤翔府和尚原三圣庙香火。中兴观,即伍相公庙,后天明、承天,即梓潼庙。天庆、灵应、至德、崇应六宫观,俱在吴山之左右。鹤林观,在俞家园。景隆观,在新门外水府。净鉴观,在清水闸。玉虚观,奉三官。表忠观,奉钱王五庙香灯,在龙山左右。贞武观,在太和寺后。玉清宫,在葛岭下。旌德观,在苏堤先贤堂后。云涛、上清两宫观,俱在雷峰塔寺之右。冲虚观,在履泰乡。太清观,在龙井山。景星观,在临平岳祠之侧。顺济宫,在汤镇岳宫之左右。外有在城及附郭女冠宫观者九:曰福田、新兴、明贞、神仙、承天、西靖、灵耀、长清等宫。余外七县,首以余杭大涤洞天,即洞霄宫也。以下宫观,二十有三:如洞霄宫者,按诸志书云:"自汉武帝迄唐五代,至宋一千九百余年,元名'天柱',宋大中祥符年赐观额'洞霄'。"按《真境录》云："宫有五洞交扃，九峰回抱，千岩万谷，秀聚其中，或泉飞肜厦之担，云锁碧坛之角，祥光神异，兼木返于春秋，抚掌泉灵，更丹藏于翠石。"又有亭馆者七，扁曰"漱玉""超然""税驾""翠蛟""飞玉""宜霜""聚仙""贞抱"是也。自晋宋以来，得道之士，许迈而下，凡二十有四人焉。更有神异"捣药禽"，盖山中异鸟最多，仅有其一，昼隐夜鸣，莫得而见，声音清亮，彻旦不绝，类如杵药之声。曰五色云气，出于洞中。高庙脱屣万几，颐神物表，遂于乾道二年，自德寿宫行幸山中，驻跸累日，敕大官进蔬膳，御翰《度人经》以赐。自有天地，即有此山，殊尤之迹胜矣。苏文忠公诗："上帝高居悯世顽，故留琼馆在凡间。青山九锁不易到，作者七人相对闲；庭下流泉翠蛟舞，洞中飞鼠白鸦翻。长松怪石宜霜鬓，不用金丹苦驻颜。"又方干诗："早识吾师频到此，芝童药犬亦相迎。师今一去无消息，花洞石泉空月明。"其余名贤赋咏，不尽详述。又有道堂者，如西湖崇真道院、灵应希真道堂以下，城内外约有二十余处，皆舍俗三清道友，及接待外路名山洞府往来云水①高人，时有神仙应缘现迹，详于志传。

城内外寺院

明庆寺，在木子巷，凡朝家祈祷，及宰执文武官僚建启圣节道场咸在焉。仙林慈恩普济教寺，在盐桥东。寺有万善大乘戒坛，僧尼受戒法之地。太平兴国传法寺，在佑圣观东。千顷广化院，在木子巷北，系群臣僚佐建启圣节道场及祈祷去处。城内寺院，如自七宝山开宝仁王寺以下，大小寺院五十有七。倚郭尼寺，自妙净福全慈光地藏

---

① 云水：道士。

寺以下，三十有一。又两赤县大小梵宫，自景德灵隐禅寺、三天竺、演福上下、圆觉、净慈、光孝、报恩禅寺以下，寺院凡三百八十有五。更七县寺院，自余杭县径山能仁禅寺以下，一百八十有五。都城内外庵舍，自保宁庵之次，共一十有三。诸录官下僧庵，及白衣社会道场奉佛，不可胜纪。或僧行欲建道场殿宇，则持钵游于四方，能事者干缘，不日可以成就，惟道坚志愿无二心耳。

僧塔寺塔

杭城有古僧塔者，如上竺寺有隋朝僧贞观法师东冈塔，竹阁有唐朝鸟窠禅师塔，四圣观御园玛瑙坡高僧塔，放马场栖真院赞宁塔，宝胜寺后山法慧大师塔，龙井寿圣寺辨才和尚塔，塔前有双株海堂。其寺塔者，如六和慈恩开化寺曰六和塔，荣国寺曰南高峰塔，景德灵隐寺曰北高峰庙塔，崇寿寺曰保叔塔，又显严院寺曰雷峰塔，曰圣果寺塔，定民坊曰佛牙塔，广化寺曰辟支塔，南山延寿法显院曰华严塔，净因寺曰双石塔。大中祥符开元寺广九里，自南渡初，斥西北充军器所、作院及民居，寺元有铁塔石塔者五。又有法华塔，在端拱年僧文定建千顷广化院。有慈化大佛塔，即了性塔。景德、灵隐、净慈、报恩、光孝寺，各有铁塔，乃吴越钱王所造。街市有塔者，如阁门里杨府前有砖塔，巷名曰塔儿头。龙山儿头岭名白塔岭，岭有石塔存焉。儿门北有军寨门，立双塔，呼为双塔寨。荐桥门外观音寺对有砖塔，年深矣。北关门外二郎庙，庙前亦有砖塔。三桥北杨三郎头巾铺，河岸相对，有砖塔，塔在度子桥南。两浙运司衙桥南光相寺亦有双塔，立于寺前。西湖三潭，立三塔以镇之。余外有僧庵所建塔院及街市砖塔，近年者不赘详。

古今忠烈孝义贤士墓

夏后氏之墓,见于晚周。女娲坟,考之自唐明皇朝天宝年,至今几四百有余年尚存也。夫陵谷变迁,高深易位,彼何能若是之久哉?盖圣帝明皇,天相神护,以至于斯耳。今摭钱塘、仁和两县之古冢,备录于后。唐杜牧墓,在南山东南,与佛日山夹境,名杜牧坞是也。吴越文穆忠献王墓,在龙山之南。吴越孝献世子墓,在天竺前山。吴越忠懿妻贤德顺睦妃孙氏墓,在石人岭下。吴越王妃仰氏墓,在龙井山放马场。按表忠观碑刻载,钱氏墓在钱塘者凡二十有六墓焉。吴越太尉开国薛公墓,在灵石山。吴越给事罗隐墓,在钱塘定山乡。和靖先生林处士墓,在孤山。杭守吴则侍郎墓,在龙井广福寺之麓。都尉周仰、待制周邦彦、少师元绛三墓,俱在南荡山。文宪强渊明、襄恪赵密等墓,并在西溪钦贤乡。少宰刘正夫墓,在真珠岭。枢密章粢墓,在宝石山。寺丞陈刚中墓,在龙井岭上沙盆坞。敬恭仪王赵仲湜墓,在西湖显明寺,王生时,有紫光照室,视之则肉块,以刃剖开,婴儿在内。靖康时,诸军欲推而立之,仗剑以晓谕诸军曰:"自有真王。"其军犹未退,遂自拔剑欲刺,六军方退。约以逾月真王出,众喏,言若真王不出,则王当立矣。王阳许之,而阴实缓其期。未几,高庙即位于应天,王间关而南。上屡嘉叹。王尝自赞其像曰:"惟忠惟孝,不污不苟。皓月清风,良朋益友。湛然灵台,确乎不朽。"浙西提刑龙图周格墓,在独角门步司前军寨。前殿撰周杞墓,在徐、范村之间。忠毅毕再遇墓,在西溪。秘阁朱弁墓,在西湖。丞相李文靖墓,在小隐山。紫芝赵师秀墓,在葛岭。花翁孙季蕃墓,在水仙庙侧。淳固先生宋斌墓,在资国寺之右。忠武岳鄂王墓,在栖霞岭下。

历代古墓

　　晋杜子恭墓,在钱塘,唐马三宝墓,在行春桥水竹坞教场内,其墓于绍兴末因增广教场,惟此冢独高大,寨卒欲去之,方举锸间,墓中有黑蜂数百飞出著人,不可向而止。是夕步帅感梦,有一衣黄服之人曰:"吾前王之子,葬此已久,祈勿毁。"辞语甚切。次早,有本军申至应梦,遂辍其役。丁兰母冢,故居在艮山门外三十六里丁桥之右,母死,刻木事之如生,冢在姥山之东。唐孝女墓,在钱塘孝女南乡,故老相传,昔有唐媿娘,年十二三,母病,曾剖腹取肝,和粥以进母,母病愈而媿娘以疮破入风而死,里人葬于此,美其孝,故名曰唐孝女墓,记之。亚父冢,在皋亭山。木娘墓,在艮山门太平乡华林里蔡塘东,昔蔡汝拨之庶母沈氏死,汝拨尚幼,父用火葬,汝拨伤母无松楸之地①,尝言之辄泣。自后长成,以木刻母形,以衣衾棺椁择地葬之,仍置田亩,造庵舍,命僧以奉晨香夕灯,乡人遂称为木娘墓。苏小小墓,在西湖上,有"湖堤步游客"之句,此即题苏氏之墓也。

---

①　松楸之地:墓地。古代墓地多植松树与楸树,因以松楸之地代称墓地。

梦梁录卷十六

茶　肆

汴京熟食店，张挂名画，所以勾引观者，留连食客。今杭城茶肆亦如之，插四时花，挂名人画，装点店面。四时卖奇茶异汤，冬月添卖七宝擂茶、馓子、葱茶，或卖盐豉汤，暑天添卖雪泡梅花酒，或缩脾饮暑药之属。向绍兴年间，卖梅花酒之肆，以鼓乐吹《梅花引》曲破卖之，用银盂勺盏子，亦如酒肆论一角二角。今之茶肆，列花架，安顿奇松异桧等物于其上，装饰店面，敲打响盏歌卖，止用瓷盏漆托供卖，则无银盂物也。夜市于大街有车担设浮铺，点茶汤以便游观之人。大凡茶楼多有富室子弟、诸司下直等人会聚，习学乐器、上教曲赚之类，谓之"挂牌儿"。人情茶肆，本非以点茶汤为业，但将此为由，多觅茶金耳。又有茶肆专是五奴①打聚处，亦有诸行借工卖伎人会聚行老②，谓之"市头"。大街有三五家开茶肆，楼上专安着妓女，名曰"花茶坊"，如市西坊南潘节干、俞七郎茶坊，保佑坊北朱骷髅茶坊，太平

---

① 五奴：在妓院里担任杂务男子的贬称。五，为乌龟之"乌"的借音。
② 行(háng)老：古代大都市中各行各业的头儿，兼为人介绍职业。

坊郭四郎茶坊,太平坊北首张七相干茶坊,盖此五处多有炒闹①,非君子驻足之地也。更有张卖面店隔壁黄尖嘴蹴球茶坊,又中瓦内王妈妈家茶肆名一窟鬼茶坊,大街车儿茶肆、蒋检阅茶肆,皆士大夫期朋约友会聚之处。巷陌街坊,自有提茶瓶沿门点茶,或朔望日,如遇吉凶二事,点送邻里茶水,倩其往来传语。又有一等街司衙兵百司人,以茶水点送门面铺席,乞觅钱物,谓之"龊茶"。僧道头陀欲行题注,先以茶水沿门点送,以为进身之阶。

酒　肆

中瓦子前武林园,向是三元楼康、沈家在此开沽②,店门首彩画欢门,设红绿杈子,绯绿帘幕,贴金红纱栀子灯,装饰厅院廊庑,花木森茂,酒座潇洒。但此店入其门,一直主廊,约一二十步,分南北两廊,皆济楚③阁儿,稳便坐席,向晚灯烛荧煌,上下相照,浓妆妓女数十,聚于主廊槏面④上,以待酒客呼唤,望之宛如神仙。次有南瓦子熙春楼王厨开沽,新街巷口花月楼施厨开沽,融和坊嘉庆楼、聚景楼,俱康、沈脚店,金波桥风月楼严厨开沽,灵椒巷口赏新楼沈厨开沽,坝头西市坊双凤楼施厨开沽,下瓦子前日新楼郑厨开沽,俱有妓女,以待风流才子买笑追欢耳。如酒肆门首,排设杈子及栀子灯等,盖因五代时郭高祖游幸汴京,茶楼酒肆俱如此装饰,故至今店家仿效成俗也。大

---

① 炒闹:吵闹;喧闹。
② 开沽:卖酒。
③ 济(jǐ)楚:漂亮。
④ 槏(qiǎn)面:门面。

抵酒肆除官库、子库、脚店之外,其余谓之"拍户",兼卖诸般下酒,食次①随意索唤。酒家亦自有食牌,从便点供。更有包子酒店,专卖灌浆馒头②、薄皮春茧包子、虾肉包子、鱼兜杂合粉、灌燠大骨之类。又有肥羊酒店,如丰豫门归家、省马院前莫家、后市街口施家、马婆巷双羊店等铺,零卖软羊、大骨龟背、烂蒸大片、羊杂熓四软、羊撺四件。有一等直卖店,不卖食次下酒,谓之"角球店",零沽散卖,或百单四、七十七、五十二、三十八者是也。又有挂草葫芦、银马勺、银大碗,亦有挂银裹直卖牌,多是竹栅布幕,谓之"打碗头",只三二碗便行。更有酒店兼卖血脏、豆腐羹、爊螺蛳、煎豆腐、蛤蜊肉之属,乃小辈去处。若酒力高美者,牌额卖过山之名,其言一山、二山、三山之类是也。大凡入店不可轻易登楼,恐饮宴短浅。如买酒不多,只坐楼下散坐,谓之"门床马道"。初坐定,酒家人先下看菜,问酒多寡,然后别换好菜蔬。有一等外郡士夫,未曾谙识者,便下箸吃,被酒家人哂笑。然店肆饮酒,在人出著,且如下酒品件,其钱数不多,谓之"分茶",小分下酒,或命妓者,被此辈索唤珍品、下细食次,使其高抬价数,惟经惯者不堕其计。曩者东京杨楼、白矾、八仙楼等处酒楼,盛于今日,其富贵又可知矣。且杭都如康、沈、施厨等酒楼店,及荐桥丰禾坊王家酒店、暗门外郑厨分茶酒肆,俱用全桌银器皿沽卖,更有碗头店一二处,亦有银台碗沽卖,于他郡却无之。

---

① 食次:食品。多指酒菜、点心之类。
② 灌浆馒头:灌汤包子。

分茶酒店

凡分茶酒肆，卖下酒食品厨子，谓之"量酒博士"。师公店中小儿，谓之"大伯"。更有百姓入酒肆，见富家子弟等人饮酒，近前唱喏，小心供过①，使人买物命妓，谓之"闲汉"。又有向前换汤斟酒，歌唱献果，烧香香药，谓之"厮波"。有一等下贱妓女，不呼自来，筵前祗应，临时以些少钱会赠之，名"打酒座"，亦名"礼客"。有卖食药香药果子等物，不问要与不要，散与坐客，名之"撒暂"。如此等类，处处有之。杭城食店，多是效学京师人，开张亦效御厨体式，贵官家品件。凡点索茶食，大要及时。如欲速饱，先重后轻。兼之食次名件②甚多，姑以述于后，曰百味羹、锦丝头羹、十色头羹、闲细头羹、海鲜头食、酥没辣、象眼头食、莲子头羹、百味韵羹、杂彩羹、枕叶头羹、五软羹、四软羹、三软羹、集脆羹、三脆羹、双脆羹、群鲜羹、落索儿、烤③腰子、盐酒腰子、脂蒸腰子、酿腰子、荔枝烤腰子、腰子假炒肺、鸡丝签、鸡元鱼、鸡脆丝、笋鸡鹅、柰香新法鸡、酒蒸鸡、炒鸡蕈、五味焐鸡、鹅粉签、鸡夺真、五味杏酪鹅、绣吹鹅、闲笋蒸鹅、鹅排吹羊大骨、蒸软羊、鼎煮羊、羊四软、酒蒸羊、绣吹羊、五味杏酪羊、千里羊、羊杂煿、羊头元鱼、羊蹄笋、细抹羊生脍、改汁羊撺粉、细点羊头、三色肚丝羹、银丝肚、肚丝签、双丝签、荤素签、大片羊粉、大官粉、三色团圆粉、转官粉、三鲜粉、二色水龙粉、鲜虾粉、肫掌粉、梅血细粉、铺姜粉、杂合粉、珍珠粉、七宝科头粉、撺香螺、酒烧香螺、香螺脍、江瑶清羹、酒烧江瑶、生丝江

---

① 供过：侍奉。
② 名件：名目，名色。
③ 烤（kào）：一种烹饪方法。将食物文火烹煮，使汤汁变浓。

梦粱录

瑶、撺望潮青虾、蟑蚔、酒炙青虾、酒法青虾、青虾辣羹、酒掇蛎、生烧酒蛎、姜酒决明、五羹决明、三陈羹决明、签决明、四鲜羹、赤鱼分明、姜燥子赤鱼、鱼鳔二色脍、海鲜脍、鲈鱼脍、鲤鱼脍、鲫鱼脍、群鲜脍、燥子沙鱼丝儿、清供沙鱼拂儿、清汁鳗鳔、假团圆燥子、衬肠血筒燥子、麻菇丝笋燥子、潭笋、酿笋、抹肉笋签、酥骨鱼、酿鱼、两熟鲫鱼、酒蒸石首、白鱼、时鱼、酒吹鲚鱼、春鱼、油煠春鱼、鲂鱼、石首、油煠鮓鳙、油煠假河豚、石首玉叶羹、石首桐皮、石首鲤鱼、炒鳝、石首鳝生、石首鲤鱼兜子、银鱼炒鳝、撺鲈鱼清羹、鮓鳙假清羹、虾鱼肚儿羹、鮓鳙满盒鳅、江鱼假鲗、酒法白虾、紫苏虾、水荷虾儿、虾包儿、虾玉鳝辣羹、虾蒸假奶、查虾鱼、水龙虾鱼、虾元子、麻饮鸡虾粉、芥辣虾、蹄脍、麻饮小鸡头、汁小鸡、小鸡元鱼羹、小鸡二色莲子羹、小鸡假花红清羹、撺小鸡、拂儿笋、煠小鸡、五味炙小鸡、小鸡假炙鸭、红燠小鸡、脯小鸡、五色假料头肚尖、假炙江瑶肚尖、煠肚山药、鹌子、鸠子、笋焙鹌子、假燠鸭、清撺鹌子、红燠鹌子、八糙鹌子、蜜炙鹌子、鸠子、黄雀、酿黄雀、煎黄雀、辣燠野味、清供野味、野味假炙、野味鸭盘兔糊、燠野味、清撺鹿肉、黄羊、獐肉、炙犯儿、赤蟹、假炙鲎柱、醋赤蟹、白蟹、辣羹、蝤蛑签、蝤蛑辣羹、溪蟹、奈香盒蟹、辣羹蟹、签糊薑蟹、枨醋洗手蟹、枨酿蟹、五味酒酱蟹、酒泼蟹、生蚶子、煠肚燥子蚶、枨醋蚶、五辣醋蚶子、蚶子明芽肚、蚶子脍、酒烧蚶子、蚶子辣羹、酒煀鲜蛤、蛤蜊淡菜、淡菜脍、改汁辣淡菜、米脯鲜蛤、米脯淡菜、米脯风鳗、米脯羊、米脯鸠子、鲜蛤、假燠蛤蜊肉、荤素水龙白鱼、水龙江鱼、水龙肉、水龙腰子、假淳菜腰子、假炒肺羊燠、下饭假牛冻、假驴事件、冻蛤蜊、冻鸡、冻三鲜、冻石首、白鱼、冻鮓鳙、假蛤蜊、三色水晶丝、五辣醋羊、生脍十色事件、冻三色炙、润鲜粥、蜜烧臂肉炙、犯儿江鱼炙、润燠獐肉炙、润江鱼咸豉、十色咸豉、下饭臂肉、假燠鸭、下饭二色炙、润骨头等食品。更有供未尽名件，随时索唤，应手供造品尝，不致阙典。又有托盘担架至酒肆中，歌叫买卖者，如炙鸡、八焙鸡、红燎鸡、脯鸡、燎鸭、八糙鹅鸭、白煠春鹅、炙鹅、糟羊蹄、糟蟹、燎肉蹄子、糟鹅事件、燎肝事件、酒香螺、海腊、糟脆筋、千里羊、诸色姜豉、波丝姜豉、姜虾、海蜇鲊、膘皮煠子、獐犯、鹿脯、影戏算条、红羊犯、槌脯线条、界方条儿、三和花桃骨、鲜鹅鲊、大鱼鲊、鲜鳇鲊、寸金鲊、筋子鲊、鱼头酱等。鲦鱼、虾茸、鳗丝、地青丝、野味腊、白鱼干、金鱼干、梅鱼干、鲚鱼干、银鱼干、鳜鱼干、银鱼脯、紫鱼螟脯丝等脯腊从食①。荤素点心包儿：旋炙犯儿、灌燎鸡粉羹、科头撺鱼肉、细粉小素羹、灌肺羊、血糊虀、海蛰、螺头、辣菜饼、熟肉饼、鲜虾肉团饼、羊脂韭饼。四时果子、圆柑、乳柑、福柑、甘蔗、土瓜、地栗②、麝香甘蔗、沉香藕、花红、金银水蜜桃、紫李、水晶李、莲子、梓桃、新胡桃、新银杏、紫杨梅、银瓜、福李、台柑、洞庭橘、蜜橘、匾橘、衢橘、金橘、橄榄、红柿、方顶柿、火珠柿、绿柿、巧柿、樱桃、豆角、青梅、黄梅、枇杷、金杏。此果未遇时，则有歌卖。更有干果子，如锦荔、木弹、京枣、枣圈、香莲、串桃、条梨、旋胜番糖、糖霜、番梓桃、松子、巴榄子、人面子、嘉庆子诸色韵果、十色蜜煎蚫螺、诸般糖煎细酸、四时像生儿时果、春兰、秋菊、石榴子儿、马院醍醐、乳酪、韵果、蜜姜豉、皂儿膏、轻饧、玛瑙饧、十色糖、麝香豆沙团子，又有陈州果儿、密云柿、糖丝、梅、山糖乌李、反旋果、莴苣、生菜、笋姜、油多糟琼芝、四色辣菜、四时细色菜蔬、糟藏，秋天有炒栗子、新银杏、香药、木瓜、柸子等类。更有怡床卖熟羊、炙鳅、炙鳗、炙鱼粉、鳅粉等物。诸店肆俱有厅院廊庑，排列小小稳便漤儿，吊窗之外，花竹掩映，

---

① 从食：副食。指小食、点心等食品。
② 地栗：荸荠的别名。

垂帘下幕,随意命妓歌唱,虽饮宴至达旦,亦无厌怠也。

面食店

向者汴京开南食面店,川饭分茶,以备江南往来士夫,谓其不便北食故耳。南渡以来,几二百余年,则水土既惯,饮食混淆,无南北之分矣。大凡面食店,亦谓之"分茶店"。若曰分茶,则有四软羹、石髓羹、杂彩羹、软羊焙腰子、盐酒腰子、双脆、石肚羹、猪羊大骨、杂辣羹、诸色鱼羹、大小鸡羹、捍肉粉羹、三鲜大燠骨头羹、饭食。更有面食名件:猪羊庵生面、丝鸡面、三鲜面、鱼桐皮面、盐煎面、笋泼肉面、炒鸡面、大燠面、子料浇虾𬶏面、燠汁米子、诸色造羹、糊羹、三鲜棋子、虾𬶏棋子、虾鱼棋子、丝鸡棋子、七宝棋子、抹肉、银丝冷淘、笋燥齑淘、丝鸡淘、耍鱼面。又有下饭,则有焙鸡、生熟烧、对烧、烧肉、煎小鸡、煎鹅事件、煎衬肝肠、肉煎鱼、煠梅鱼、𩹉鲫杂𤉢、豉汁鸡、焙鸡、大燠𤉢鱼等下饭。更有专卖诸色羹汤、川饭,并诸煎肉鱼下饭。且言食店门首及仪式:其门首,以枋木及花样沓结缚如山棚,上挂半边猪羊,一带近里门面窗牖,皆朱绿五彩装饰,谓之"欢门"。每店各有厅院,东西廊庑,称呼坐次。客至坐定,则一过卖①执箸遍问坐客。杭人侈甚,百端呼索取覆,或热,或冷,或温,或绝冷,精浇燠烧,呼客随意索唤。各卓或三样皆不同名,行菜②得之,走迎厨局前,从头唱念,报与当局者,谓之"铛头",又曰"著案"。讫行菜③,行菜诣灶头托盘前去,从头散

---

① 过卖:旧时酒饭馆里招呼食客的堂倌。
② 行菜:端送菜肴的人。
③ 行菜:端送菜肴。

227

下,尽合诸客呼索,指挥①不致错误。或有差错,坐客白之店主,必致叱骂罚工,甚至逐之。有店舍专卖饦饦面,如大燠饦饦、大燥子、料浇虾、蝶丝鸡、三鲜等饦饦,并卖馄饨。亦有专卖菜面、熟齑笋肉淘面,此不堪尊重,非君子待客之处也。又有专卖素食分茶,不误斋戒,如头羹、双峰、三峰、四峰、到底签、蒸果子、鳖蒸羊、大段果子、鱼油煠、鱼茧儿、三鲜、夺真鸡、元鱼、元羊蹄、梅鱼、两熟鱼、煠油河鲀、大片腰子、鼎煮羊麸、乳水龙麸、笋辣羹、杂辣羹、白鱼辣羹饭。又下饭如五味燠麸、糟酱、烧麸、假炙鸭、干签杂鸠、假羊事件、假驴事件、假煎白肠、葱焙油煠、骨头米脯、大片羊、红燠大件肉、煎假乌鱼等下饭。素面如大片铺羊面、三鲜面、炒鳝面、卷鱼面、笋泼刀、笋辣面、乳齑淘、笋齑淘、笋菜淘面、七宝棋子、百花棋子等面,皆精细乳麸,笋粉素食。又有专卖家常饭食,如揎肉羹、骨头羹、蹄子清羹、鱼辣羹、鸡羹、耍鱼辣羹、猪大骨清羹、杂合羹、南北羹、兼卖蝴蝶面、煎肉、大燠虾蝶等蝴蝶面,及有煎肉、煎肝、冻鱼、冻鲞、冻肉、煎鸭子、煎鲚鱼、醋鲞等下饭。更有专卖血脏面、齑肉菜面、笋淘面、素骨头面、麸笋素羹饭。又有卖菜羹饭店,兼卖煎豆腐、煎鱼、煎鲞、烧菜、煎茄子,此等店肆乃下等人求食粗饱,往而市之矣。

荤素从食店(诸色点心事件附)

市食点心,四时皆有,任便索唤,不误主顾。且如蒸作面行卖四色馒头、细馅大包子、卖米薄皮春茧、生馅馒头、馉子、笑靥儿、金银炙焦牡丹饼、杂色煎花馒头、枣箍荷叶饼、芙蓉饼、菊花饼、月饼、梅花

---

① 指挥:安排。

饼、开炉饼、寿带龟仙桃、子母春茧、子母龟、子母仙桃、圆欢喜、骆驼蹄、糖蜜果食、果食将军、肉果食、重阳糕、肉丝糕、水晶包儿、笋肉包儿、虾鱼包儿、江鱼包儿、蟹肉包儿、鹅鸭包儿、鹅眉夹儿、十色小从食、细馅夹儿、笋肉夹儿、油燋夹儿、金铤夹儿、江鱼夹儿、甘露饼、肉油饼、菊花饼、糖肉馒头、羊肉馒头、太学馒头、笋肉馒头、鱼肉馒头、蟹肉馒头、肉酸馅、千层儿、炊饼、鹅弹。更有专卖素点心从食店，如丰糖糕、乳糕、栗糕、镜面糕、重阳糕、枣糕、乳饼、麸笋丝、假肉馒头、笋丝馒头、裹蒸馒头、菠菜果子馒头、七宝酸馅、姜糖、辣馅糖馅馒头、活糖沙馅诸色春茧、仙桃龟儿、包子、点子、诸色油燋、素夹儿、油酥饼儿、笋丝麸儿、果子、韵果、七宝包儿等点心。更有馒头店兼卖江鱼兜子、杂合细粉、灌燸软烂大骨料头、七宝料头。又有粉食店，专卖山药元子、真珠元子、金橘水团、澄粉水团、乳糖桱、拍花糕、糖蜜糕、裹蒸粽子、栗粽、金铤裹蒸茭粽、糖蜜韵果、巧粽、豆团、麻团、糍团及四时糖食点心。及沿街巷陌盘卖点心：馒头、炊饼及糖蜜酥皮烧饼、夹子、薄脆、油燋从食、诸般糖食油燋、虾鱼划子、常熟糍糕、馉饳瓦铃儿、春饼、芥饼、元子、汤团、水团、蒸糍、栗粽、裹蒸、米食等点心。及沿门歌叫熟食：燻肉、炙鸭、燻鹅、熟羊、鸡鸭等类，及羊血、灌肺、撺粉、科头，应于市食，就门供卖，可以应仓卒之需。

米　铺

　　杭州人烟稠密，城内外不下数十万户，百十万口。每日街市食米，除府第、官舍、宅舍、富室，及诸司有该俸人外，细民所食，每日城内外不下一二千余石，皆需之铺家。然本州所赖苏、湖、常、秀、淮、广等处客米到来，湖州市米市桥、黑桥，俱是米行，接客出粜，其米有数

229

等,如早米、晚米、新破砻、冬舂、上色白米、中色白米、红莲子、黄芒、上秆、粳米、糯米、箭子米、黄籼米、蒸米、红米、黄米、陈米。且言城内外诸铺户,每户专凭行头于米市做价,径发米到各铺出粜。铺家约定日子,支打米钱。其米市小牙子,亲到各铺支打发客。又有新开门外草桥下南街,亦开米市三四十家,接客打发,分俵铺家。及诸山乡客贩卖,与街市铺户,大有径庭。杭城常愿米船纷纷而来,早夜不绝可也。且又袋自有赁户,肩驮脚夫亦有甲头管领,船只各有受载舟户,虽米市搬运混杂,皆无争差,故铺家不劳余力而米径自到铺矣。

肉　铺

杭城内外,肉铺不知其几,皆装饰肉案,动器新丽。每日各铺悬挂成边猪,不下十余边。如冬年两节,各铺日卖数十边。案前操刀者五七人,主顾从便索唤剖切。且如猪肉名件,或细抹落索儿精、钝刀丁头肉、条撺精、窜燥子肉、烧猪煎肝肉、膋肉、庵蒸肉。骨头亦有数名件,曰双条骨、三层骨、浮筋骨、脊䯑骨、球杖骨、苏骨、寸金骨、棒子、蹄子、脑头大骨等。肉市上纷纷,卖者听其分寸,略无错误。至饭前,所挂之肉骨已尽矣。盖人烟稠密,食之者众故也。更待日午,各铺又爊膘熟食:头、蹄、肝、肺四件,杂爊蹄爪事件,红白爊肉等。亦有盘街货卖,更有犯鲊铺,兼货生熟肉。且如犯鲊,名件最多,姑言一二。其犯鲊者:算条、影戏、盐豉、皂角、铤松、脯界、方条、线条、糟猪头肉、玛瑙肉、鹅鲊、旋鲊、寸金鲊、鱼头酱、三和鲊、切鲊、桃花鲊、骨鲊、饭鲊、槌脯、红羊犯、大鱼鲊、鲟鳇鱼鲊等类。冬间添卖冻姜豉蹄子、姜豉鸡、冻白鱼、冻波斯姜豉等。坝北修义坊,名曰"肉市",巷内两街,皆是屠宰之家,每日不下宰数百口,皆成边及头蹄等肉,俱系城内外诸面店、分茶店、酒店、犯鲊店及盘街卖熝肉等人，自三更开行上市，至晓方罢市。其街坊肉铺，各自作坊，屠宰货卖矣。或遇婚姻日，及府第富家大席，华筵数十处，欲收市腰肚，顷刻并皆办集，从不劳力。盖杭州广阔可见矣。

鲞　铺

杭州城内外，户口浩繁，州府广阔，遇坊巷桥门及隐僻去处，俱有铺席买卖。盖人家每日不可阙者，柴米油盐酱醋茶。或稍丰厚者，下饭羹汤，尤不可无。虽贫下之人，亦不可免。盖杭城人娇细故也。姑以鱼鲞言之，此物产于温、台、四明等郡，城南浑水闸，有团招客旅，鲞鱼聚集于此。城内外鲞铺，不下一二百余家，皆就此上行合摵。鱼鲞名件具载于后：郎君鲞、石首鲞、望春、春皮、片鳓、鳓鲞、鳖鲞、鲭鲞、鳗条弯鲞、带鲞、短鲞、黄鱼鲞、鲭鱼鲞、鱿鲞、老鸦鱼鲞、海里羊。更有海味，如酒江瑶、酒香螺、酒蛎、酒蛼龟脚、瓦螺头、酒坯子、酒蝇鲞、酱蝛蛎、锁官蝛、小丁头鱼、紫鱼、鱼膘、蚶子、鲭子、魽子、海水团、望潮卤虾、蝛鲚鲞、红鱼、明脯、鲒干、比目、蛤蜊、酱蜜丁、车螯、江蟢、蚕蟢、鳔肠等类。铺中亦兼卖大鱼鲊、鲟鱼鲊、银鱼鲊、饭鲊、鲜鲊、蟹鲊、淮鱼干、蜉蛢、盐鸭子、煎鸭子、煎鲥鱼、冻耍鱼、冻鱼、冻鲞、炙鲤、炙鱼、粉鳅、炙鳗、蒸鱼、炒白虾。又有盘街叫卖，以便小街狭巷主顾，尤为快便耳。

梦梁录卷十七

历代人物

　　杭城湖光山色之秀，钟为人物，所以清奇杰特，为天下冠。自陶唐至于秦、汉、晋、隋、唐之人物，彬彬最盛；至宋则人物尤盛于唐矣。今以历代杭之人物考之，曰陶唐：箕公许由，隐寓昌化晚溪，有千顷山故居。汉：严陵，光武之故人，不屈于朝，隐耕富春山。诸葛琮、孙钟、孙坚、孙策字伯符、孙瑜字仲异、孙皎字叔明、孙贲字伯阳、吴景、徐琨、张俨。吴：孙奥字季明、孙韶字公礼、孙邻字公达、孙亘字叔武、郭成字元礼、凌统字公绩、全琮字子璜、褚泰、诸葛起字岑任、丁谞。晋：孙拯字显世、孙惠字德施、孙昺字文度、范平字子安、褚陶字季雅、暨逊字茂言。宋：卜天与、吴喜、范叔孙。齐：顾欢字景怡、宋广之字处深、褚伯玉字元璩、杜京产字景齐、杜栖字孟山、朱谦之字处光、吕道惠。梁：范元琰字伯珪、范述曾字子元、戚衮字公文、褚修、盛绍远。陈：顾越字允南、杜之伟字子大、钱递字通甫、杜稜字雄盛、骆文牙一名牙字旗门、全缓字宏立。隋：陆知命字仲通、顾彪字仲文、鲁世达。唐：褚亮字希明、褚遂良字登善、南国处士孙疆、褚无量字洪度、许远、何公弁、章成缅、方宗、凌准字宗一、吴降字下己、袁不约字还朴、杜凌字腾云、吴公约字处仁、罗隐字昭谏。五代：武肃王钱镠字具美、杜建徽字延光、成及字洪济、马绰、鲍君福字庆臣、贾圭、曹仲远、水邱昭券、吴敬忠、孙陟。宋忠懿秦国王钱俶字文德、钱亿字延世、钱惟演字希圣、钱暄字载阳、钱昆字裕之、钱易字希白、钱彦远字子高、钱明逸字子飞、钱勰字穆父、钱龢字昂甫又字昂仲、钱藻字醇老、薛温字伯顺、顾仁冀字子迁、元德昭字明远、元奉宗字知礼、元绛字厚之、潘阆字逍遥、吴锐、林和靖先生讳逋字君复、胡则字子正、陆滋字元象、孙长者志不载名与表、唐拱、杨大雅字子正、唐肃字叔元、唐询字彦猷、盛京、盛度字公量、郎简字叔廉、谢涛字济之、谢绛字希深、谢景初字师厚、谢景温字师真、叶杲卿字称之志多不载、徐复字希颜又表复之、俞举善、杨蟠字公济、沈文通亦不载名以字代之、沈辽字瀎达、陆诜字介夫、关鲁、关沼字圣渊、沈括字存中、吴天秩字平甫、强至字几圣、王复字无考、韦骧字子骏、周邠字开祖、周邦彦字美成、周邦式字南伯、虞奕字纯臣、吴师仁、吴师礼字安中、八行先生崔贡字廷硕、李靰字彦渊、滕茂实字颖秀、史徽字洵美、沈晦字元用、张九成字子韶、凌景夏字季文、樊光远字茂实、郎晔、郭知运字次张、施德操字彦执、杨子平志不载名、关注字子东、姚真旧名叔兴、杨由义字宜之、俞烈字若晦、余古、赵巩字子固、俞灏字商卿、洪咨夔字舜俞、赵汝谈字履常、赵汝说字蹈中、李宗勉字强父。并历代英杰，文武贤良，进士隐士之秀，兼之博学精华，忠勇孝义之才，或身廉而直道以事，或职显而位居三公，或历谏臣，忠于大朝，或掌军务而好坟典，或隐而不仕，为教导之师，或著诸经子义疏、诗颂笺表数百篇行于世，或建立大功，终事中国，忠节盛名，青史不朽。详见于临安志书，考其始末则昭然矣。

状元表

　　科举,盛代皆举求贤之诏。自宋太祖、太宗朝始诏举业。端拱二年,临轩唱名,进士及第,状元文魁陈尧叟。淳化三年,孙何。真宗朝,咸平元年,孙瑾。二年,陈尧咨。景德二年,李迪。大中祥符五年,徐奭。八年,蔡齐。仁宗朝,天圣八年,王拱辰。景祐元年,张唐卿。宝元元年,吕溱。庆历二年,杨寘。六年,贾黯。皇祐元年,冯京。五年,郑獬。嘉祐二年,张衡。四年,刘辉。六年,王俊民。八年,许将。英宗朝,治平二年,彭汝砺。四年,许安世。神宗朝,熙宁三年,叶祫。六年,俞中。九年,徐绎。元丰二年,时彦。五年,黄裳。八年,焦蹈。哲宗朝,元祐三年,李常。六年,马涓。绍圣元年,毕渐。四年,何昌言。元符三年,李釜。徽宗朝,崇宁二年,霍端友。五年,蔡嶷。大观三年,贾安宅。政和二年,莫俦(杭人)。五年,何桌。八年,王昂。宣和三年,何焕。六年,沈晦(杭人)。钦宗朝,则无科举矣。高宗朝,中兴建炎二年戊申,李易。绍兴二年壬子,张九成(杭人)。五年乙卯,汪应辰。八年戊午,黄公度。十二年壬戌,陈诚之。十五年乙丑,刘章。十八年戊辰,王佐。二十一年辛未,赵达。二十四年甲戌,张孝祥。二十七年丁丑,王十朋。三十年庚辰,梁克家。孝宗朝,隆兴元年癸未,木待问。乾道二年丙戌,萧国梁。五年己丑,郑侨。八年壬辰,黄定。淳熙二年乙未,詹骙。五年戊戌,姚颖。八年辛丑,黄由。十一年甲辰,卫泾。十四年丁未,王容。光宗朝,绍熙元年庚戌,余复。四年癸丑,陈亮。宁宗朝,庆元二年丙辰,邹应隆。五年己未,曾从龙。嘉泰二年壬戌,傅行简。开禧元年乙丑,毛自知。嘉定元年戊辰,郑自诚。四年辛未,赵建大。七年甲戌,袁甫。十年丁丑，吴潜。十三年庚辰，刘渭。十六年癸未，蒋重珍。理宗朝，宝庆二年丙戌，王会龙。绍定二年己丑，黄朴。五年壬辰，徐元杰。端平二年乙未，吴叔吉。嘉熙二年戊戌，周垣。淳祐元年辛丑，徐俨夫。四年甲辰，留梦炎。七年丁未，张渊徽。十年庚戌，方逢辰。宝祐元年癸丑，姚勉。四年丙辰，文天祥。开庆元年己未，周震炎。景定三年壬戌，方山京。度宗朝，咸淳元年乙丑，阮登炳。四年戊辰，陈文龙。七年辛未，张镇孙。

武举状元

高宗朝中兴南渡，志不载武举姓氏，自于孝庙朝以后，俱可考之。淳熙八年，江伯虎。十一年，林嶪。十四年，黄褒然。光庙朝，绍熙元年，厉仲祥。四年，林管。宁庙朝，庆元二年，周虎。五年，陈良彪。嘉泰二年，叶澋。开禧元年，郑公侃。嘉定元年，周师（杭人）。四年，林泌浃。七年，刘必方（杭人）。十年，朱嗣宗。十三年，陈正大。十六年，杜幼节。理庙朝，宝庆二年，杨必高（杭人）。嘉熙二年，刘必成。淳祐元年，赵国华。四年，项桂发。七年，张梦飞。十年，陈亿子。宝祐元年，程鸣凤。四年，章宗德。开庆元年，朱应举。景定三年，俞葵。度庙朝，咸淳元年，王国。四年，俞仲鳌。

后妃列女

宋章懿太后李氏，性庄重寡言，虽以仁宗为己子，而后不曾言，中外罔知，后薨后方追册皇太后，谥章懿，葬永定陵。汉孙策破虏，母吴夫人助治军国，甚有所补益。徐琨母孙氏，定策破英之谋。孙翊妻徐氏,守节定谋,杀三凶,得报夫之冤。晋虞潭母定夫人孙氏,年少丧偶遗孤,誓不改节,抚养训子,成义节以克战。孙晷妻虞氏,弃华尚素,与晷同志,至孝,奉舅姑起居尝馔,不辞薪水井臼①之劳。孝妇严氏,事舅姑不失起居供馔之礼。舅丧未葬,因火沿屋,哭告于天,孝心有感,而火遂灭,无伤其棺。唐孝女冯氏,少孤独,无兄弟共侍母,惟母子相依,誓不嫁以奉母,母病笃,刲股②治之,不救,葬母,乃结草庐墓下,以供晨香夕灯,侍奉如生,又刺血书经,报劬劳③之恩,以宅舍建梵宫荐母,仍不嫁,以死尽孝节。郡臣闻于朝,赐束帛旌之,敕颁寺额曰"报恩",以表其孝也。节妇何氏,年少丧偶,志不再嫁,奉姑至孝,忽贼掠归巢穴,欲污其节,遂定策解襦自刎,贼惊视而已死,义而葬之。五代吴越国恭懿太夫人吴氏,讳汉月,性慈惠而节俭,颇尚黄老学,居常布练而已。每侍王决事,必以忠恕为言。诸吴迁授,皆峻阻,多加训励,无令骄恣。宋吴越忠懿王妃孙氏,讳太真,性端谨而聪慧,延接姻宗,以尽恩礼。好学诗书,严重④而尚俭,守忠以事上国。孝妇盛氏,事舅姑尽孝,躬纺绩烹饪以养姑。姑性太急,妇怡声下气,每侍立无敢怠惰,娣姒⑤敬顺和睦,亦皆化之。姑病笃,贫无资医救,乃执簪珥裙襦鬻之,以供其事,又刲胁取肝为常膳。长姒潘氏,亦刲股而进,姑食而病愈。州家长官刘既济上于朝,诏旌表其门闾。凌大渊妻刘氏,及笄许嫁,请期将至,而凌生告卒,刘氏闻之,告于父母曰:"儿闻女子以一志为良,死生不易其节,儿已许凌,今既已丧,则吾夫也,儿

---

① 薪水井臼:薪水,打柴汲水。井臼,汲水舂米。泛指操持家务。
② 刲(kuī)股:割大腿肉。《新唐书·孝友传序》:"唐时陈藏器著《本草拾遗》,谓人肉治羸疾,自是民间以父母疾,多刲股肉而进。"
③ 劬(qú)劳:劳累;劳苦。
④ 严重:严肃稳重。
⑤ 娣姒(sì):妯娌。兄妻为姒,弟妻为娣。

当易服奔丧,誓咏《柏舟》,不更二也。"父母以"女未尝践其庭,何遽若此?"女答以"身许人而背之乎？有死而已,决无易其志!"父母惧其言而从所请,易粗衰,临棺举哀,以修妇道,守义节,以兄子养为己子,与之娶妇,至于抱孙,白首不易其志也。

历代方士

　　历代方士：蔡经、郭文字文举、葛洪字稚川号抱朴子、许迈字叔元、杜子恭、徐灵府号默希子、钱道士、令狐绚、丁飞字翰之、潘尊师、马湘字自然、管归真赐号元靖崇教法师正白先生、沈若济字子舟号洞元大师、徐立之旧名炳一号回峰先生、陆维之字永仲又名凝之又表子才号石室先生、王衷字天诱赐号悟静处士、徐奭赐号冲晦先生。俱杭之得道仙士,有超世之志,修真之术,或上升,或羽化,或葬而解化,或羽化后游于外郡,乃真仙作用,使凡夫俗眼,茫然不知。诸士之详,载于淳祐、咸淳两《志》,及《感应神仙传》中。考之有著《百论石室小隐集》行于世矣。

历代方外僧

　　历代高僧,自宋武帝朝为始。僧慧静、慧基、慧集、法匮、净度、瑜本、翼本。僧诠道、琳旻、本明、彻法、开惠、明昙、超真、宫宇、圣远号南天竺岳师、道钦、国一、澄悟禅师、圆修、道林号鸟窠禅师、会通号招贤禅师、齐安号悟空禅师、道标号西岭和尚。慧琳字抱玉,交游前后刺史学士,如杜陟、裴常棣、陆则、杨凭、卢元辅、白居易、李幼、崔郾、路异,俱造室讲论心要。灵照,名龙华禅师,号真觉大师,行修,生有异相,两耳垂肩,称长耳相禅师,赐号崇慧大师。延寿,号抱一子,幼在俗诵经,感诸群羊跪听,后舍业为僧,聚徒讲道,传播高丽,遣使尽弟子礼,奉金线织袈裟、紫水晶数珠、金藻罐为献。宋开宝入灭,号智觉大师。崇宁岁,追谥宗照禅师。志逢号普觉大师、遇安号善智禅师、庆祥九曲禅师。行明开化禅师,太宗朝赐紫衣师,号善升,天禧年诏注释御制《法音集》,赐号曰"观大师",又深于琴律。法照,不妄交游,与和靖先生同时僧智圆为友,宰臣王钦若、王随、王化基深敬之,崇宁岁赐号元照大师。道诚慧悟大师,余弼《题上方寺》诗曰:"孤峰牢落几何年,台殿于今插半天。已是精蓝夸绝徼,更将宝塔在危巅。烟霞色任阴晴变,钟磬声随上下传。珍重老僧无幻境,一生幽趣只山川。"契嵩字仲灵,自号潜子,姓李,赐号明教大师。熙宁岁季夏入灭,以释氏法荼毗①,而五根不坏,名其塔曰"五根不坏之塔"。赞宁,太平兴国奉阿育王舍利朝太宗,赐号通慧大师,真宗召对赐坐,以右阶升左阶僧录,赐号通慧圆明大师。宝达号刹利法师。智圆孤山法师自号中庸子。遵式,姓叶。字知白,崇宁岁,赐号慧通大师,掌天台教观,绍兴间高宗降旨,赐号曰忏慧禅主大法师,塔号瑞光思悟,每诵咒,身出舍利。元照,姓唐,字湛如,号安忍子,赐号灵芝大智律师。宗本,字无喆,姓管,号静慈圆照禅师,神宗召对,赐茶,入福宁殿说法,诏赐肩舆②入内。善本,赐法通大师号,哲宗遣中使③抚问,降香宣赐高丽磨衲衣,敕赐大通禅师,大观入灭,追谥圆定之号,塔号定光之塔。元净,字无象,姓徐,赐紫衣,辨才法师号,师生时,左肩有肉起如袈裟条,至八十一日方消,师之入灭,实八十一岁矣。延寿兴教小

---

① 荼毗:僧人去世后将尸体火化。
② 肩舆:坐轿子。
③ 中使:宫中派出的使者,多由宦官担任。

寿禅师修广，字叔徽，自京师至于四方，凡公卿至于学士大夫，知其名皆乐从之，景祐岁赐紫衣，诏赐宝月大师之号。文益，于周显德时谥封大法眼禅师，塔名无相。道潜字参寥，尝与苏东坡、秦少游两先生为密友，曾咏《临平绝句》云："风蒲猎猎弄轻柔，欲立蜻蜓不自由。五月临平山下路，藕花无数满汀洲。"东坡守杭时，因道潜入智果精舍赋诗云："云崖有浅井，玉醴常半寻。遂名参寥泉，可濯幽人襟。"又作《参寥泉铭》，记之岁月。东坡爱其诗，尝称"无一点蔬笋气味，体制绝似储光羲。非近世诗僧比"。崇宁末老于江湖，既示寂，有诗行于世，句句清绝可爱，法号曰妙总大师。怀显西湖持净大师，尝撰《钱塘胜迹记》。慧勤，有欧阳文忠公赋诗送之曰："越俗僭宫室，倾赀事雕墙。佛屋尤其侈，眈眈拟侯王。文彩莹丹漆，四壁金焜煌。上垂百宝盖，宴坐以方床。胡为弃不居，栖身居京坊？辛勤营一室，有类燕巢梁？南方精饭食，菌笋鄙羔羊。饭以玉粒粲，调之甘露浆。一馔费千金，百品罗成行。晨兴未饭僧，日昃不敢尝。乃兹随北客，枯粟充饥肠。东南地秀绝，山水澄清光。余杭几万家，日夕焚清香。烟霏四面起，云雾杂芬芳。岂如车马尘，鬓发染成霜？三者孰苦乐，子奚勤四方？乃云慕仁义，可以治膏肓。有志诚可嘉，及时宜自强。人情重怀土，飞鸟思故乡。夜枕闻北雁，归心逐南樯。归方能来否，送子以短章。"同时有惠思师。惠思曾于于潜西普明寺为《浴堂记》，宰臣王安石赋诗赠之曰："绿净堂前湖水渌，归时正复有荷花。花前若见余杭姥，为道仙人忆酒家。"惟尚，本姓曹，幼岁为僧，遍参丛林[①]，得法于英。普照，常住寿圣本雪峰结庵，故地有荆榛蛇虺，人莫敢居，师住八年，创立殿庑，为之一新，谢归故庐，后住荐福，以疾还庐入灭。守璋，姓王，

---

① 丛林：僧人聚居的处所。

天姿介特,凛不可犯,戒行精洁,尤工于诗,号文慧禅师,有《柿园集》行于世。高庙于绍兴二年幸圆觉寺,因睹其集,宸翰亲洒《晚春》一绝赐之,见圆觉寺刻石于亭曰:"山深烟景重,林茂夕阳微。不雨花犹落,无风絮自飞。"德明,姓顾,字澹堂,入径山讲论禅教四年,因观竹溜以杵通节有声,豁然开悟,遂号为竹筒和尚,绍兴年两尝宣入慈宁殿,升座讲《般若经》法,高庙奇之,赐号及法衣。清润字怡然。可久字逸老,所居皆湖山胜景,而清约介静,不妄与人交,无故不入城,士大夫多往见之,就馈米,日以一二合食,虽蔬茹亦未尝有,故人尤重之。同时有思聪师,亦似之,而诗差优。宗杲,字昙晦,姓奚,主径山,学徒一千七百众,来者犹未已,敞千僧阁以居之,号临济,中兴时,与张九成为方外交,后因秦桧谓张九成诽谤朝政,疑宗杲和之,遂编海外①,四方衲子,忘躯皆往从之,续蒙宸恩②放便复僧。伽梨往阿育王山,复居旧山,孝庙为普安郡王,遣使入山谒之,以偈献,后建邸,再遣内侍供五百应真③,请讲法席,亲书"妙喜庵"三字,并制赞宠之,自后退居明月堂而示寂,孝庙闻而叹息,诏以明月堂为妙喜庵,谥号普觉禅师,赐塔额曰"宝光",此僧虽林下人,而义笃君亲,谈及时事,忧形于色而垂涕,其时名公巨卿,皆称其才,有《正法眼藏》等集,淳熙初,诏随《大藏》流行。盖杭之高僧散圣④,弃儒成道,戒行精洁,学问孤高,博习教典,以训诸衲,著文翰,修忏仪,诸⑤经法,注宗镜,论心要,纂法语,睹鬼神以礼问,止潮水而击西兴,感群羊而跪听,坠大星以陨

---

① 海外:四海之外,泛指边远之地。
② 宸恩:皇恩。
③ 应真:罗汉。
④ 散圣:比喻放旷不羁、自由闲散的人。
⑤ 诸(zhū):辩,问辩。

灵鹫，列朝宣讲，慧号锡顺，至于入灭，瑞光显然。盖丛林中素有儒者之风，故与公卿大夫及学士气味相投，皆乐与之交，讲论道要，题词咏诗，靡不起敬。以《大藏经》《高僧传》《钱塘胜迹记》、临安新旧《志》皆备其详矣，兹不复赘。

行　孝

陈藏器《本草》谓人肉可疗疾，非谓人肉之果能疗疾也，盖以人子一念孝诚，出于天性，能动天地鬼神，故借此以奏功耳。今摭杭之外邑行孝，若子若女，载于新《志》者，考其姓名述之。富阳何氏女子。江阴村盛立旺二子。富阳葛小闰。临安朱应孙。俞廷用子亚佛，其家祖大成、父廷用及其子，凡三世行孝矣。临安锦北乡陈茂祖，其父母俱病，皆疗而愈。临安邑人龚婆儿。盐官邑人周阿二、周小三。昌化邑农家子梅来儿。以上皆因父母疾笃，百药罔功，思劬劳之恩，无以报答，或剖心，或刲股，以常膳而进之，莫不愈焉。于此可见孝为百行之源，天地神明亦为之祐助矣。

梦梁录卷十八

民　俗

　　杭城风俗，凡百货卖饮食之人，多是装饰车盖担儿，盘盒器皿新洁精巧，以炫耀人耳目，盖效学汴京气象，及因高宗南渡后，常宣唤买市，所以不敢苟简，食味亦不敢草率也。且如士农工商诸行百户衣巾装著，皆有等差。香铺人顶帽披背子。质库掌事，裹巾著皂衫角带。街市买卖人，各有服色头巾，各可辨认是何名目人。自淳祐年来，衣冠更易，有一等晚年后生，不体旧规，裹奇巾异服，三五为群，斗美夸丽，殊令人厌见，非复旧时淳朴矣。但杭城人皆笃高谊，若见外方人为人所欺，众必为之救解。或有新搬移来居止之人，则邻人争借动事，遗献汤茶，指引买卖之类，则见睦邻之义，又率钱物，安排酒食，以为之贺，谓之"暖房"。朔望茶水往来，至于吉凶等事，不特庆吊之礼不废，甚者出力与之扶持，亦睦邻之道，不可不知。

户　口

　　杭城今为都会之地，人烟稠密，户口浩繁，与他州外郡不同，姑以自隋、唐朝考之。隋户一万五千三百八十。唐正观中户三万五千七十一，口一十五万三千七百二十九。唐开元户八万六千二百五十八。宋朝《太平寰宇记》：钱塘户数主六万一千六百八，客八千八百五十七。《九域志》：主一十六万四千二百九十三，客三万八千五百二十三。《中兴两朝国史》：该户二十万五千三百六十九。《乾道志》：户二十六万一千六百九十二，口五十五万二千六百七。《淳祐志》：主客户三十八万一千三十五，口七十六万七千七百三十九。《咸淳志》：九县共主客户三十九万一千二百五十九，口一百二十四万七百六十。钱塘仁和两赤县，《乾道志》：主客户该十万四千六百六十九，口该一十四万五千八百八。《淳祐志》：户该十一万一千三百三十六，口三十二万四百八十九。《咸淳志》：两赤县城主客户一十八万六千三百三十，口四十三万二千四十六。自今而往，则岁润月长，殆未易以算数也。

物　产

谷之品　粳：早占城，红莲，礌泥乌，雪里盆，赤稻，黄籼米，杜糯，光头糯，蛮糯。麦：大麦，小麦。麻：赤、白、乌、黄。豆：大黑，大紫，大白，大黄，大青，白扁，黑扁，白小，赤小，绿豆，小红，楼子红，青豌，白眼，羊眼，白缸，白豌，刀豆。粟：狗尾，金罂。

丝之品　绫：柿蒂、狗蹄。罗：花素、结罗、熟罗、线住。锦：内司街坊以绒背为佳。克丝：花、素二种。杜缂，又名"起线"。鹿胎，次名"透背"，皆花纹特起，色样织造不一。纻丝，染丝所织诸颜色者，有织金、闪褐、间道等类。纱：素纱、天净、三法暗花纱、栗地纱、葺纱。绢：官机。杜村唐绢，幅阔者密，画家多用之。绵以临安、于潜白而细密者佳。绸有绵线织者，土人贵之。

枲之品 枲。柘。麻。苎。

货之品 茶：宝云茶，香林茶，白云茶。又宝严院垂云亭亦产。东坡以诗戏云："妙供来香积，珍烹具大官。拣芽分雀舌，赐茗出龙团。"盖南北两山、七邑诸山皆产。径山采谷雨前茗，以小缶贮馈之。盐：汤镇，仁和村，盐官，浮山，新兴，下管，上管，蜀山，岩门。南路茶槽等场，常产之地。汉置盐官，吴王濞煮海为盐之地。蜜。蜡。纸：余杭由拳村出藤纸，富阳有小井纸，赤亭山有赤亭纸。

菜之品 谚云："东菜西水，南柴北米。"杭之日用是也。苔心矮菜、矮黄、大白头、小白头、夏菘。黄芽，冬至取巨菜，覆以草，即久而去腐叶，以黄白纤莹者，故名之。芥菜、生菜、菠薐菜、莴苣、苦荬、葱、薤、韭、大蒜、小蒜、紫茄、水茄、梢瓜、黄瓜、葫芦（又名蒲芦）、冬瓜、瓠子、芋、山药、牛蒡、茭白、蕨菜、萝卜、甘露子、水芹、芦笋、鸡头菜、藕条菜、姜、姜芽、新姜、老姜。菌，多生山谷，名"黄耳蕈"，东坡诗云："老楮忽生黄耳蕈，故人兼致白芽姜。"盖大者净白，名"玉簟"，黄者名"茅簟"，赤者名"竹菇"，若食须姜煮（姜黑勿食）。

果之品 橘，富阳王洲者佳。橙，有脆绵木。梅，有消便糖透黄。桃，有金银、水蜜、红穰、细叶、红饼子。李，有透红、蜜明、紫色。杏，金麻。柿，方顶、牛心、红柿、椑柿、牛奶、水柿、火珠、步担、面柿。梨，雪糜、玉消、陈公莲蓬梨、赏花（甘香）霄、砂烂。枣，盐官者最佳。莲，湖中生者名"绣莲"，尤佳。瓜，青白黄等色，有名金皮、沙皮、密瓮、箑筒、银瓜。藕，西湖下湖、仁和护安村旧名范堰产扁眼者味佳。菱，初生嫩者名沙角，硬者名馄饨，湖中有如栗子样，古塘大红菱。林檎，邬氏园名"花红"。郭府园未熟时以纸剪花样贴上，熟如花木瓜，尝进奉，其味蜜甜。枇杷，无核者名椒子，东坡诗云："绿暗初迎夏，红残不及春。魏花①非老伴,卢橘②是乡人。"木瓜,青色而小,土人剪片爆熟,入香药货之,或糖煎,名燻木瓜。樱桃,有数名称之,淡黄者甜。石榴子,颗大而白,名"玉榴";红者次之。杨梅,亦有数种,紫者甜而颇佳。蒲萄,黄而莹白者名"珠子",又名"水晶",最甜;紫而玛瑙色者稍晚。鸡头,古名"芡",又名"鸡壅(平声)",钱塘梁渚、窆头、仁和藕湖、临平湖俱产,独西湖生者佳,却产不多,可筛为粉。银杏。栗子。甘蔗,临平小林产,以土窖藏至春夏,味犹不变,小如芦者,名荻蔗,亦甜。

竹之品 竹:碧玉、间黄、金筀、淡紫、斑金、苦方竹、鹤膝、猫头。竹笋:有数名,曰南路、白象牙、哺鸡、猫儿头、黄莺、晚篁,皆即凉笋。和靖有"烟崖早笋肥"之句。又有紫笋、边笋。

木之品 桑,数种,名青桑、白桑、拳桑、大小梅红、鸡爪等类。梓,木中王。柘。柏,孤山陈朝最古。松,惟天目者针短稚健。栝子,三针,华山四针。桐。桧。楠,东坡诗云:"中和堂后古楠树,与君对床听雨声。"楮。栎。槐。杉。桂。檀。槿。枫。榆。柳,今湖堤最盛。垂者名杨,长条可玩。棕,名栟榈,笋可蒸煨,味微苦,太冷。青神,凤集,目奇者名之。

花之品 牡丹有数种色样,又一本冬月开花。诗云:"一朵娇红翠欲流,春光回报雪霜羞。"韩文公《咏牡丹诗》:"幸自同开俱隐约,何须相倚斗轻盈?凌晨并作新妆面,对客偏含不语情。双燕无机还拂掠,游蜂多思正经营。长年是事都抛尽,今日栏边眼暂明。"石曼卿诗:"独步性兼吴苑艳,浑身天与汉宫香。"又李山甫诗:"邀勒春风不

---

① 魏花:牡丹花名贵品种之一,相传为北宋时洛阳魏氏所植,色紫红。
② 卢橘:金橘的别称。

早开,众芳飘后上楼台。数苞仙艳火中出,一片异香天上来。晓露精神妖欲动,暮烟情态恨成堆。知君已解相轻薄,斜倚栏杆首重回。"又:"嫚黄妖紫间轻红,谷雨初晴早景中。静女不言还爱日,彩云无定只随风。炉烟坐觉沈檀薄,妆面行看粉黛空。此别又须经岁月,酒阑把烛绕芳丛。"有一种秋开牡丹,《城山诗咏》云:"白帝工夫缕彩霞,肯将颜色弄韶华。酒粘织女秋衣薄,风动姮娥宝髻斜。霜露莫摧今日蕊,轮蹄多看异时花。阴阳多苦栽培地,不趁春风有几家。"芍药,有早绯玉、缀露、千叶,白者佳。梅花有数品,绿萼、千叶、香梅。东坡和秦太虚有云:"西湖处士骨应槁,只有此诗君压倒。"又云:"江头千树春欲暗,竹外一枝斜更好。"林和靖诗二首:"吟怀长恨负芳时,为见梅花辄入诗。雪后园林才半树,水边篱落忽横枝。人怜红艳多应俗,天与清香似有私。堪笑胡雏亦风味,解将声调角中吹。""众芳摇落独暄妍,占断风情向小园。疏影横斜水清浅,暗香浮动月黄昏。霜禽欲下先偷眼,粉蝶如知合断魂。幸有微吟可相狎,不须檀版共金尊。"戴石屏《咏梅》诗曰:"萧洒春葩缟寿阳,百花惟有此花强。月中分外精神出,雪里几多风味长。折向书窗疑是玉,吟来齿颊亦生香。年年茅舍江村畔,勾引诗人费品量。"王介甫诗曰:"颇怪梅花不肯开,岂知有意待春来。灯前玉面披香出,雪后春容取胜回。触拨清诗成走笔,淋漓红袖趣传杯。望尘俗眼那知此,只买夭桃艳杏栽。"潘紫岩诗曰:"柴门尽日少蹄轮,坐对横窗数点春。心向雪中偏暴白,影来月上亦精神。十分洗尽铅华相,百劫修来贞洁身。笑杀唐人风味短,不应唤作弄珠人。"又咏落梅诗曰:"一夜风吹恐不禁,晓来零落已骎骎。忍闻病鹤和苔啄,空遣饥蜂绕竹寻。稚子踌躇看不扫,老夫索莫坐微吟。窗前最是关情处,拾片殷勤付掌心。"杨元素《落梅》诗曰:"夜来经雨学啼妆,今日摧红怨夕阳。已落旋随春水急,强留还怯晚风狂。应将别恨凭莺语,更把归期趁蝶忙。谁谓多情消不得,梦魂犹惜满栏香。"更有诸贤咏梅诗曰:"木落山寒独占春,十分清瘦转精神。雪疏雪密花添伴,溪浅溪深树写真。三弄笛声风过耳,一枝筇影月随身。吟魂欲断相逢处,恐是孤山隐逸人。"韩偓梅花诗云:"北陆候才变,南枝花已开。无人同怅望,把酒独徘徊。冻月雪为伴,寒香风是媒。何因逢越使,肠断谪仙才。"东坡又和杨公济诗:"绿鬓寻春湖畔回,万松岭上一枝开。"学士任希夷《宿直玉堂赋梅边小池》诗云:"眼见梅花照玉堂,只存浓绿覆宫墙。樛枝偃盖云千叠,下荫清池玉一方。"红梅,有福州红、潭州红、柔枝、千叶、邵武红等种。东坡诗云:"寒心未肯随春态,酒晕无端上玉肌。"周必大《在秘书省馆中次洪迈红梅韵》诗云:"红罗亭深宫漏迟,宫花四面谁得知?(南唐内苑中有红罗亭,四面专植红梅,见《杂志》)蓬山移植是何世,国色含酒纷满枝。初疑太真欲起舞,霓裳拂拭天然姿。又如东家窥墙女,施朱映粉尤相宜。不然朝云颒薄怒,自持似对襄王时。须臾胭脂著雨落,整妆府照含风漪。游蜂戏蝶日采撷,嗟尔何异氓之蚩。提壶火急就公饮,他日堕马空啼眉。"周必大《在秘书省署庭中咏缃梅诗》云:"茧黄织就费天机,传与园林晓出枝。东观奇章承诏后,南昌故尉欲仙时。芳心向日重重展,清馥因风细细知。诗老品题犹误在,红梅未是独开迟。"腊梅有数本,檀心磬口者佳。东坡诗有"蜜峰采花作黄蜡"之句,又诗云:"万松岭上黄千叶,玉蕊檀心两奇绝。"周必大《咏黄梅在省中次王十朋韵》:"化工未幻酴醾菊,先放缃梅伴群玉。幽姿著意添铅黄,正色向心轻萼绿。妆成自衒风味深,对此宁辞食无肉。方怜涪翁被渠恼,中气悔屏杯勺醁。"碧蝉。棠棣。金林檎。郁李。迎春。长春。桃花有数种,单叶、千叶、饼子、绯桃、白桃。杏花。玉簪。水仙。蔷薇。宝相。月季。小牡丹。粉团。徘徊。贵官家以花片制作饼儿供筵。佛见笑。聚八仙。百合。滴滴金。石竹,和靖诗云:"深枝冉冉装溪翠,碎片英英剪海霞。"木香。酴醿二种,有白而心紫者,亦有黄色者,俱香,馥馥然可爱。省中种黄梅在酴醿侧,黄鲁直《戏答王观复酴醿诗》云:"谁将陶令黄金菊,幻作酴醿白玉花。"樱桃花。萱草。栀子。蜜友。金镫。金沙。山丹。真珠,又名醮水,青条白蕊,灿然可玩。剪红罗。锦带。锦堂春。笑靥。大笑。金钵盂。菊,品最多,有七十余种。荷花,红白色千叶者。西湖荷荡边风送荷香馥然。白乐天有"绕郭荷花三十里"之句。枢属官杨万里《在西府直舍咏盆池种荷》诗二首曰:"飞空天镜堕莓苔,玉井移来盆内栽。坐看一花随手长,挨开半叶出头来。稍添荇荇相萦带,便有龟鱼数往回。剩欲绕池三两匝,数声排马苦相催。"又曰:"西府寒泉汲十寻,深浇浅洒碧森森。高花已照红妆镜,小蕊新抽紫玉簪。钿破尚余新雨恨,伞疏还作半池阴。西湖瘦得盆来大,更伴诗人恐不禁。"瑞香,种颇多,大者名锦薰笼,东坡诗云:"幽香结湘紫,来自孤峰阴。骨香不自知,色浅意殊深。"红辛夷。蕙,东坡题杨次公诗:"蕙本兰之族,依然臭味同。曾为水仙佩,相识《楚词》中。"兰,东坡诗云:"春兰如美人,不采羞自献。时闻风露香,蓬艾深不见。"紫薇花,东坡诗曰:"虚白堂前合抱花,秋风落日照横斜。"后省有此花,任希夷咏曰:"清晓开轩俯凤池,小山经雨石增辉。琉璃叶底珊瑚立,轩出池边是紫薇。"紫杨。紫荆花。鸡冠,有三色。凤仙。杜鹃。蜀葵,有二种。黄葵。映山红花。金银莲子花。罂粟。樱桃花,唐时樟亭驿种双树,白乐天诗云:"南馆飞轩两树樱,春条长定夏阴成。素华朱实今虽尽,碧叶风来别有情。"七里香。橙花。榴花有数种,单叶、千叶,色有数十样。唐时孤山有此花,白乐天诗云:"山榴花似结红巾,容艳新妍占断春。色相故开行道地,香尘悔触坐禅人。"木犀,有红黄白色者,甚香且韵,顷天竺山甚多,又长桥庆乐园有数十株，士夫尝往赏此奇香。向东坡《送花赠元素》诗云："月阙霜浓细蕊干，此花元属桂堂仙。鹫峰子落惊前夜，蟾窟枝空记昔年。"高宗在德寿宫赏桂，尝命画工为岩桂扇面，仍制御诗分赐群臣亲王云："秋入幽岩桂影团，香深粟粟照林丹。应随王母瑶池宴，染得朝霞下广寒。"杨诚斋《咏桂花》诗云："尘世何曾识桂林，花仙夜入广寒深。移将天上众香国，寄在梢头一粟金。露下风高月当户，梦回酒醒客闻砧。诗情恼得浑无那，不为龙涎与水沈。"华岳诗曰："西风吹老碧莲房，万壑风流坏麝囊。谩与篱花争晓色，肯教盆蕙压秋芳。月中有女曾分种，地上无花敢斗香。要识仙根迥然别，一枝开傍御家墙。"《咏落英》诗："净扫庭阶衬落英，西风吹恨入蓬瀛。人从紫麝囊中过，马在黄金屑上行。眠醉不须铺锦褥，妍香还解作珠缨。官娥未许填沟壑，收拾流苏浸玉罂。"山茶。磬口茶。玉茶。千叶多心茶。秋茶，东西马塍色品颇盛。栽接一本，有十色者。有早开，有晚发，大率变物之性，盗天之气，虽时亦可违，他花往往皆然。顷有接花诗云："花单可使十色黄，果夺天之造化忙。"木芙蓉，苏堤两岸如锦，湖水影而可爱。内庭亦有芙蓉阁，开时最盛。潘紫岩诗云："为惜艳阳妆，新枝不肯长。绿深秋后雨，红坼夜来霜。偏向垂杨畔，多临古岸傍。年年根蒂在，（下阙）。"

药之品 云母、藁本、茵芋、鬼臼、木鳖，以上《本草》载杭州所有。地黄。牛膝，仁和茧桥白石种。干姜。上各件并岁贡。蛇床子，白石生。踯躅花，根名天门冬，生钱塘富阳。白芷。千金草，茧桥生。威灵仙。茱萸。泽兰。鬼箭。乌药。钩藤。覆盆子。麦门冬。白芨。牵牛。地骨皮。牛蒡子。地肤。百合。香附子。干葛。并出富阳。木通。何首乌。刘寄奴，生富阳小井。藜芦。草乌。秦皮。百部根，生天目山。菖薄。桑白皮。芍药。荆芥。薄荷。紫苏。天南星，生于潜昌化。天花粉(即瓜蒌根)。马兜铃。桩白皮。白鲜皮。石竹子耀。山蓣。黄精,生于潜余杭山。枸杞。茯苓。半夏。贯众。地扁蓄。苦练皮。益母草,生龙井山谷。山豆根。牡丹皮。车前子。石膏,钱塘县西有山出,如雪莹白,旧县治亥地有狱产此。寒水石,南高峰塔下生,软者寒水,硬者石膏。蒲黄。榆白皮。凤眼草。金星草,生南高峰。黄皮,生于潜及雷峰塔下。石燕,九邑山洞中皆有之。枳实。续断。青蒿子。香薷。千年润(土人呼为地蜈蚣草)。石香菜。

禽之品 雀,《宋书》云:"盐官属有白雀之异。"鹅。鸡,有数种,山鸡、家鸡、朝鸡。鸭。鹊。鸽。鹇。雉。鹌鹑。鸥。鹭。鹳。鸠。鹰。鹞。鹊。鸱。燕,韩溉咏云:"对语春风翠满衣,碧江迢递往来稀。远空尽日和烟去,深院无人带雨归。珠箔下时犹眽眽,画堂深处正依依。王孙尽许营巢稳,惯听笙歌夜不归。"莺,元稹咏曰:"天上金衣侣,还能觊草莱。风流晋王谢,言语汉邹枚。公等久安在,今从何处来?山禽正嘈杂,慰我日徘徊。"鹎鸪。鹡鸰(又名雪姑)。竹鸡。鸡鹨。鹊鸰。绀练。鸤鹍(亦名鸤鶒)。钻沙。鱼虎。章鸡。白头翁。乌头白颊。蜡嘴。告天子。杜鹃,沈乐山咏云:"到得春深便忆乡,要归归去底须忙?催残陇月情何切,染遍林花恨更长。梦破四山风雨夜,心灰万里利名场。为言蜀道今非昔,纵使归来亦断肠。"布谷。画眉。百舌,林和靖诗云:"百种堪怜巧言语,一般惟欠好毛衣。"婆饼焦。提壶,和靖《过下湖别墅》诗云:"多谢提壶鸟,留人到落晖。"黄雀。鸿鹅,和靖《春日即事》诗:"鸳鸯如绮杜蘅肥,鸿鹅夷犹翠潋微。"偷仓。家鹅。八哥儿。披绵。鹭鸶,邵棠咏云:"如鹇非鹤自精神,天地江湖快尔生。既不鹃耽因甚瘦,何尝食素也能清。随身钓具去无系,到处画图来便成。见说得鱼归较晚,芦花滩上月偏明。"徐灵祐咏鹭诗云:"一点白如雪,顶黏丝数茎。沙边行有迹,空外过无声。

高柳巢方稳,危滩立不惊。每看闲意思,渔父是前生。"钩辀,和靖诗云:"云木叫钩辀。"野凫。

兽之品 马,昔吴越钱王牧马于钱塘门外东西马塍,其马蕃息至盛,号为"马海"。今余杭、临安、于潜三邑,犹有牧马遗迹焉。豕。牛。鹿。虎。狐。狸。麂,系牛尾玉面,生于昌化于潜山中。兔。獭。猫,都人畜之捕鼠,有长毛。白黄色者称曰"狮猫",不能捕鼠,以为美观,多府第贵官诸司人畜之,特见贵爱。犬,畜以警盗。《太平广记》载灵隐寺造北高峰塔,有寺犬自山下衔砖石至山巅,吻为流血,人怜之,以草系砖于背,塔成犬毙,寺僧恤衔砖之功,葬于寺门八面松下。又钱塘县界地名狗葬,桥名良犬,故老相传云:昔人被火燎几毙,犬入水以濡其主,得苏省,后犬死,里人葬之,立此名旌其义耳。

虫鱼之品 鲤。鲫,西湖产者骨软肉松。鳜,独西湖无此种。鳘。鳊。鳢。鲻。鳝。鲈。鲚。鳝。鲇。黄颡。白颊。牡蛎。石首,王右军帖云:"此鱼首有石,是野鸭所化。"蒲春鳖。鲨。鲉。白鱼。鲋,六和塔江边生,极鲜腴而肥,江北者味差减。鲯。鲘。鳍。鳅。鳗。鳝。蚌。龟。鳖,又名神守。虾,湖河生者壳青,江产者名白虾,大者名青斑虾。蟛蚏。黄甲。蟛蜞。彭蚏,产盐官。蟹,《淮南子》云:"蚌蟹珠龟,与月盛衰,皆阴属也。"西湖旧多葑田,蟹螯产之。今湖中官司开坼荡地,艰得矣。和靖诗有"草泥行郭索"之句。刘贡父诗云:"稻熟水波老,霜螯已上罾。味尤堪荐酒,香美最宜橙。壳薄胭脂染,膏腴琥珀凝。情知烹大鼎,何似莫横行?"蠃。蚬。蛤。螺,有数种,螺蛳、海螺、田螺、海蛳。金鱼,有银白、玳瑁色者。东坡曾有诗云:"我识南屏金鲫鱼。"又曰:"金鲫池边不见君。"则此色鱼旧亦有之。今钱塘门外多畜养之,入城货卖,名"鱼儿活",豪贵府第宅舍沼池畜之。青芝坞玉泉池中盛有大者,且水清泉涌,巨鱼游泳堪爱。

免本州岁纳及苗税

杭州乃吴分野，号古扬州。昔武肃钱王统二浙，地狭民稠，赋敛苛暴，人不堪生。太宗朝纳土后，命考功范旻知两浙诸州事镇抚，除一切苛害之政，蠲损害之赋，民得更生，四野老稚，咸鼓舞于德意之中。绍兴年间，六飞①南渡，宽恩大颁，首除岁贡御绫百匹。景定间，度宗践祚之初，首遵先朝遗制，蠲免临安府近例岁贡增添纳进钱一百一十五万八千五百四十贯有奇，更有资政帅臣，申钱塘、仁和两赤县寺观府第官舍拨赐田地，免征折帛苗粮，及册逃亏赋等苗税。咸淳岁，九县畸零税，绢除赦文蠲免一尺以外，尹京潜皋墅更与本州代输一尺以上绢畸零税色，计一十四万六千五百七十一匹有奇，总该界钱十八界、会子计三万四千四百八十贯文。又苗米不及一升者，朝家已行蠲放外，其一升以上至一斗以下秋苗米，本州代输宽民力，通计八千八百一石有奇，总该界钱十八界、二十六万九千七百五十贯。更代输咸淳七年本州夏税畸零钱共该十八界、四十六万七千六百四贯。潜尹京首尾三载，代输颇多，诚有德于百姓，深足嘉尚矣。

免本州商税

杭州五税场，自赵安抚节斋申请减放外，一岁共收十八界、会四十二万贯为定额。景定改元以来，朝家务欲平物价，纾宽民力，累降旨蠲免商税，仍令本州具合收税额申省科还。咸淳二年二月，又降指

---

① 六飞：皇帝。古代皇帝的车驾六马，疾行如飞，故名。

挥再免商税五日,以便商贾。自后帅府遵承朝旨,接续展放,蠲免税额,常以五月为期,朝省每五月一次照本府征额拨一十八界、一十七万五千贯文,以补郡费,至今行之。百姓与商贾等人,莫不歌舞,感戴上赐。此历代所罕有也。

恩霈①军民

宋朝行都于杭,若军若民,生者死者,皆蒙雨露之恩。但霈泽常颁,难以枚举,姑述其一二焉。遇朝省祈晴请雨,祷雪求瑞,或降生及圣节、日食、淫雨、雪寒,居民不易,或遇庆典大礼明堂,皆颁降黄榜,给赐军民各关会二十万贯文。盖杭郡乃驻跸之所,故有此恩例耳。兼官私房屋及基地,多是赁居,还僦金或出地钱。但屋地钱俱分大、中、小三等钱,如遇前件祈祷恩典,官司出榜除放房地钱,大者三日至七日,中者五日至十日,小者七日至半月,如房舍未经减者,遇大礼明堂敕文条划,谓一贯为减除三百,止令公私收七百。或年岁荒歉,米价顿穹,官司置立米场,以官米赈济,或量收价钱,务在实惠及民。更因荧惑②为灾,延烧民屋,官司差官吏于火场上,具抄被灾之家,各家老小,随口数分大小给散钱米。官置柴场,城内外共设二十一场,许百司官厅及百姓从便收买,价钱官司量收,与市价大有饶润③。民有疾病,州府置施药局于戒子桥西,委官监督,依方修制丸散咬咀,来者诊视,详其病源,给药医治,朝家拨钱一十万贯下局,令帅府多方措置,行以赏罚,课督医员,月以其数上于州家,备申朝省。或民以病状

---

① 恩霈(pèi)军民:施与恩泽给军民。
② 荧惑:火星。因隐现不定,令人迷惑,故名。
③ 饶润:增多。

投局,则界之药,必奏更生之效。局侧有局名慈幼,官给钱典顾乳妇,养在局中,如陋巷贫穷之家,或男女幼而失母,或无力抚养,抛弃于街坊,官收归局养之,月给钱米绢布,使其饱暖,养育成人,听其自便生理,官无所拘。若民间之人,愿收养者听。官仍月给钱一贯、米三斗,以三年住支。更有老疾孤寡,贫乏不能自存,及丐者等人,州县陈请于朝,即委钱塘、仁和县官,以病坊改作养济院,籍家姓名,每名官给钱米赡之。此见朝家恤贫救老如此。又殿步马三司养军以护行都,及秋防之备,月给钱粮,春冬请衣绵,使之饱暖。遇有差出日,给口券,功成则赏。如三司招军补额之时,每刺一卒,官给关会一二封,衣装七事件,则出军先散处,发关会及衣装,则军妻老幼,月支赡家米粮,随军日支券粮,功成则转资给犒,如阵亡,官给津送,妻儿仍支赡孀幼之粮。更有两县置漏泽园①一十二所,寺庵寄留槥椟②无主者,或暴露遗骸,俱瘗其中。仍置屋以为春秋祭奠,听其亲属享祀,官府委德行僧二员主管,月给各支常平钱五贯、米一石。瘗及二百人,官府察明,申朝家给赐紫衣师号赏之。

恤贫济老

杭城富室多是外郡寄寓之人,盖此郡凤凰山谓之客山,其山高木秀皆荫及寄寓者。其寄寓人多为江商海贾,穿桅巨舶,安行于烟涛渺莽之中,四方百货,不趾而集,自此成家立业者众矣。数中有好善积德者,多是恤孤念苦,敬老怜贫,每见此等人买卖不利,坐困不乐,观

---

① 漏泽园:古时官设的墓地。凡无主尸骨及家贫无葬地者,由官家集中安葬,称其地为"漏泽园"。

② 槥(huì)椟:棺材。

其声色,以钱物周给,助其生理;或死无周身之具者,妻儿罔措,莫能支吾①,则给散棺木,助其火葬,以终其事。或遇大雪,路无行径,长幼啼号,口无饮食,身无衣盖,冻饿于道者,富家沿门亲察其孤苦艰难,遇夜以碎金银或钱会插于门缝,以周其苦,俾侵晨展户得之,如自天降。或散以绵被絮袄与贫丐者,使暖其体。如此则饥寒得济,合家感戴无穷矣。俗谚云:"作善者降百祥,天神佑之;作恶者降千灾,鬼神祸之。天之报善罚恶,捷于影响。"世人当以此为鉴也。

① 支吾:应对。

梦梁录卷十九

园囿

杭州苑囿,俯瞰西湖,高挹两峰,亭馆台榭,藏歌贮舞,四时之景不同,而乐亦无穷矣。然历年既多,间有废兴,今详述之,以为好事者之鉴。在城万松岭内贵王氏富览园、三茅观东山梅亭、庆寿庵褚家塘东琼花园、清湖北慈明殿园、杨府秀芳园、张氏北园。杨府风云庆会阁,望仙桥下牛羊司侧。内侍蒋苑使住宅侧筑一圃,亭台花木,最为富盛,每岁春月,放人游玩,堂宇内顿放买卖关扑,并体内庭规式,如龙船、闹竿、花篮、花工,用七宝珠翠,奇巧装结,花朵冠梳,并皆时样。官窑碗碟,列古玩具,铺列堂右,仿如关扑,歌叫之声,清婉可听,汤茶巧细,车儿排设进呈之器,桃村杏馆酒肆,装成乡落之景。数亩之地,观者如市。城东新门外东御园,即富景园,顷孝庙奉宪圣皇太后尝游幸。五柳园即西园、张府七位曹园。南山长桥庆乐园,旧名南园,隶赐福邸园内,有十样亭榭,工巧无二,俗云:"鲁班造者。"射圃、走马廊、流杯池、山洞,堂宇宏丽,野店村庄,装点时景,观者不倦,内有关门,名凌风关,下香山巍然立于关前,非古沈即枯枿①木耳。盖考之《志》与《闻见录》所载者误矣。净慈寺南翠芳园,旧名屏山园,内有八面亭堂,一片湖山,俱在目前。雷峰塔寺前有张府真珠园,内有高寒堂,极其华丽。塔后谢府新园,即旧甘内侍湖曲园。罗家园、白莲寺园、霍家园、方家坞刘氏园、北山集芳园。四圣延祥观御园,此湖山胜景独为冠,顷有侍臣周紫芝从驾幸后山亭曾赋诗云:"附山结真祠,朱门照湖水。湖流入中池,秀色归净几。风帘还旌幢,神卫森剑履。清芳宿华殿,瑞霭蒙玉宸。仿佛怀神京,想像轮奂美。祈年开新宫,祝釐奉天子。良辰后难会,岁暮得斯喜。洲乃清樾中,飞楼见千里。云车傥可乘,吾事兹已矣。便当赋远游,未可回屣齿。"园有凉台,巍然在于山巅,后改为西太乙宫黄庭殿,向朝臣高似孙曾赋诗曰:"水明一色抱神洲,雨压轻尘不敢浮。山北山南人唤酒,春前春后客凭楼。射熊馆暗花扶宸,下鹄池深柳拂舟。白首都人能道旧,君王曾奉上皇游。"下竺寺园、钱塘门外九曲墙下择胜园、钱塘正库侧新园、城北隐秀园、菩提寺后谢府玉壶园、四井亭园、昭庆寺后古柳林、杨府云洞园、西园、杨府具美园、饮绿亭、裴府山涛园、葛岭水仙庙、西秀野园。集芳园,为贾秋壑赐第耳。赵秀王府水月园、张府凝碧园、孤山路张内侍总宜园、西林桥西水竹院落。里湖内诸内侍园囿楼台森然,亭馆花木,艳色夺锦,白公竹阁,潇洒清爽。沿堤先贤堂、三贤堂、湖山堂,园林茂盛,妆点湖山。九里松嬉游园、涌金门外堤北一清堂园、显应观西斋堂观南聚景园、孝、光、宁三帝尝幸此,岁久芜圮,迨今仅存一堂两亭耳,堂扁曰"鉴远",亭曰"花光",一亭无扁,植红梅,有两桥曰"柳浪",曰"学士",皆粗见大概,惟夹径老松益婆娑,每盛夏秋首,芙

---

① 枯枿(niè):枯枝。

蘂绕堤如锦,游人叙舫赏之,顷有侍从陆游舟过作诗咏曰:"圣主忧民罢露台,春风侧苑画常开。尽除曼衍鱼龙戏,不禁刍荛雉兔来。水鸟避人横翠霭,宫花经雨委苍苔。残年自喜身强健,又作清都梦一回。""水殿西头起砌台,绿杨闹处杏花开。箫韶本与人同乐,羽卫才闻岁一来。蠲首波先涵藻荇,金铺雨后上莓苔。远臣侍宴应无日,日望尧云到晚回。"高似孙《游园咏》曰:"翠华不向苑中来,可是年年惜露台。水际春风寒漠漠,官梅却作野梅开。"张府泳泽环碧园,旧名清晖园,大小渔庄,其余贵府内官沿堤大小园囿、水阁、凉亭,不纪其数。御前宫观,俱在内苑,以备车驾幸临憩足之处。内东太乙宫有内苑,后一小山,名曰武林山,即杭城之主山也。宰臣楼钥曾赋长篇咏云:"易君求赋武林山,身困尘劳无暂闲。我求挂冠欲归去,念此诗债须当还。武林山出武林水,灵隐后山无乃是。此山亦复用此名,细考其来具有以。天目两乳到钱塘,一山环湖万龙翔。扶舆磅礴拥王气,皇居壮丽环宫墙。湖阴一峰如怒猊,势临城北尤瑰奇。吴越大作缁黄庐,为穿百井以厌之。从来有龙必有珠,此虽培塿千山余。中兴南渡为行都,崇列原庙太乙庐。曾因祠事来登眺,阛阓尘中有员峤。薰风时来洗溽暑,绿树阴阴隐残照。我得暂来犹醒心,羡君清福住年深。长安信美非吾土,倦翼惟思归故林。"城南则有玉津园,在嘉会门外南四里,绍兴四年金使来贺高宗天申圣节,遂宴射其中。孝庙尝临幸游玩,曾命皇太子、宰执、亲王、侍从、五品以上官及管军官讲宴射礼,孝庙御制诗赐皇太子以下官曰:"一天秋色破寒烟,别篆连堤压巨川。欣见岁功成万宝,因行射礼命群贤。腾腾喜气随飞羽,袅袅凄风入控弦。文武从来资并用,酒余端有侍臣篇。"时光庙在东宫侍驾,恭和曰:"秋深欲晓敛寒烟,翠木森围万里川。阊阖启关开法驾,玉津按武会英贤。皇皇圣父明如日,挺挺良臣直似弦。蹈舞欢呼称万岁,未饶天保报恩篇。"宰臣曾怀恭和曰："名园佳气霭非烟，冠佩朝宗似百川。五品并令陪宴射，四锾端欲序宾贤。恩涵春意鱼翻藻，威入秋声雁落弦。竣事更容窥典雅，宸章应陋柏梁篇。""江山秋日冠轻烟，别院风光胜辋川。位设虎侯恢盛典，技精杨叶拨名贤。礼均湛露宣飞羽，乐奏钧天看发弦。圣主经文兼纬武，全胜巡幸射蛟篇。"其余群臣俱有恭和诗，不得罄竹而载。史魏王弥远出判宁国府，理庙命宰执侍从于此园设燕饯行，有朝官何铨赋诗曰："饯行朱邸帝城春，随例颠忙宴玉津。报国独劳千一虑，钧天同听十三人。金卮宣劝君王重，花露湔愁醉梦真。却忆故人猿鹤在，便思投老乞闲身。"按玉津园乃东都旧名，东坡尝赋诗，有"紫坛南峙表连冈"之句，盖亦密迩园坛也。嘉会门外有山，名包家山，内侍张侯壮观园、王保生园。山上有关，名桃花关，旧扁"蒸霞"，两带皆植桃花，都人春时游者无数，为城南之胜境也。城北城西门外赵郭园。又有钱塘门外溜水桥东西马塍诸圃，皆植怪松异桧，四时奇花，精巧窠儿，多为龙蟠凤舞、飞禽走兽之状，每日市于都城，好事者多买之，以备观赏也。

瓦　舍

　　瓦舍者，谓其"来时瓦合，去时瓦解"之义，易聚易散也。不知起于何时。顷者京师甚为士庶放荡不羁之所，亦为子弟流连破坏之门。杭城绍兴间驻跸于此，殿岩杨和王因军士多西北人，是以城内外创立瓦舍，招集妓乐，以为军卒暇日娱戏之地。今贵家子弟郎君，因此荡游，破坏尤甚于汴都也。其杭之瓦舍，城内外合计有十七处，如清泠桥西熙春楼下，谓之南瓦子；市南坊北三元楼前谓之中瓦子；市西坊内三桥巷名大瓦子，旧呼上瓦子；众安桥南羊棚楼前名下瓦子，旧呼北瓦子;盐桥下蒲桥东谓之蒲桥瓦子,又名东瓦子,今废为民居;东青门外菜市桥侧名菜市瓦子;崇新门外章家桥南名荐桥门瓦子;新开门外南名新门瓦子,旧呼四通馆;保安门外名小堰门瓦子;候潮门外北首名候潮门瓦子;便门外北谓之便门瓦子;钱湖门外南首省马院前名钱湖门瓦子,亦废为民居;后军寨前谓之赤山瓦子;灵隐天竺路行春桥侧曰行春瓦子;北郭税务曰北郭瓦子,又名大通店;米市桥下米市桥瓦子;石碑头北麻线巷内则曰旧瓦子。

塌 房

柳永《咏钱塘》词曰:"参差十万人家。"此元丰前语也。自高庙车驾由建康幸杭,驻跸几近二百余年,户口蕃息,近百万余家。杭城之外城,南西东北各数十里,人烟生聚,民物阜蕃,市井坊陌,铺席骈盛,数日经行不尽,各可比外路一州郡,足见杭城繁盛矣。且城郭内北关水门里,有水路周回数里,自梅家桥至白洋湖、方家桥直到法物库市舶前,有慈元殿及富豪内侍诸司等人家于水次起造塌房数十所,为屋数千间,专以假赁与市郭间铺席宅舍及客旅寄藏物货,并动具等物,四面皆水,不惟可避风烛,亦可免偷盗,极为利便。盖置塌房家,月月取索假赁者管巡廊钱会,顾养人力,遇夜巡警,不致疏虞。其他州郡,如荆南、沙市、太平州、黄池皆客商所聚,虽云浩繁,亦恐无此等稳当房屋矣。

社 会

文士有西湖诗社,此乃行都缙绅之士及四方流寓儒人,寄兴适情赋咏，脍炙人口，流传四方，非其他社集之比。武士有射弓踏弩社，皆能攀弓射弩，武艺精熟。射放娴习，方可入此社耳。更有蹴鞠、打球、射水弩社，则非仕宦者为之，盖一等富室郎君、风流子弟与闲人所习也。奉道者有灵宝会，每月富室当供持诵正一经卷。如正月初九日玉皇上帝诞日，杭城行香诸富室，就承天观阁上建会。北极佑圣真君圣降及诞辰，士庶与羽流建会于宫观或于舍庭。诞辰日，佑圣观奉上旨建醮，士庶炷香纷然，诸寨建立圣殿者，俱有社会，诸行亦有献供之社。遇三元日，诸琳宫建普度会，广度幽冥。二月初三日梓潼帝君诞辰，川蜀仕宦之人就观建会。三月二十八日，东岳诞辰。四月初六日，城隍诞辰。二月初八日，霍山张真君圣诞。四月初八日，诸社朝五显王庆佛会。九月二十九日，五王诞辰。每遇神圣诞日，诸行市户，俱有社会迎献不一。如府第内官，以马为社。七宝行献七宝玩具为社。又有锦体社、台阁社、穷富赌钱社、遏云社、女童清音社、苏家巷傀儡社、青果行献时果社、东西马塍献异松怪桧奇花社。鱼儿活行以异样龟鱼呈献豪富。子弟绯绿清音社、十闲等社。有内官府第以精巧雕镂筠笼，养畜奇异飞禽迎献者，谓为可观。遇东岳诞日，更有钱燔社、重囚枷锁社也。奉佛者有上天竺寺光明会，俱是富豪之家，及大街铺席施以大烛巨香，助以斋赀供米，广设胜会，斋僧礼忏三日，作大福田。又有善女人，皆府室宅舍内司之府第娘子夫人等，建庚申会，诵《圆觉经》，俱带珠翠珍宝首饰赴会，人呼曰"斗宝会"。更有城东城北善友道者，建茶汤会，遇诸山寺院建会设斋，又神圣诞日，助缘设茶汤供众。四月初八日，六和塔寺集童男童女善信人建朝塔会。九月初一日，湖州市遇土神崇善王诞日，亦有童男童女迎献茶果，以还心愿。每月遇庚申或八日，诸寺庵舍，集善信人诵经设斋，或建西归会。保叔塔寺每岁春季，建受生寄库大斋会。诸寺院清明建供天会。七月十五日,建盂兰盆会。二月十五日,长明寺及诸教院建涅槃会。四月八日,西湖放生池建放生会,顷者此会所集数万人。太平兴国传法寺向者建净业会,每月十七日集善男信人,十八日集善女信人,入寺诵经,设斋听法,年终以所收赀金,建药师道场七昼夜,以终其会,今废之久矣。其余白莲、行法、三坛等会,各有所分也。

闲　人

闲人本食客人。孟尝君门下,有三千人,皆客矣。姑以今时府第宅舍言之食客者,有训导蒙童子弟者,谓之"馆客"。又有讲古论今、吟诗和曲、围棋抚琴、投壶打马、撇竹写兰,名曰"食客",此之谓闲人也。更有一等不著业艺,食于人家者,此是无成子弟,能文、知书、写字、善音乐,今则百艺不通,专精陪侍涉富豪子弟郎君,游宴执役,甘为下流,及相伴外方官员财主,到都营干。又有猥下之徒,与妓馆家书写柬贴取送之类。更专以参随服役资生,旧有百业皆通者,如纽元子,学像生叫声,教虫蚁,动音乐,杂手艺,唱词白话,打令商谜,弄水使拳,及善能取覆①供过②,传言送语。又有专为棚头,斗黄头,养百虫蚁、促织儿。又谓之"闲汉",凡擎鹰、架鹞、调鹁鸽、斗鹌鹑、斗鸡、赌扑落生之类。又有一等手作人,专攻刀镊,出入宅院,趋奉郎君子弟,专为干当杂事,插花挂画,说合交易,帮涉妄作,谓之"涉儿",盖取过水之意。更有一等不本色业艺,专为探听妓家宾客,赶趁唱喏,买物供过,及游湖酒楼饮宴所在,以献香送欢为由,乞觅赡家财,谓之

---

① 取覆:谓禀告,请求答复。
② 供过:侍奉。

"厮波"。大抵此辈,若顾之则贪婪不已,不顾之则强颜取奉,必满其意而后已。但看赏花宴饮君子,出著发放何如耳。

顾觅人力

凡顾倩①人力及干当人②,如解库掌事,贴窗铺席,主管酒肆食店博士③、铛头④、行菜、过买、外出馓儿⑤,酒家人师公、大伯等人,又有府第宅舍内诸司都知,太尉直殿御药、御带,内监寺厅分,顾觅大夫、书表、司厅子、虞侯、押番、门子、直头、轿番小厮儿、厨子、火头、直香灯道人、园丁等人,更有六房院府判提点,五房院承直太尉,诸内司殿管判司幕士,六部朝奉顾倩私身轿番安童等人,或药铺要当铺郎中、前后作、药生作,下及门面铺席要当铺里主管后作,上门下番当直安童,俱各有行老引领。如有逃闪,将带东西,有元地脚保识人前去跟寻。如府宅官员,豪富人家,欲买宠妾、歌童、舞女、厨娘、针线供过、粗细婢妮,亦有官私牙嫂,及引置等人,但指挥便行踏逐下来。或官员士夫等人,欲出路、还乡、上官、赴任、游学,亦有出陆行老,顾倩脚夫脚从,承揽在途服役,无有失节。

---

① 顾倩:雇佣。
② 当人:值班的人。
③ 博士:古代对具有某种技艺或专门从事某种职业的人的尊称,犹后世称人为师傅。
④ 铛(chēng)头:执掌烹饪的厨师。
⑤ 馓(sēng)儿:饮食店外出兜售食品的小厮。

四司六局筵会假赁

凡官府春宴,或乡会,遇鹿鸣宴,文武官试中设同年宴,及圣节满散祝寿公筵,官府各将人吏,差拨四司六局人员督责,各有所掌,无致苟简。或府第斋舍,亦于官司差借执役,如富豪士庶吉筵凶席,合用椅桌、陈设书画、器皿盘合动事之类,则顾唤局分人员,俱可完备,凡事毋苟。且谓四司六局所掌何职役,开列于后,如帐设司,专掌仰尘、录压、桌帏、搭席、帘幕、缴额、罘罳、屏风、书画、簇子、画帐等;如茶酒司,官府所用名"宾客司",专掌客过茶汤、斟酒、上食、喝揖而已,民庶家俱用茶酒司掌管筵席,合用金银器具及暖荡,请坐、咨席、开话、斟酒、上食、喝揖、喝坐席,迎送亲姻,吉筵庆寿,邀宾筵会,丧葬斋筵,修设僧道斋供,传语取覆,上书请客,送聘礼合,成姻礼仪,先次迎请等事;厨司,掌筵席生熟看食、粆饤、合食、前后筵几盏食,品坐歇坐,泛劝品件,放料批切,调和精细美味羹汤,精巧簇花龙凤劝盘等事;台盘司,掌把盘、打送、赏擎、劝盘、出食、碗碟等;果子局,掌装簇饤盘看果、时新水果、南北京果、海腊肥脯,脔切、像生花果、劝酒品件;蜜煎局,掌簇饤看盘果套山子、蜜煎像生窠儿;菜蔬局,掌筵上簇饤看盘菜蔬,供筵泛供异品菜蔬、时新品味、糟藏像生件段等;油烛局,掌灯火照耀、上烛、修烛、点照、压灯、办席、立台、手把、豆台、竹笼、灯台、装火、簇炭;香药局,掌管龙涎、沈脑、清和、清福异香、香垒、香炉、香球、装香簇烬细灰,效事听候换香,酒后索唤异品醒酒汤药饼儿;排办局,掌椅桌、交椅、桌凳、书桌,及洒扫、打渲、拭抹、供过之职。盖四司六局等人,祗直惯熟,不致失节,省主者之劳也。欲就名园异馆,寺观亭台,或湖舫会宾,但指挥局分,立可办集,皆能如仪。俗谚云:"烧香点茶，挂画插花。四般闲事，不宜累家。"若有失节者，是祗役人不精故耳。且如筵会，不拘大小，或众官筵上喝犒，亦有次第，先茶酒，次厨司，三伎乐，四局分，五本主人从。此虽末事，因笔述之耳。

梦梁录卷二十

嫁　娶

婚娶之礼,先凭媒氏,以草帖子通于男家。男家以草帖问卜,或祷签,得吉无克,方回草帖。亦卜吉媒氏通音,然后过细贴,又谓"定帖"。帖中序男家三代官品职位名讳,议亲第几位男,及官职年甲月日吉时生,父母或在堂,或不在堂,或书主婚何位尊长,或入赘,明开,将带金银、田土、财产、宅舍、房廊、山园,俱列帖子内。女家回定帖,亦如前开写,及议亲第几位娘子,年甲月日吉时生,具列房奁、首饰、金银、珠翠、宝器、动用、帐幔等物,及随嫁田土、屋业、山园等。其伐柯人两家通报,择日过帖,各以色彩衬盘、安定帖送过,方为定论。然后男家择日备酒礼诣女家,或借园圃,或湖舫内,两亲相见,谓之"相亲"。男以酒四杯,女则添备双杯,此礼取男强女弱之意。如新人中意,即以金钗插于冠髻中,名曰"插钗"。若不如意,则送彩缎二匹,谓之"压惊",则姻事不谐矣。既已插钗,则伐柯人通好,议定礼,往女家报定。若丰富之家,以珠翠、首饰、金器、销金裙褶,及段匹茶饼,加以双羊牵送,以金瓶酒四樽或八樽,装以大花银方胜,红绿销金酒衣簇盖酒上,或以罗帛贴套花为酒衣,酒担以红彩缴之。男家用销金色纸四幅为三启，一礼物状共两封，名为"双缄"，仍以红绿销金书袋盛之，或以罗帛贴套，五男二女绿盝，盛礼书为头合，共轸十合或八合，用彩袱盖上送往。女家接定礼合，于宅堂中备香烛酒果，告盟三界，然后请女亲家夫妇双全者开合，其女氏即于当日备回定礼物，以紫罗及颜色段匹，珠翠须掠，皂罗巾缎，金玉帕环，七宝巾环，篋帕鞋袜女工答之。更以元送茶饼果物，以四方回送羊酒，亦以一半回之，更以空酒樽一双，投入清水，盛四金鱼，以箸一双、葱两株，安于樽内，谓之"回鱼箸"。若富家官户，多用金银打造鱼箸各一双，并以彩帛造像生葱双株，挂于鱼水樽外答之。自送定之后，全凭媒氏往来，朔望传语，遇节序亦以冠花彩段合物酒果遗送，谓之"追节"。女家以巧作女工金宝帕环答之。次后择日则送聘，预令媒氏以鹅酒，重则羊酒，道日方行送聘之礼。且论聘礼，富贵之家当备三金送之，则金钏、金鋜、金帔坠者是也。若铺席宅舍，或无金器，以银镀代之。否则贫富不同，亦从其便，此无定法耳。更言士宦，亦送销金大袖，黄罗销金裙，段红长裙，或红素罗大袖段亦得。珠翠特髻，珠翠团冠，四时冠花，珠翠排环等首饰，及上细杂色彩段匹帛，加以花茶果物、团圆饼、羊酒等物。又送官会银铤，谓之"下财礼"，亦用双缄聘启礼状。或下等人家，所送一二匹，官会一二封，加以鹅酒茶饼而已。名下财礼，则女氏得以助其虚费耳。又有一等贫穷父母兄嫂所倚者，惟色可取，而奁具茫然，在议亲者以首饰衣帛，加以楮物送往，谓之"兜裹"。今富家女氏既受聘送，亦以礼物答回，以绿紫罗双匹、彩色段匹、金玉文房玩具、珠翠须掠女工等，如前礼物。更有媒氏媒箱、段匹、盘盏、官楮、花红礼合惠之。自聘送之后，节序不送，择礼成吉日，再行导日，礼报女氏，亲迎日分。先三日，男家送催妆花髻、销金盖头、五男二女花扇，花粉盝、洗项、画彩钱果之类，女家答以金银双胜御、罗花幞头、绿袍、靴笏等物。前一日，女家先往男家铺房，挂帐幔，铺设房奁器具、珠宝首饰动用等物，以至亲压铺房，备礼前来暖房。又以亲信妇人，与从嫁女使，看守房中，不令外人入房，须待新人，方敢纵步往来。至迎亲日，男家刻定时辰，预令行郎，各以执色如花瓶、花烛、香球、沙罗洗漱、妆合、照台、裙箱、衣匣、百结、青凉伞、交椅，授事街司等人，及顾借官私妓女乘马，及和倩乐官鼓吹，引迎花担子或粽担子藤轿，前往女家，迎取新人。其女家以酒礼款待行郎，散花红、银碟、利市钱会讫，然后乐官作乐催妆，克择官报时辰，催促登车，茶酒司互念诗词，催请新人出阁登车。既已登车，擎担从人未肯起步，仍念诗词，求利市钱酒毕，方行起担作乐，迎至男家门首，时辰将正，乐官妓女及茶酒等人互念诗词，拦门求利市钱红。克择官执斛，盛五谷豆钱彩果，望门而撒，小儿争拾之，谓之"撒谷豆"，以压青阳煞耳。方请新人下车，一妓女倒朝车行捧镜，又以数妓女执莲炬花烛，导前迎引，遂以二亲信女使，左右扶侍而行，踏青锦褥或青毡花席上行，先跨马鞍，蓦背平秤过，入中门，至一室中少歇，当中悬帐，谓之"坐虚帐"。或径迎入房室内，坐于床上，谓之"坐床富贵"。其家委亲戚接待女氏亲家，及亲送客会汤次拂备酒四盏款待。若论浙东，以亲送客急三杯或五盏而回，名曰"走送"。向者迎新郎礼，其婿服绿裳、花幞头，于中堂升一高座，先以媒氏或亲戚互斟酒，请下高座归房，至外姑致请，方下座回房坐富贵。今此礼久不用矣，止用妓乐花烛，迎引入房，房门前先以彩帛一段横挂于楣上，碎裂其下，婿入门，众手争扯而去，谓之"利市缴门"，争求利市也。婿登床右首座，新妇座于左首，正坐富贵礼也。其礼官请两新人出房，诣中堂参堂，男执槐简，挂红绿彩，绾双同心结，倒行；女挂于手，面相向而行，谓之"牵巾"，并立堂前，遂请男家双全女亲，以秤或用机杼挑盖头，方露花容，参拜堂次诸家神及家庙，行参诸亲之礼毕，女复倒行，执同心结，牵新郎回房，讲交拜礼，再坐床，礼官以金银盘盛金银钱、彩钱、杂果撒帐次，命妓女执双杯，以红绿同心结绾盏底，行交卺礼毕，以盏一仰一覆，安于床下，取大吉利意。次男左女右结发，名曰"合髻"。又男以手摘女之花，女以手解郎绿抛纽，次掷花髻于床下，然后请掩帐。新人换妆毕，礼官迎请两新人诣中堂，行参谢之礼，次亲朋讲庆贺，及参谒外舅姑已毕，则两亲家行新亲之好，然后入礼筵，行前筵五盏礼毕，别室歇坐，数杯劝色，以叙亲义，仍行上贺赏花节次，仍复再入公筵，饮后筵四盏，以终其仪。三日，女家送冠花、彩段、鹅蛋，以金银缸儿盛油蜜，顿于盘中，四围撒贴套丁胶于上，并以茶饼鹅羊果物等合送去婿家，谓之"送三朝礼"也。其两新人于三日或七朝九日，往女家行拜门礼，女亲家广设华筵，款待新婿，名曰"会郎"，亦以上贺礼物与其婿。礼毕，女家备鼓吹迎送婿回宅第。女家或于九朝内，移厨往婿家致酒，谓之"暖女会"。自后迎女回家，以冠花、段匹、合食之类，送归婿家，谓之"洗头"。至一月，女家送弥月礼合，婿家开筵，延款亲家及亲眷，谓之"贺满月会亲"。自此礼仪可简。遇节序，两亲互送节仪。若士庶百姓之家，贫富不等，亦宜随家丰俭，却不拘此礼。若果无所措，则已之。

育　子

杭城人家育子，如孕妇入月，期将届，外舅姑家以银盆或彩盆，盛粟秆一束，上以锦或纸盖之，上簇花朵、通草、贴套、五男二女意思，及眠羊卧鹿，并以彩画鸭蛋一百二十枚、膳食、羊、生枣、栗果，及孩儿绣棚①彩衣，送至婿家，名"催生礼"。足月，既坐蓐分娩，亲朋争送细米炭醋。三朝与儿落脐灸囟。七日名"一腊"，十四日谓之"二腊"，二十一日名曰"三腊"，女家与亲朋俱送膳食，如猪腰肚蹄脚之物。至满月，则外家以彩画钱或金银钱杂果，及以彩缎珠翠囟角儿食物等，送往其家，大展"洗儿会"。亲朋俱集，煎香汤于银盆内，下洗儿果彩钱等，仍用色彩绕盆，谓之"围盆红"。尊长以金银钗搅水，名曰"搅盆钗"。亲宾亦以金钱银钗撒于盆中，谓之"添盆"。盆内有立枣儿，少年妇争取而食之，以为生男之征。浴儿落胎发毕，以发入金银小合，盛以色线结绦络之，抱儿遍谢诸亲坐客，及抱入姆婶房中，谓之"移窠"。若富室宦家，则用此礼。贫下之家，则随其俭，法则不如式也。生子百时，即一百日，亦开筵作庆。至来岁得周，名曰"周晬"，其家罗列锦席于中堂，烧香炳烛，顿果儿饮食，及父祖诰敕、金银七宝玩具、文房书籍、道释经卷、秤尺刀剪、升斗等子、彩段花朵、官楮钱陌、女工针线、应用物件，并儿戏物，却置得周小儿于中座，观其先拈者何物，以为佳谶，谓之"拈周试晬"。其日诸亲馈送，开筵以待亲朋。

妓　乐

　　散乐传学教坊十三部，惟以杂剧为正色。旧教坊有筚篥部、大鼓部、拍板部。色有歌板色、琵琶色、筝色、方响色、笙色、龙笛色、头管色、舞旋色、杂剧色、参军等色。但色有色长、部有部头。上有教坊使、副钤辖、都管、掌仪、掌范，皆是杂流命官。其诸部诸色，分服紫、绯、绿三色宽衫，两下各垂黄义襕。杂剧部皆诨裹，余皆幞头帽子。

---

① 棚：同"绷"。

更有小儿队、女童采莲队。其外别有钧容班人，四孟乘马从驾后动乐者是也。御马院使臣，凡有宣唤或御教，入内承应奏乐。绍兴年间，废教坊职名，如遇大朝会、圣节，御前排当及驾前导引奏乐，并拨临安府衙前乐人，属修内司教乐所集定姓名，以奉御前供应。向者汴京教坊大使孟角球曾做杂剧本子，葛守诚撰四十大曲，丁仙现捷才知音。南渡以后，教坊有丁汉弼、杨国祥等。景定年间至咸淳岁，衙前乐拨充教乐所都管、部头、色长等人员，如陆恩显、时和、王见喜、何雁喜、王吉、赵和、金宝、范宗茂、傅昌祖、张文贵、侯端、朱尧卿、周国保、王荣显等。且谓杂剧中末泥为长，每一场四人或五人。先做寻常熟事一段，名曰"艳段"。次做正杂剧、通名两段。末泥色主张，引戏色分付，副净色发乔，副末色打诨。或添一人，名曰"装孤"。先吹曲，破断送，谓之"把色"。大抵全以故事，务在滑稽唱念，应对通遍。此本是鉴戒，又隐于谏净，故从便跳露，谓之"无过虫"耳。若欲驾前承应，亦无责罚。一时取圣颜笑。凡有谏净，或谏官陈事，上不从，则此辈妆做故事，隐其情而谏之，于上颜亦无怒也。又有杂扮，或曰"杂班"，又名"经元子"，又谓之"拔和"，即杂剧之后散段也。顷在汴京时，村落野夫，罕得入城，遂撰此端。多是借装为山东、河北村叟，以资笑端。今士庶多以从省，筵会或社会，皆用融和坊、新街及下瓦子等处散乐家，女童装末，加以弦索赚曲，祗应而已。大凡动细乐，比之大乐，则不用大鼓、杖鼓、羯鼓、头管、琵琶等，每只以箫、笙、筚篥、嵇琴、方响，其音韵清且美也。若合动小乐器，只三二人合动尤佳，如双韵合阮咸，嵇琴合箫管，鍫琴合葫芦琴，或弹拨下四弦，独打方响，吹赚动鼓《渤海乐》一拍子至十拍子。又有拍番鼓儿，敲水盏，打锣板，和鼓儿，皆是也。街市有乐人三五为队，擎一二女童舞旋，唱小词，专沿街赶趁。元夕放灯、三春园馆赏玩、及游湖看潮之时，或于酒楼，或花衢柳巷妓馆家祗应，但犒钱亦不多，谓之"荒鼓板"。若论动清音，比马后乐加方响、笙与龙笛，用小提鼓，其声音亦清细轻雅，殊可人听。更有小唱、唱叫、执板、慢曲、曲破，大率轻起重杀，正谓之"浅斟低唱"。若舞四十六大曲，皆为一体。但唱令曲小词，须是声音软美，与叫果子、唱耍令不犯腔一同也。朝廷御宴，是歌板色承应。如府第富户，多于邪街等处，择其能讴妓女，顾倩祗应。或官府公筵及三学斋会、缙绅同年会、乡会，皆官差诸库角妓祗直。自景定以来，诸酒库设法卖酒，官妓及私名妓女数内，拣择上中甲者，委有娉婷秀媚，桃脸樱唇，玉指纤纤，秋波滴溜，歌喉宛转，道得字真韵正，令人侧耳听之不厌。官妓如金赛兰、范都宜、唐安安、倪都惜、潘称心、梅丑儿、钱保奴、吕作娘、康三娘、桃师姑、沈三如等，及私名妓女如苏州钱三姐、七姐、文字季惜惜、鼓板朱一姐、媳妇朱三姐、吕双双、十般大胡怜怜、婺州张七姐、蛮王二姐、搭罗邱三姐、一丈白杨三妈、旧司马二娘、裱背陈三妈、屦片张三娘、半把伞朱七姐、轿番王四姐、大臂吴三妈、浴堂徐六妈、沈盼盼、普安安、徐双双、彭新等。后辈虽有歌唱者，比之前辈，终不如也。说唱诸宫调，昨汴京有孔三传编成传奇灵怪，入曲说唱；今杭城有女流熊保保及后辈女童皆效此，说唱亦精，于上鼓板无二也。盖嘌唱为引子四句就入者谓之"下影带"。无影带，名为"散呼"。若不上鼓面，止敲盏儿，谓之"打拍"。唱赚在京时，只有缠令、缠达。有引子、尾声为缠令。引子后只有两腔迎互循环，间有缠达。绍兴年间，有张五牛大夫，因听动鼓板中有《太平令》或赚鼓板，即今拍板大节抑扬处是也，遂撰为"赚"。赚者，误赚之之义也，正堪美听中，不觉已至尾声，是不宜为片序也。又有"覆赚"，其中变花前月下之情及铁骑之类。今杭城老成能唱赚者，如窦四官人、离七官人、周竹窗、东西两陈九郎、包都事、香沈二郎、雕花杨一郎、招六郎、沈妈妈等。凡唱赚最难,兼慢曲、曲破、大曲、嘌唱、耍令、番曲、叫声,接诸家腔谱也。若唱嘌耍令,今者如路岐人、王双莲、吕大夫唱得音律端正耳。今街市与宅院,往往效京师叫声,以市井诸色歌叫卖物之声,采合宫商成其词也。

百戏伎艺

百戏踢弄家,每于明堂郊祀年分,丽正门宣赦时,用此等人,立金鸡竿,承应上竿抢金鸡。兼之百戏,能打筋斗、踢拳、踏跷、上索、打交辊、脱索、索上担水、索上走装神鬼、舞判官、斫刀蛮牌、过刀门、过圈子等。理庙时,有路岐人,名十将宋喜、常旺两家。有踢弄人,如谢恩、张旺、宋宝哥、沈家强、自来强、宋达、杨家会、宋赛歌、宋国昌、沈喜、张宝哥、常家喜、小娘儿、李显、沈喜、汤家会、汤铁柱、庄德、刘家会、小来强、鲍老儿、宋定哥、李成、庄宝、潘贵、宋庆哥、汤家俊等。遇朝家大朝会、圣节,宣押殿庭承应。则官府公筵,府第筵会,点唤供筵,俱有大犒。又有村落百戏之人,拖儿带女,就街坊桥巷,呈百戏使艺,求觅铺席宅舍钱酒之赀。且杂手艺,即使艺也,如踢瓶、弄碗、踢磬、踢缸、踢钟、弄花钱、花鼓槌、踢笔墨、壁上睡、虚空挂香炉、弄花球儿、拶筑球、弄斗、打硬、教虫蚁、弄熊、藏人、烧火、藏剑、吃针、射弩端、亲背、攒壶瓶等,绵包儿、撮米酒,撮放生等艺。淳祐以后,艺术高者有包喜、陆寿、施半仙、金宝、金时好、宋德、徐彦、沈兴、赵安、陆胜、包寿、范春、吴顺、金胜等。此艺施呈,委是奇特,藏去之术,则手法疾而已。凡傀儡,敷演烟粉、灵怪、铁骑、公案、史书历代君臣将相故事话本,或讲史,或作杂剧,或如崖词。如悬线傀儡者,起于陈平六奇解围故事也。今有金线卢大夫、陈中喜等,弄得如真无二,兼之走线者

273

尤佳。更有杖头傀儡，最是刘小仆射家数果奇，大抵弄此多虚少实，如巨灵神姬大仙等也。其水傀儡者，有姚遇仙、赛宝哥、王吉、金时好等，弄得百怜百悼。兼之水百戏，往来出入之势，规模舞走，鱼龙变化夺真，功艺如神。更有弄影戏者，元汴京初以素纸雕簇，自后人巧工精，以羊皮雕形，用以彩色妆饰，不致损坏。杭城有贾四郎、王升、王闰卿等，熟于摆布，立讲无差。其话本与讲史书者颇同，大抵真假相半，公忠者雕以正貌，奸邪者刻以丑形，盖亦寓褒贬于其间耳。

角　抵

角抵者，相扑之异名也，又谓之"争交"。且朝廷大朝会、圣节、御宴第九盏，例用左右军相扑，非市井之徒，名曰"内等子"，隶御前忠佐军头引见司所管，元于殿步诸军选膂力者充应名额，即虎贲郎将耳。每遇拜郊、明堂大礼、四孟车驾亲飨，驾前有顶帽，鬌发蓬松，握拳左右行者是也。遇圣节御宴大朝会，用左右军相扑，即此内等子承应。但内等子设额一百二十名，内有管押人员十将各二名，上中等各五对，下等八对，剑棒手五对，余皆额里额外，准备祗应。三年一次，就本司争拣上名下次入额。其管押以下，至额内等子，亦三年一次，当殿呈试相扑，谢恩赏赐银绢外，出职管押人员，本司牒发诸州道郡军府，充管营军头也。前辈朝官，曾赴御宴，有诗咏曰："虎贲三百总威狞，急颭旗催叠鼓声。疑是啸风吟雨处，怒龙彪虎角亏盈。"盖为渠发也。瓦市相扑者，乃路岐人聚集一等伴侣，以图标手之资。先以女颭数对打套子，令人观睹，然后以膂力者争交。若论护国寺南高峰露台争交，须择诸道州郡膂力高强、天下无对者，方可夺其赏。如头赏者，旗帐、银杯、彩段、锦袄、官会、马匹而已。顷于景定年间，贾秋壑秉政时，曾有温州子韩福者，胜得头赏，曾补军佐之职。杭城有周急快、董急快、王急快、赛关索、赤毛朱超、周忙憧、郑伯大、铁稍工韩通住、杨长脚等，及女占赛关索、嚣三娘、黑四姐女众，俱瓦市诸郡争胜，以为雄伟耳。

小说讲经史

说话者，谓之"舌辩"，虽有四家数，各有门庭。且小说名"银字儿"，如烟粉、灵怪、传奇、公案朴刀杆棒发发踪参之事，有谭淡子、翁三郎、雍燕、王保义、陈良甫、陈郎妇、枣儿余二郎等，谈论古今，如水之流。谈经者，谓演说佛书。说参请者，谓宾主参禅悟道等事，有宝庵、管庵、喜然和尚等。又有说诨经者，戴忻庵。讲史书者，谓讲说《通鉴》、汉唐历代书史文传，兴废争战之事，有戴书生、周进士、张小娘子、宋小娘子、邱机山、徐宣教；又有王六大夫，元系御前供话，为幕士请给讲，诸史俱通，于咸淳年间，敷演《复华篇》及中兴名将传，听者纷纷，盖讲得字真不俗，记问渊源甚广耳。但最畏小说人，盖小说者，能讲一朝一代故事，顷刻间捏合，与起令随令相似，各占一事也。商谜者，先用鼓儿贺之，然后聚人猜诗谜、字谜、戾谜、社谜，本是隐语。有道谜，来客念思司语讥谜，又名"打谜"。走智，改物类以困猜者。正猜，来客索猜。下套，商者以物类相似者讥之，又名"对智"。贴套，贴智思索。横下，许旁人猜。问因，商者喝问句头。调爽，假作难猜，以走其智。杭之猜谜者，且言之一二，如有归和尚及马定斋，记问博洽，厥名传久矣。